今注本二十四史

漢書

九

志

〔三〕

漢 班固 撰　唐 顔師古 注

孫曉 主持校注

中国社会科学出版社

漢書　卷二四下

食貨志第四下

凡貨，[1]金錢布帛之用，夏殷以前其詳靡記云。[2]太公爲周立九府圜法：[3]黄金方寸，而重一斤；錢圜函方，[4]輕重以銖；[5]布帛廣二尺二寸爲幅，長四丈爲匹。故貨寶於金，利於刀，[6]流於泉，[7]布於布，[8]束於帛。[9]

［1］【今注】貨：指貨幣。

［2］【今注】其詳靡紀：無法得其詳情而記載下來。《漢書考證》齊召南謂《管子》言“湯以莊山之金鑄幣，禹以歷山之金鑄幣”，則夏殷時即有錢幣矣。《平準書》曰‘自高辛氏之前靡得而記。虞夏之幣，金爲三品，或黄，或白，或赤；或錢，或布，或刀，或龜貝’，其辭甚覈，蓋據《尚書·禹貢》之文。此志不言，蓋因下文‘有司言，古者皮幣’一段，恐重複也”。案，儘管河南偃師二里頭文化遺址曾發現海貝 12 枚，但對於夏代貝是否已用作貨幣學界尚存争議。一般認爲，貝開始作爲貨幣是在商代。商代除了以海貝爲貨幣外，還有石貝、骨貝和銅貝。河南安陽大司空村墓出土 3 枚銅貝，安陽殷墟西區平民墓 M620 出土 2 枚銅貝，山西保德林遮峪商墓出土 109 枚銅貝，這些銅貝是中國目前發現最早的金屬鑄幣。（參見中國社會科學院考古研究所安陽工作隊《1969—

1977年殷墟西區墓葬發掘報告》,《考古學報》1979年第1期;吴振録《保德縣新發現的殷代青銅器》,《文物》1972年第4期)

[3]【顔注】李奇曰:圜即錢也。圜一寸,而重九兩。師古曰:此説非也。《周官》太府(太,蔡琪本、大德本同,殿本作"大")、王府(王,蔡琪本、大德本、殿本作"玉")、内府、外府、泉府、天府、職内、職金、職幣皆掌財幣之官,故以九府(以,蔡琪本、大德本、殿本作"云")。圜謂均而通也。【今注】太公:姓姜,吕氏,名尚,一説名望,字子牙。出身窮困,年老歸依周文王,爲之謀劃興周滅商。文王死,輔助周武王攻滅商紂,建立周朝,以功封於齊,爲齊國始祖。時稱師尚父,又稱太公望,或姜太公。

[4]【顔注】孟康曰:外圜而内孔方也。【今注】案,王鳴盛《十七史商榷》卷一二引《孫子算經·上》:"黄金方寸重一斤,白金方寸重一十四兩。"

[5]【顔注】師古曰:言黄金以斤爲名,錢則以銖爲重也。【今注】銖:古代重量單位。二十四銖爲一兩。十六兩爲一斤,三十斤爲一均,四均爲一石。

[6]【顔注】如淳曰:名錢爲刀者,以其利於民也。

[7]【顔注】如淳曰:流行如泉也。

[8]【顔注】如淳曰:布於民間。

[9]【顔注】李奇曰:束,聚也。【今注】案,王鳴盛《十七史商榷》卷一二認爲,周人所用貨幣凡有四種。或云布亦名錢者,《周禮·天官》"外府掌邦布之入出",鄭康成注"布,泉也,布讀如宣布之布,其藏曰泉,其行曰布",賈公彦疏"一物兩名"是也。而與此處所言布帛之布不同。言豈一端而已,各有所當也。元帝時,貢禹言鑄錢采銅,民心動摇,棄本逐末,宜罷鑄錢,毋復以幣租税,禄賜皆以布帛及穀,使百姓壹意農桑。議者以交易待錢,布帛不可尺寸分裂,禹議亦寢。然即此可見古固有以布帛爲市者,

而布固非錢也。今案，布亦錢也，睡虎地秦簡《金布律》："錢十一當一布。其出入錢以當金、布，以律。"（睡虎地秦墓竹簡整理小組：《睡虎地秦墓竹簡》，文物出版社 1990 年版，第 36 頁）

太公退，[1]又行之于齊。至管仲相桓公，[2]通輕重之權，[3]曰："歲有凶穰，故穀有貴賤；[4]令有緩急，故物有輕重。[5]人君不理，則畜賈游於市，[6]乘民之不給，百倍其本矣。[7]故萬乘之國必有萬金之賈，千乘之國必有千金之賈者，利有所并也。計本量委則足矣。[8]然而民有飢餓者，穀有所臧也。[9]民有餘則輕之，故人君斂之以輕；民不足則重之，故人君散之以重。[10]凡輕重斂散之以時，即準平。[11]守準平，[12]使萬室之邑必有萬鍾之臧，臧繦千萬；[13]千室之邑必有千鍾之臧，臧繦百萬。春以奉耕，夏以奉耘，[14]耒耜器械，種饟糧食，必有取澹焉。[15]故大賈畜家不得豪奪吾民矣。"[16]桓公遂用區區之齊合諸侯，顯伯名。[17]

［1］【今注】退：金少英《漢書食貨志集釋》謂退就其藩封，去周至齊。

［2］【今注】管仲：即管敬仲。名夷吾，字仲。初事齊公子糾，後由鮑叔牙推薦，被齊桓公任命爲相，進行改革，分國都爲十五士鄉和六工商鄉，分鄙野爲五屬，設各級官吏管理。以士鄉的鄉里組織爲軍事編制，建立選拔人才制度。按照土地好壞分等收税，大力發展漁鹽事業。並用官府力量鑄造、管理貨幣，通貨積財。輔佐齊桓公以"尊王攘夷"相號召，北伐山戎，南伐楚，九會諸侯，成就霸業。　桓公：即齊桓公。名小白。襄公弟。初奔莒。襄公被殺，從莒回國取得政權，用管仲、鮑叔牙、隰朋，改革内政，國勢

益强。以“尊王攘夷”爲旗號，聯合燕國打敗山戎，並援救邢、衛，抵禦狄族。又聯合中原諸侯攻蔡伐楚，與楚會盟於召陵，制止楚人北進。舉兵平定周王室内亂，多次大會諸侯。成爲春秋時第一個霸主。

［3］【今注】輕重：金少英《漢書食貨志集釋》謂桓寬《鹽鐵論·輕重》云：“管仲相桓公，襲先君之業，行輕重之變，南服彊楚而霸諸侯。”《史記》卷一二九《貨殖列傳》：“其後齊中衰，管子修之，設輕重九府。”張守節《正義》：“《管子》云輕重，謂錢也。”“曰”字下一段文字爲《管子·國蓄》文。所謂通輕重之權者，謂穩定物價，調節民食。

［4］【顔注】師古曰：穰音人常反（殿本此注位於“歲有凶穰”後）。

［5］【顔注】李奇曰：上令急於求米則民重米，緩於求米則民輕米。【今注】案，金少英《漢書食貨志集釋》引《群書治要》注：“所緩則賤，所急則貴。”

［6］【顔注】師古曰：畜讀曰蓄。蓄賈，謂賈人之多蓄積者。

［7］【顔注】師古曰：給，足也。

［8］【顔注】李奇曰：委，積也。【今注】本量：指土地産量。案，王先謙《漢書補注》“謂上得民所食若干步畝之數，則可計本而量其積。《志》引《管子》文多删易”。

［9］【顔注】師古曰：言富人多臧穀，故令貧者食不足也。

［10］【顔注】李奇曰：民輕之時，爲斂糴之；重之時，官爲散也。【今注】案，金少英《漢書食貨志集釋》謂“物多則不復珍惜，故於民之輕之也，因斂之。斂則物少而價高。於民之重之也，因散之。散則物有餘而價落。如是，則物得調節。求供可以平衡，而市價穩定矣”。

［11］【今注】案，即，蔡琪本、大德本、殿本作“則”。　準平：金少英《漢書食貨志集釋》謂準平即平準，指調節供求以穩定

物價。

[12]【今注】案，蔡琪本、大德本、殿本中無“守準平”。

[13]【顔注】李奇曰：繦，落也。孟康曰：六斛四斗爲鍾。繦，錢貫。《管子》曰“凶歲糴，釜十繦”。師古曰：孟説是也。繦音居兩反。

[14]【顔注】師古曰：奉謂供事也。

[15]【顔注】師古曰：種，五穀之種也。鑲字與餉同，謂餉田之具也。【今注】案，蔡琪本、大德本、殿本無“有”字。

[16]【顔注】師古曰：畜讀曰蓄。豪謂輕侮之也，字本作勢，蓋通用耳（殿本“用”後有“字”字）。【今注】案，以上引文，節録自《管子·國蓄》。

[17]【顔注】師古曰：“伯”讀曰“霸”。

其後百餘年，[1]周景王時患錢輕，[2]將更鑄大錢，[3]單穆公曰：“不可。[4]古者天降灾戾，[5]於是乎量資幣，權輕重，以救民。[6]民患輕，則爲之作重幣以行之，[7]於是有母權子而行，民皆得焉。[8]若不堪重，則多作輕而行之，亦不廢重，於是乎有子權母而行，小大利之。[9]今王廢輕而作重，民失其資，能無匱乎？[10]民若匱，王用將有所乏；乏將厚取於民；[11]民不給，[12]將有遠志，是離民也。[13]且絶民用以實王府，猶塞川原爲潢洿也，[14]竭亡日矣。王其圖之。”弗聽，卒鑄大錢，文曰“寶貨”，肉好皆有周郭，[15]以勸農澹不足，百姓蒙利焉。[16]

[1]【今注】案，金少英《漢書食貨志集釋》謂齊桓公元年，當周莊王十二年（前658），至周景王元年（前544），首尾凡百四

十一年。

［2］【今注】周景王：東周國君。名貴。公元前 544 年至前 520 年在位。　患錢輕：憂慮錢幣貶值。

［3］【顔注】應劭曰：大於舊錢，其價重也。【今注】案，金少英《漢書食貨志集釋》謂“自此以下一段《志》文，係節録《國語·周語》文。《周語》作‘景王二十一年，將鑄大錢’。景王二十一年，當魯昭公十八年（前 524）”。

［4］【顔注】師古曰：單穆公，周大夫單旗。單音善。

［5］【顔注】師古曰：戾，惡氣也。一曰，戾，至也。

［6］【顔注】應劭曰：資，財也。量資幣多少有無，平其輕重也。師古曰：凡言幣者，皆所以通貨物，易有無也，故金之與錢，皆名爲幣也。

［7］【今注】重幣：即大錢。

［8］【顔注】應劭曰：母，重也，其大倍，故爲母也。子，輕也，其輕少半，故爲子也。民患幣之輕而物貴，爲重幣以平之，權時而行，以廢其輕。故曰母權子，猶言重權輕也。民皆得者，本末有無皆得其利也。孟康曰：重爲母，輕爲子，若市八十錢物，以母當五十，以子三十續之。

［9］【顔注】應劭曰：民患幣重，則多作輕錢而行之，亦不廢去重者，言重者行其貴，輕者行其賤也。【今注】案，金少英《漢書食貨志集釋》李慶善引《國語·周語》韋昭注：“堪，任也。不任之者，幣重物輕，妨其用也。故作輕幣雜而用之，以重者貿其貴，以輕者貿其賤也。子權母者，母不足則以子平而行之，故錢小大，民皆以爲利也。”

［10］【今注】匱：損失。

［11］【顔注】師古曰：厚猶多也，重也。

［12］【今注】不給：謂負擔不起。

［13］【顔注】師古曰：遠志，謂去其本居而散亡也。

［14］【顔注】師古曰：原謂水泉之本也。潢洿，停水也。潢音黄。洿，音一胡反。

［15］【顔注】韋昭曰：肉，錢形也。好，孔也。【今注】周郭：古錢幣外周凸起的邊緣。案，王鳴盛《十七史商榷》卷一二稱，據此可知景王以前錢皆無文，肉好亦無周郭。

［16］【顔注】孟康曰：單穆公曰'竭無日矣'（無，蔡琪本、大德本同，殿本作"亡"），不得復云百姓蒙利焉。臣瓚曰：但自不聽不鑄大錢耳，猶自從其不廢輕，此言母子並用，故蒙其利也。師古曰：二説皆非也。單旗雖有此言，王終自鑄錢（殿本"鑄"後無"錢"字），果有便，故百姓蒙其利也。

秦兼天下，[1]弊爲二等：[2]黄金以溢爲名，上幣；[3]銅錢質如周錢，[4]文曰"半兩"，[5]重如其文。而珠玉龜貝銀錫之屬爲器飾寶臧，不爲幣，然各隨時而輕重無常。

［1］【今注】案，兼，蔡琪本、大德本同，殿本作"并"。

［2］【今注】案，弊，蔡琪本、大德本、殿本作"幣"，當據改。

［3］【顔注】孟康曰：二十兩爲溢（大德本、殿本"溢"後有"也"字）。師古曰：改周一斤之制，更以溢爲金之名數也。高祖初賜張良金百溢，此尚秦制也。上幣者，二等之中黄金爲上而錢爲下也。【今注】溢：一説二十四兩爲一溢。案，王先謙《漢書補注》謂《史記·平準書》"溢"作"鎰"，"爲""名"二字倒。

［4］【顔注】臣瓚曰：言錢之形質如周錢，唯文異耳。【今注】案，金少英《漢書食貨志集釋》據《史記·六國年表》稱"惠文王二年初行錢，則秦錢不始於始皇矣。其形制未詳。文質對

言，質指無字一面，亦曰幕。瓚説非”。

［5］【今注】半兩：古代錢幣名。始鑄於戰國時秦國。秦始皇統一中國後，統一幣制，以黄金爲上幣，銅錢爲下幣。銅錢圓形方孔、無郭，重十二銖，幣文鑄“半兩”二字。俗稱“秦半兩”。案，王先謙《漢書補注》謂《史記·平準書》有“爲下幣”三字；司馬貞《索隱》：“顧氏案，《古今注》云‘秦錢半兩，徑寸二分，重十二銖’。”

漢興，以爲秦錢重難用，更令民鑄莢錢。[1]黄金一斤。[2]而不軌逐利之民畜積餘赢以稽市物，痛騰躍，[3]米至石萬錢，[4]馬至匹百金。[5]天下已平，高祖乃令賈人不得衣絲乘車，重稅租以困辱之。[6]孝惠、高后時，爲天下初定，[7]復弛商賈之律，[8]然市井子孫亦不得爲官吏。[9]孝文五年，[10]爲錢益多而輕，[11]乃更鑄四銖錢，其文爲“半兩”。除盜鑄錢令，使民放鑄。[12]賈誼諫曰：[13]

［1］【顔注】如淳曰：如榆莢也。師古曰：“莢”音“頰”。【今注】案，陳直《漢書新證》認爲，“西漢初期，漢廷祇有直轄十五郡，其餘皆分封諸王，十五郡之中，僅蜀郡嚴道是産銅地區。考西漢産銅最豐富者，主要在丹陽郡，屬於吴王濞範圍。疑漢廷因銅料缺乏而鑄莢錢，不得已託辭因秦錢太重而改鑄。現莢錢最大者，直徑公分 1.2 釐米，最小者 0.8 釐米，可能有私鑄者夾雜其中，莢錢銅範，亦與出土最大者之錢，輪廓相符”。

［2］【顔注】師古曰：復周之制，更以斤名金。【今注】黄金一斤：王先謙《漢書補注》謂《史記·平準書》“黄金”上有“一”字，司馬貞《索隱》引臣瓚云“秦以一鎰爲一金，漢以一斤

爲一金”，“一”字似不可少。金少英《漢書食貨志集釋》謂“《史記會注考證》引中井積德：‘蓋秦一鎰金直萬錢，而漢一斤金直萬錢云。’按本《志》下文言王莽時“‘黄金重一斤，直萬錢’，此蓋一金萬錢説之所本”。案，秦時以一鎰爲一金，一鎰爲二十四兩（也有説法稱二十兩），漢時則徑以一斤爲一金，亦即廢除了秦以鎰爲重量單位的幣制。

［3］【顔注】李奇曰：稽，貯滯也。晉灼曰：痛，甚也。言計市物賤，豫益畜之，物貴而出賣，故使物甚騰躍也。師古曰：不軌，謂不循軌度者也。言以其贏餘以財蓄積群貨（以，蔡琪本、大德本、殿本作“之”），使物稽滯在己，故市價甚騰貴。今書本痛字或作踊者，誤耳。踊、騰一也，不當重累言之。畜讀曰蓄。【今注】案，王先謙《漢書補注》謂“《平準書》‘物’下作‘物踊騰，糶米至石萬錢’。注家並云‘《漢書》糶字作躍’，不云‘踊’字作‘痛’，是‘痛’字乃‘踊’，形近致誤。顔據所見爲定本，而不顧文之不詞，是其偏也”。諸書釋踊、騰、躍皆爲跳，今既以“踊騰躍”相貫爲文，則是言其物價跳上迅速。金少英《漢書食貨志集釋》李慶善謂“不軌逐利之民指商賈。餘贏，指贏餘之財。稽，猶今言囤積。全句言商賈蓄積贏餘之財，以囤積市物，故物價甚騰貴也。師古所釋，大體不誤，唯釋‘蓄積’爲‘蓄積群貨’，則非是”。

［4］【今注】石：秦與西漢時的官方標準重量單位，亦是容量單位。一石一百二十斤（約 30 公斤），等於四鈞，一鈞三十斤，一斤十六兩，一兩二十四銖。又一石等於十斗，一斗等於十升，石與斛通。一般認爲，西漢中期以後，容量石開始被斛取代。案，本書卷一《高紀》載高帝二年（前 205），“關中大飢，米斛萬錢”。又本《志》上篇云：“漢興，接秦之敝，諸侯並起，民失作業，而大飢饉，凡米石五千。”

［5］【今注】案，米價乃至於馬的價格都如此高昂，跟漢初人

口減少、社會經濟凋敝以及災荒也都有密切的聯繫。當糧食的産量包括馬匹的總共的存量較小的時候，價格自然而然也會比較貴。

[6]【顔注】師古曰：欲令務農。【今注】案，另見本書《高紀》八年春三月令。

[7]【今注】爲：猶以。

[8]【顔注】師古曰：弛，解也。

[9]【今注】市井子孫：謂商賈子弟。市井，張守節《史記正義》謂古人未有市，若朝聚井汲水，便將貨物於井邊貨賣，故言市井也。瀧川資言《史記會註考證》引《留青札記》："蓋市井之道，四達如'井'，故曰'市井'。"也可備一説。　案，爲官吏，蔡琪本、殿本同，大德本作"官爲吏"。

[10]【今注】孝文五年：公元前175年。

[11]【今注】案，王先謙《漢書補注》謂《史記·平準書》作"莢錢益多輕"。

[12]【顔注】師古曰：恣其私鑄。【今注】盜鑄錢令：漢初頒布的禁止民間私自鑄錢的法令。　放鑄：仿照政府的錢幣鑄造。

[13]【今注】賈誼：傳見本書卷四八。案，金少英《漢書食貨志集釋》謂此下自"法使天下公得顧租鑄銅錫爲錢"起，節《賈子·鑄錢篇》文；自"銅布於天下"起，節《賈子·銅布篇》文。

法使天下公得顧租鑄銅錫爲錢，[1]敢雜以鉛鐵爲它巧者，[2]其罪黥。[3]然鑄錢之情，非殽雜爲巧，則不可得贏；[4]而殽之甚微，爲利甚厚。[5]夫事有召禍而法有起姦，[6]今令細民人操造幣之埶，[7]各隱屏而鑄作，因欲禁其厚利微姦，[8]雖黥罪日報，其埶不止。[9]迺者，民人抵罪，多者一縣百數，及吏之所疑，榜笞奔走者甚衆。[10]夫縣法以誘民，[11]使入陷阱，孰積於此！[12]曩禁鑄錢，死罪積下；[13]今公鑄錢，黥罪積下。爲法若此，上何賴焉？[14]

[1]【今注】案，錢大昭《漢書辨疑》謂“錫”字疑衍。陳直《漢書新證》指出，“《王莽傳》叙鑄錢：‘殽以連錫’。銅錢中必用錫爲合金之劑，原文錫字，並非衍文”。金少英《漢書食貨志集釋》謂自天下至其罪黥二十三字當爲法令原文。

[2]【今注】案，鉛，蔡琪本同，大德本、殿本作“鉛”，下同不注。　它巧：摻假作弊。

[3]【顏注】師古曰：顧租，謂顧庸之直，或租其本。【今注】黥：墨刑的異稱。用刀刺刻額頰等處，再塗上墨。

[4]【顏注】師古曰：殽謂亂雜也。贏（贏，大德本同，蔡琪本、殿本作“亡”），餘利也。言不雜鉛鐵，則無利也。殽音爻。

[5]【顏注】師古曰：微謂精妙也。言殽雜鉛鐵，其術精妙，不可覺知（覺，蔡琪本、大德本同，殿本無“不可覺知”），而得利甚厚，故令人輕犯之，姦不可止也。【今注】案，《漢書考證》張照認爲：“顏説非是。錢之爲用甚廣，一錢之殽，其微已甚，然總而計之，爲利甚厚也。非謂其術精妙。若精妙，即費本而無利矣。”

[6]【今注】案，金少英《漢書食貨志集釋》謂此言事有召來禍害之由，法有起人作姦之端也。

[7]【顏注】師古曰：操，持也。人人皆得鑄錢也。操音千高反。

[8]【今注】屏：周壽昌《漢書注校補》謂“私處絶人蹤跡也。屏，音丙”。　微姦：隱藏的奸惡。

[9]【顔注】鄭氏曰：報，論。

[10]【今注】案，金少英《漢書食貨志集釋》謂“《賈子·鑄錢篇》作‘家屬、知識及吏之所疑，繫囚、榜笞及奔走者，類甚不少’。奔走，謂案情牽連以及知情佐證之人，往來聽審也”。

[11]【顔注】師古曰：縣謂開立之。

[12]【顔注】師古曰：阱，穿地以陷獸也。積，多也。阱音才性反。

[13]【顔注】蘇林曰：下，報也，積累下報論之也。張晏曰：死罪者多，委積於下。師古曰：蘇説是也。下音胡亞反。次後亦同（次後亦同，蔡琪本、大德本同，殿本作“後同”）。【今注】案，金少英《漢書食貨志集釋》稱“景帝六年曾‘定鑄錢僞黄金棄市律’，則上推文帝五年‘除盜鑄錢令’以前，對私鑄之禁亦必嚴峻。賈誼云‘死罪積下’，當有所據，惜史文無徵耳”。

[14]【顔注】師古曰：賴，利也。一曰恃也。

又民用錢，郡縣不同：或用輕錢，百加若干；[1]或用重錢，平稱不受。[2]法錢不立，[3]吏急而壹之虖，則大爲煩苛，而力不能勝；縱而弗呵虖，則市肆異用，錢文大亂。[4]苟非其術，何鄉而可哉！[5]

[1]【顔注】應劭曰：時錢重四銖，法錢百枚，當重一斤十六銖，輕則以錢足之若干枚，令滿平也。師古曰：若干，且設數之言也。干猶箇也，謂當如此箇數耳。而胡廣云“若，順也；干，求也、合也”（蔡琪本、大德本、殿本無“合也”）。當順所求而與之矣。【今注】案，王鳴盛《十七史商榷》卷一二謂凡數之不可知而約略舉之，或其文太繁而撮舉之者，曰若干，今人猶然。

[2]【顔注】應劭曰：用重錢，則平稱有餘，不能受也。臣瓚曰：秦錢重半兩，漢初鑄莢錢，文帝更鑄四銖錢。秦錢與莢錢皆當廢，而故與四銖並行。民以其見廢，故用輕錢，則百加若干；用重錢，雖以一當一猶復不受之。是以郡縣不同也。師古曰：應説是也。稱音尺孕反。【今注】平稱：政府法定的標準稱錢衡。

[3]【顔注】師古曰：法錢，依法之錢也。【今注】案，金少英《漢書食貨志集釋》李慶善謂“法錢即文帝所鑄四銖錢。《鑄錢篇》云‘姦錢日繁，正錢日亡’，正錢即法錢”。

[4]【顔注】師古曰：呵，責怒也，音火何反（殿本此注位於“縱而弗呵虖”後）。【今注】案，金少英《漢書食貨志集釋》謂《賈子·鑄錢篇》“呵”作“苛”。

[5]【顔注】師古曰：“鄉”讀曰“嚮”。【今注】案，金少英《漢書食貨志集釋》謂《賈子·鑄錢篇》“鄉”作“嚮”。言若不得其治理之道，則不知如何乃可也。

今農事棄捐而采銅者日蕃，[1]釋其耒耨，冶鎔炊炭，[2]姦錢日多，五穀不爲多。[3]善人怵而爲姦邪，[4]愿民陷而之刑戮，[5]刑戮將甚不詳，奈何而忽！[6]國知患此，吏議必曰禁之。禁之不得其術，其傷必大。令禁鑄錢，則錢必重；[7]重則其利深，盜鑄如雲而起，[8]棄市之罪又不足以禁矣。[9]姦數不勝而法禁數潰，銅使之然也。[10]故銅布於天下，[11]其爲禍博矣。[12]

[1]【顔注】師古曰：蕃，多也，音扶元反。其下亦同。

[2]【顔注】應劭曰：鎔，形容也，作錢模模也（蔡琪本、大德本、殿本無後一“模”字）。師古曰：“鎔”音“容”。【今

注】釋其耒耨：指放棄農耕。案，金少英《漢書食貨志集釋》謂《賈子·鑄錢篇》“炊炭”作“鑪炭”。

［3］【顔注】師古曰：言皆采銅鑄錢，廢其農業，故五穀不多也。爲音于僞反。不爲多，猶言爲之不多也。【今注】五穀不爲多：王念孫《讀書雜志·漢書第四》認爲：顔説甚迂。“五穀不爲多”，“多”字因上文“姦錢日多”而衍。不爲即不成。此言民皆棄其農事而鑄錢，故五穀不成。金少英《漢書食貨志集釋》謂《賈子·鑄錢篇》作“姦錢日繁，正錢日亡”，無“五穀不爲多”一句。案，多、少亦有褒、貶之義，如本書《地理志下》“多女而少男”。“五穀不爲多”謂不以五穀爲貴。

［4］【顔注】李奇曰：怵，誘也，動心於姦邪也。師古曰：怵音先律反，又音黜。

［5］【顔注】師古曰：愿，謹也。

［6］【顔注】師古曰：詳，平也。忽，忽忘也。【今注】案，周壽昌《漢書注校補》認爲：“詳，即《書·吕刑》祥刑之祥。書中‘祥’多作‘詳’。‘詳’‘祥’古通。《淮南·説山訓》‘六畜生多耳目者不詳’，高注：‘詳，善也。’”金少英《漢書食貨志集釋》李慶善謂“《賈子·鑄錢篇》‘詳’作‘祥’。詳、祥古通。祥，善也。周説是，顔説非”。又，“《鑄錢篇》無‘刑戮’二字”。

［7］【顔注】師古曰：令謂法令也。【今注】重：謂幣值增大。

［8］【顔注】師古曰：言其多。

［9］【今注】棄市：在鬧市執行斬刑，並將尸體暴露於街頭，以示爲大衆所棄。

［10］【顔注】師古曰：數，並音所角反。【今注】案，王先謙《漢書補注》引《賈子·銅布篇》：“銅布於下，爲天下菑。何以言之？銅布於下，則民鑄錢者，大抵必雜石鉛鐵焉。黥罪日繁。此一禍也。銅布於下，僞錢無止，錢用不信，民愈相疑。此二禍也。銅布於下，采銅者棄其田疇，家鑄者捐其農事，穀不爲則鄰於飢。

此三禍也。故不禁鑄錢，則錢常亂，黥罪日積，是陷阱也。且農事不爲，有疑爲菑，故民鑄錢，不可不禁。上禁鑄錢，必以死罪。鑄錢者禁則錢必還重，錢重則盜鑄錢者起，則死罪又復積矣。銅使之然也。”謂與《志》文皆不同。

[11]【今注】案，王先謙《漢書補注》謂《賈子·銅布篇》無“天”字，其上文皆作“銅布於下”，下文皆作“銅不布下”，明此“天”字衍。

[12]【顔注】師古曰：博，大也。【今注】案，金少英《漢書食貨志集釋》謂以下均《賈子·銅布篇》文，《志》文稍有删易。

今博禍可除，而七福可致也。[1]何謂七福？上收銅勿令布，則民不鑄錢，黥罪不積，一矣。僞錢不蕃，民不相疑，二矣。采銅鑄作者反於耕田，三矣。銅畢歸於上，上挾銅積吕御輕重，[2]錢輕則吕術斂之，重則吕術散之，[3]貨物必平，四矣。吕作兵器，吕假貴臣，[4]多少有制，用别貴賤，五矣。[5]吕臨萬貨，吕調盈虚，吕收奇羡，[6]則官富實而末民困，六矣。[7]制吾棄財，吕與匈奴逐争其民，則敵必懷，七矣。[8]故善爲天下者，因禍而爲福，轉敗而爲功。今久退七福而行博禍，[9]臣誠傷之。

[1]【今注】福：好處。

[2]【顔注】師古曰：銅積，謂多積銅也。

[3]【今注】案，何焯《義門讀書記》卷一六認爲，此中即兼寓斂散民粟之術。王先謙《漢書補注》謂此下《賈子·銅布篇》

有“則錢必治”四字。

［4］【今注】假：給予。

［5］【顔注】如淳曰：古者以銅爲兵，秦銷鋒鍉鑄金人十二，是也。

［6］【顔注】師古曰：調，平均也。奇，殘餘也。羨，饒溢也。奇音居宜反。羨音弋戰反。【今注】案，王先謙《漢書補注》謂《賈子·銅布篇》“奇”一作“畸”，或作“倍”。

［7］【顔注】師古曰：末謂工商之業也。

［8］【顔注】師古曰：末業既困，農人敦本，倉廩積實，布帛有餘，則招胡人（蔡琪本、大德本、殿本“招”後有“誘”字），多來降附。故言制吾棄財逐爭其人也。棄財者，可棄之財。逐，競也。【今注】案，《漢書考正》宋祁謂“則敵必懷”，當作“壞”字。又，王先謙《漢書補注》認爲，聽民放鑄則是棄財，今收銅以爲御物之具，故曰“制吾棄財”。

［9］【今注】案，《漢書考正》劉奉世謂“今久退七福”，“久”當作“乃”。又，王先謙《漢書補注》謂“《賈子》‘久’作‘顧’。自‘何謂七福’以下，班氏多删節其文”。

上不聽。是時，吴㠯諸侯即山鑄錢，富埒天子，[1]後卒叛逆。[2]鄧通，[3]大夫也，㠯鑄錢財過王者。故吴、鄧錢布天下。[4]

［1］【顔注】師古曰：即，就也。埒，等也。【今注】吴：此指吴王劉濞。案，本書卷三五《荆燕吴傳》載：“吴有豫章郡銅山，即招致天下亡命者盜鑄錢，東煑海水爲鹽，以故無賦，國用饒足”，“寡人金錢在天下者往往而有，非必取於吴，諸王日夜用之不能盡。”可見其富有。

［2］【今注】叛逆：指以吴王劉濞爲首的吴楚七國之亂。

［3］【今注】鄧通：傳見本書卷九三。

［4］【今注】案，《鹽鐵論·錯幣》大夫亦謂："文帝之時……吴王擅障海澤，鄧通專西山。山東奸滑咸聚吴國，秦雍漢蜀因鄧氏。吴鄧錢佈天下。"又《西京雜記》云："文帝賜鄧通蜀銅山，聽自鑄錢，文字肉好皆與天子錢同。時吴王亦有銅山鑄錢，微重，文字肉好與漢錢不異。"是知吴、鄧所鑄錢悉遵漢制，故能流行天下。鄧通錢與吴錢或有競争，參見李偉《漢文帝賜鄧通鑄錢辨析》（《蘭臺世界》2016年第14期）。

武帝因文、景之畜，忿胡、粵之害，[1]即位數年，嚴助、朱買臣等招徠東甌，[2]事兩粵，江淮之閒蕭然煩費矣。[3]唐蒙、司馬相如始開西南夷，鑿山通道千餘里，目廣巴蜀，巴蜀之民罷焉。[4]彭吴穿穢貊、朝鮮，置滄海郡，[5]則燕齊之閒靡然發動。[6]及王恢謀馬邑，匈奴絶和親，侵優北邊，兵連而不解，[7]天下共其勞。[8]干戈日滋，行者齎，居者送，[9]中外騷擾相奉，百姓抏敝以巧法，[10]財賂衰耗而不澹。[11]入物者補官，出貨者除罪，選舉陵夷，廉恥相冒，[12]武力進用，[13]法嚴令具，興利之臣自此而始。[14]

［1］【顔注】師古曰："畜"讀曰"蓄"。【今注】胡：指匈奴。粵：指南越、閩越。案，用作族名的"粵""越"二字，文獻中通用。然里耶秦簡簡文中有"越人有貲錢""越人以城邑反""越人戍洞庭"等，皆作"越"；上海博物館藏有一枚"南越中大夫"龜鈕銅印，係西漢前期南越國官印，亦作"越"字；《史記》有《南越列傳》《東越列傳》，"粵"皆作"越"。是秦及西漢前期本用"越"字。

［2］【今注】嚴助朱買臣：二人傳見本書卷六四上。　東甌：亦稱甌越。越族的一支。相傳爲越王句踐後裔。秦漢時分布在今浙江南部甌江、靈江流域一帶。楚漢戰争時，首領摇率兵助漢王劉邦滅項羽。惠帝三年（前192）封爲東海王，都東甌（今浙江温州市），俗稱東甌王。漢武帝時，爲閩越所攻，徙其族於江淮間。

［3］【顏注】師古曰：蕭然猶騷然，勞動之貌。

［4］【顏注】師古曰：罷讀曰疲也（蔡琪本、大德本、殿本"疲"後無"也"字）。【今注】唐蒙：漢武帝時任番陽令。武帝建元六年（前135），受命出使南越，得知蜀産枸醬多出市夜郎，遂上書建議開通夜郎道。旋拜中郎將，使夜郎，招致夜郎侯多同及旁小邑歸漢。漢於其地置犍爲郡，並開闢自僰道至牂柯江道路。　司馬相如：傳見本書卷五七。　巴：郡名。治江州（今重慶北嘉陵江北岸）。　蜀：郡名。治成都（今四川成都市）。

［5］【顏注】師古曰：彭吴，人姓名也。本皆荒梗，始開通之也，故言穿也。【今注】案，"穿穢貊、朝鮮"等句，事詳本書卷九五《朝鮮傳》。又，《史記·平準書》作"彭吴賈滅朝鮮，置滄海之郡"。梁玉繩《史記志疑》卷一六因謂：顏師古、司馬貞並云彭吴人姓名，但《朝鮮傳》無彭吴，其事絶無依據。此處"賈"字更不可解，《索隱》本無"賈"字也。況滄海郡武帝元朔元年置，因穢貊内屬置爲郡，非以兵滅之。而滅朝鮮在元封三年（前108），置真番、臨屯、樂浪、玄菟四郡，則滅朝鮮置滄海，判然兩事，相去二十一年，安得合而言之，《史》《漢》皆有誤，或謂彭吴必穿穢貊者，當云"彭吴滅穢貊置滄海之郡"，衍"賈"字。"朝鮮"字亦欠安。　滄海郡：治所在今朝鮮江原道境内，後廢。

［6］【今注】靡然：草木順風而倒之狀，喻聞風而動。漢伐朝鮮，陸路經燕地出發，水路從齊地出發，故征兵、征糧先從燕齊。

［7］【今注】案，"及王恢謀馬邑"等句，事詳本書卷九四《匈奴傳》。王恢，西漢燕人。數爲邊吏，熟諳匈奴情形。武帝初年任

大行。建元六年，因閩越王郢擊南越，受命與大農令韓安國分道並出豫章、會稽征討之。匈奴請求和親，朝廷群臣多表贊同，獨王恢極力反對。元光二年（前 133），雁門馬邑人聶壹因恢奏言，以利誘致單于，伏兵擊之。遂與御史大夫韓安國廷辯，力主出兵。旋奉命與韓安國等率車騎、材官三十萬匿馬邑旁谷中，陰使聶壹誘單于入馬邑。因單于覺察，引兵歸去，遂還。王恢坐首謀不進，下獄死。馬邑，縣名。治所在今山西朔州市。又，王念孫《讀書雜志·漢書第四》認爲，《群書治要》引此“謀”上有“設”字，是。漢伏兵馬邑旁，誘單于而擊之。王恢實設此謀，故曰“設謀馬邑”。《史記》亦有“設”字。

［8］【顏注】師古曰：共猶同。【今注】案，錢大昭《漢書辨疑》謂“共”讀與“供”同，謂供給其勞役。顏訓非。又，張文虎《舒藝室隨筆》卷五謂《史記·平準書》“共”作“苦”。疑“共”乃“苦”字爛文。

［9］【顏注】師古曰：齎謂將衣食之具以自隨也，音子奚反。

［10］【顏注】師古曰：抏，訛也，謂摧挫也。巧法，爲巧詐以避法也。抏音五官反。【今注】奉：指供奉軍費。

［11］【顏注】師古曰：耗，減也。澹，足也。

［12］【顏注】師古曰：冒，蒙也。【今注】廉恥相冒：廉潔者與無恥者相混雜。冒，蒙混。案，此處百姓“巧法”“財賂衰秏”“廉恥相冒”與本卷上所載“重犯法”“餘貨財”“先行誼”形成巨大反差，充分顯示出漢武帝“外事四夷，内興功利”對國家財政造成的巨大消耗，以及對社會風氣的影響。

［13］【今注】武力進用：疑指大規模任用酷吏而言，與下文“法嚴令具”具有連帶關係。

［14］【顏注】師古曰：謂桑弘羊、東郭咸陽、孔僅之屬也。

其後，衛青歲以數萬騎出擊匈奴，[1]遂取河南地，築朔方。[2]時又通西南夷道，作者數萬人，千里負擔餽饟，[3]率十餘鍾致一石，[4]散幣於邛僰旨輯之。[5]數歲而道不通，蠻夷因旨數攻，吏發兵誅之。[6]悉巴蜀租賦不足旨更之，[7]迺募豪民田南夷，入粟縣官，而内受錢於都内。[8]東置滄海郡，[9]人徒之費疑於南夷。[10]又興十餘萬人築衞朔方，[11]轉漕甚遠，自山東咸被其勞，費數十百鉅萬，[12]府庫並虚。[13]迺募民能入奴婢得以終身復，爲郎增秩，[14]及入羊爲郎，[15]始於此。

［1］【今注】衞青：傳見本書卷五五。

［2］【今注】河南地：今内蒙古河套黄河以南地區。　朔方：郡名。治朔方（今内蒙古杭錦旗東北）。

［3］【顔注】師古曰：餽亦饋字。饟，古餉字也（字也，蔡琪本、大德本、殿本作“字”）。

［4］【顔注】師古曰：言其勞費用功重。【今注】鍾：金少英《漢書食貨志集釋》謂《史記集解》引《漢書音義》曰：“鍾，六石四斗。”本書卷六四上《主父偃傳》：“秦使天下飛芻輓粟，起於黄腄、琅邪負海之郡，轉輸北河，率三十鍾而致一石。”顔師古注：“計其道路所費，凡用百九十二斛乃得一石至。”沈欽韓《漢書疏證》：“《孫子·作戰篇》：智將務入於敵。食敵一鍾，當吾二十鍾。明王鏊亦云，屯田一石，可當轉輸二十石，此之謂也。”

［5］【顔注】應劭曰：邛屬臨邛，僰屬犍爲。晉灼曰：僰音蒲賊反。師古曰：本西南夷兩種也。邛，今邛州也。僰，今僰道縣也。輯與集同，謂安定也。【今注】邛：古族名。在今四川西昌市一帶。　僰：古族名。即僰人。在僰道（今四川宜賓市）一帶。

［6］【今注】案，《漢書考正》宋祁謂“發兵誅之”，當去“兵”字。

［7］【顔注】李奇曰：不足用，終更其事也。韋昭曰：更，續也。師古曰：二説並非也。悉，盡也。更，償也。雖盡租賦不足償其功費也。更音庚。【今注】案，目，蔡琪本、大德本同，殿本作“以”。

［8］【顔注】服虔曰：入穀於外縣官，而受粟錢於内府也。師古曰：此説非也。都内，京師主臧者也。《百官公卿表》大司農屬官有都内令丞也。【今注】案，金少英《漢書食貨志集釋》稱此謂入粟於地方政府而受粟價於都内。

［9］【今注】案，王先謙《漢書補注》謂《史記·平準書》作“東至滄海之郡”。上文已言“置滄海郡”矣，此不當復云“置”也。作“至”是。

［10］【顔注】師古曰：“疑”讀曰“儗”。儗謂比也。

［11］【顔注】師古曰：既築其城，又守衛之。【今注】案，據本書卷六《武紀》，武帝元朔二年（前127）“夏，募民徙朔方十萬口”，三年秋“城朔方城”。

［12］【顔注】師古曰：數十萬乃至百萬（百萬，蔡琪本、大德本、殿本作“百萬萬”）。

［13］【今注】案，王先謙《漢書補注》謂《史記·平準書》作“益虛”，是。“並”字與“益”形近而誤。

［14］【顔注】師古曰：庶人入奴婢則復終身，先爲郎者就增其秩也。一曰入奴婢少者復終身，多者得爲郎，舊爲郎更增秩也。【今注】郎：官名。或稱郎官、郎吏。漢九卿之一郎中令（光禄勳）屬官。掌守皇宫門户，出行充皇帝車騎。有議郎、中郎、侍郎、郎中等。秩自比六百石至比三百石不等，無定員。

［15］【今注】入羊爲郎：此暗指卜式輸家財事。參見本書卷五八《卜式傳》。

此後四年，[1]衛青比歲十餘萬衆擊胡，[2]斬捕首虜之士受賜黃金二十餘萬斤，而漢軍士馬死者十餘萬，[3]兵甲轉漕之費不與焉。[4]於是大司農陳臧錢經用賦稅既竭，不足以奉戰士。[5]有司請令民得買爵及贖禁錮免臧罪；[6]請置賞官，名曰武功爵。[7]級十七萬，凡直三十餘萬金。[8]諸買武功爵官首者試補吏，先除；[9]千夫如五大夫；[10]其有罪又減二等；[11]爵皆至樂卿，[12]㠯顯軍功。[13]軍功多用超等，[14]大者封侯卿大夫，小者郎。[15]吏道雜而多端，則官職秏廢。[16]

[1]【今注】此後四年：指漢武帝元朔五年（前124）。

[2]【顏注】師古曰：比歲，頻歲也。【今注】案，王念孫《讀書雜志·漢書第四》謂《群書治要》引此"十餘萬衆"上有"將"字，是。脱去"將"字，則文義不明。《史記》亦有"將"字。

[3]【今注】案，何焯《義門讀書記》卷一六謂所獲首虜皆以一爲十，士馬死者十餘萬則實數也。本書卷二《惠紀》注引晉灼曰："凡言黃金，真金也。不言黃，謂錢也。《食貨志》黃金一斤直萬錢。"顏師古曰："諸賜言黃金者，皆與之金。不言黃者，一金與萬錢也。"金少英《漢書食貨志集釋》謂言"斤"亦指黃金，言"金"則以錢折合與之也。

[4]【顏注】師古曰："與"讀曰"豫"。

[5]【顏注】師古曰：陳謂列奏之。經，常也。既，盡也。言常用之錢及諸賦稅並竭盡也。【今注】大司農：官名。秦置治粟内史，漢景帝時改稱大農令，武帝更名大司農。掌國家的財政收支，爲九卿之一。

[6]【今注】禁錮：謂禁其不得爲吏。　臧：王先謙《漢書補注》謂"臧"當爲"減"字之誤。免罪不應獨言"臧罪"。《史

記·平準書》作“免減罪”，謂免罪及減罪也。“臧”與“減”形近而誤。本書《武紀》云“得免減罪”，尤其明證。《資治通鑑》誤與本《志》同。

［7］【顔注】臣瓚曰：《茂陵中書》有武功爵，一級曰造士，二級曰閑輿衛，三級曰良士，四級曰元戎士，五級曰官首，六級曰秉鐸，七級曰千夫，八級曰樂卿，九級曰執戎，十級曰政戾庶長，十一級曰軍衛。此武帝所制，以寵軍功。師古曰：此下云級十七萬，凡直三十餘萬金，今瓚所引茂陵中書止於十一級，則計數不足，與本文乖矣。或者茂陵書説之不盡也。【今注】案，王先謙《漢書補注》謂“《集解》引瓚説‘政戾庶長’作‘左庶長’，其下又引《漢書音義》云‘十爵左庶長’，則此爵爲左庶長無疑。‘政戾’二字非佳語，必不取以名爵也”。陳直《漢書新證》認爲，漢二十級侯爵既有左庶長之名，何能混淆不分，政戾者或爲政蒞之同音假借字。

［8］【今注】級十七萬：武功爵的級差價格。　凡直三十餘萬金：武功爵的獎勵總值。即通過武功爵國家所能得到和支出的總額（參見晉文《西漢“武功爵”新探》，《歷史研究》2016年第2期）。

［9］【今注】官首：武功爵第五級。　先除：優先任命官職。

［10］【顔注】師古曰：五大夫，舊二十等爵之第九級也。至此以上，始免徭役，故每先選以爲吏。千夫者，武功十一等爵之第七也，亦得免役，今則先除爲吏，比於五大夫也。

［11］【今注】案，沈欽韓《漢書疏證》謂有罪者，得計其所買之爵減二等也。

［12］【顔注】師古曰：樂卿者，武功爵第八等也。言買爵唯得至第八也。此文止論武功爵級，而作注者乃以舊二十等爵解之，失其本意，故删而不取。【今注】案，皆，蔡琪本、大德本、殿本作“得”。金少英《漢書食貨志集釋》認爲，“爵皆至樂卿”者，

謂買爵者無論有罪無罪，但能買至樂卿爲止，此上不得買也。故下云“以顯軍功”。執戎以上即無罪者亦不得與也。

［13］【今注】案，要言之，武功爵賞賜區分不同層次。首先，武功爵買賣衹得到第八級樂卿，第九、第十、第十一級屬高爵，皆不得買賣，衹有取得軍功者纔能獲得，並且獲得這三級爵位的將士由國家直接進行賞賜，這便是所謂的“以顯軍功”；其次，官首、秉鐸、千夫、樂卿屬於中爵，這四級允許買賣，並且享有補吏、免役、減罪等優待；最後，造士、閑輿衛、良士、元戎士四級屬於低爵，雖然也允許買賣，但却没有多少實惠，更多的是榮譽性質。(參見晉文《西漢“武功爵”新探》，《歷史研究》2016年第2期)

［14］【今注】軍功多用超等：謂軍功多者可以越級給予爵賞，此亦爲朝廷彰顯軍功之舉措。案，王先謙《漢書補注》謂《史記·平準書》“超等”作“越等”。

［15］【今注】案，王先謙《漢書補注》謂《史記·平準書》“郎”下有“吏”字，是。

［16］【顔注】師古曰：秏，亂也，音莫報反。

自公孫弘以《春秋》之義繩臣下取漢相，[1]張湯以峻文決理爲廷尉，[2]於是見知之法生，[3]而廢格沮誹窮治之獄用矣。[4]其明年，淮南、衡山、江都王謀反迹見，[5]而公卿尋端治之，竟其黨與，[6]坐而死者數萬人，吏益慘急而法令察。[7]當是時，招尊方正賢良文學之士，[8]或至公卿大夫。公孫弘以宰相，布被，食不重味，[9]爲下先，然而無益於俗，稍務於功利矣。[10]

［1］【今注】公孫弘：傳見本書卷五八。

［2］【今注】張湯：傳見本書卷五九。　峻文：言用法苛刻。

決理：斷獄、辦案。　廷尉：官名。秦漢沿置，爲九卿之一。掌管刑獄。秩中二千石。景帝時改稱大理，武帝時復稱廷尉。

［3］【今注】見知之法：即本書《刑法志》所載武帝時實行的"見知故縱，監臨部主之法"（參見宋國華《漢代"見知之法"考述》，《咸陽師範學院學報》2008年第3期）。又本書卷九〇《咸宣傳》："於是作沈命法，曰：'群盜起不發覺，發覺而弗捕滿品者，二千石以下至小吏主者皆死。'"

［4］【顏注】張晏曰：吏見知不舉劾爲故縱，官有所作，廢格沮敗誹謗，則窮治之也。如淳曰：廢格天子文法，不行（不行，蔡琪本、大德本、殿本作"使不行也"）。誹謂非上所行，若顏異反脣之比也。師古曰：沮，止壞之，音材汝反。【今注】廢格：即擱置詔令而不執行。《史記》卷一二二《酷吏列傳》："楊可方受告緡，縱以爲此亂民，部吏捕其爲可使者。天子聞，使杜式治，以爲廢格沮事，棄縱市。"《集解》注引《漢書音義》曰："此爲廢格詔書，沮已成之事。"可見對於廢格罪的懲治是極其嚴厲的。　沮誹：沮爲破壞、阻止之義；誹爲誹謗之義。本書卷五四《李廣傳》："上以遷誣罔，欲沮貳師，爲陵游説，下遷腐刑。"顏師古曰："沮謂毀壞之。"

［5］【顏注】師古曰：蹤跡顯見也。【今注】其明年：指漢武帝元狩元年（前122）。　淮南衡山：指淮南王安、衡山王賜，其謀反事見本書卷四四《淮南衡山傳》。　江都王：指江都王建，漢武帝元狩二年（前121）夏有罪自殺，詳見本書卷五三《景十三王傳》。

［6］【今注】竟：窮究。

［7］【顏注】師古曰：慘，毒也。察，微視也。

［8］【今注】案，金少英《漢書食貨志集釋》謂"文帝二年，始詔二千石以上'舉賢良方正能直言極諫者'，十五年復詔'舉賢良能直言極諫者'。凡中選者，皆授以官職。武帝時，或詔舉賢良，

或詔舉賢良方正，或詔舉賢良文學。公孫弘先以賢良徵爲博士，因使匈奴不合上意，移病免歸；後復以賢良文學拜爲博士。名目不同，其實一也”。

［9］【今注】不重味：謂吃飯衹有一道菜，不講究美味。

［10］【今注】案，王先謙《漢書補注》謂《史記·平準書》“下”上有“天”字，“務”作“騖”，是。許慎《説文解字》：“騖，亂馳也。”今案，此指武帝雖任用公孫弘爲相，但整個朝政則越發趨向於功利。

其明年，[1]票騎仍再出擊胡，大克獲。[2]渾邪王率數萬衆來降，[3]於是漢發車三萬兩迎之。[4]既至，受賞，[5]賜及有功之士。是歲費凡百餘鉅萬。

［1］【今注】其明年：指漢武帝元狩二年（前121）。

［2］【顔注】師古曰：仍，頻也。【今注】票騎：驃騎將軍霍去病。

［3］【顔注】師古曰：渾，音胡昆反。【今注】渾邪王：西漢諸侯。亦作“昆邪王”“混邪王”。原爲匈奴諸王。武帝元狩二年，爲霍去病所敗，降漢。次年封漯陰侯。事迹見本書卷九四《匈奴傳》。

［4］【顔注】師古曰：一兩，一乘。【今注】案，王先謙《漢書補注》謂《史記·平準書》作“二萬兩”，本書卷五〇《汲黯傳》《資治通鑑》同。

［5］【今注】受賞：金少英《漢書食貨志集釋》引本書《汲黯傳》：“渾邪帥數萬之衆來，虚府庫賞賜，發良民侍養，若奉驕子。”又本書卷五五《衛青霍去病傳》載：“降者數萬人，號稱十萬。既至長安，天子所以賞賜數十鉅萬。封渾邪王萬户，爲漯陰侯。封其裨王呼毒尼爲下摩侯，雁疕爲煇渠侯，禽黎爲河綦侯，大當户調雖

爲常樂侯。”

先是十餘歲，河決，灌梁、楚地，[1]固已數困，而緣河之郡隄塞河，輒壞決，費不可勝計。其後番係欲省底柱之漕，[2]穿汾、河渠以爲溉田；[3]鄭當時爲渭漕回遠，[4]鑿漕直渠自長安至華陰；[5]而朔方亦穿溉渠。[6]作者各數萬人，歷二三期而功未就，[7]費亦各以鉅萬十數。[8]

[1]【今注】河決：《漢書考證》齊召南謂“《平準書》作‘河決觀’，徐廣曰：‘觀，縣名，屬東郡。’此文既改‘觀’作‘灌’，則當連下‘梁、楚地’爲句。但以事核之，此即指元光中‘河決瓠子，東南注鉅野，通於淮、泗’事也。瓠子地在濮陽，其對岸即觀縣。《史記》作‘河決觀’是也”。　灌梁楚地：河水漫及今河南東部、山東西南部及江蘇北部。

[2]【顔注】師古曰：番，姓；係，名也。番音普安工系反（普安工系反，大德本作“普安反，係音工系反”，蔡琪本、殿本作“普安反，係音系”）。【今注】番係：河東郡守。　底柱之漕：東方各地經過底柱運往關中的糧船。底柱，山名。原在今河南三門峽市附近黄河中，形若砥柱，故名。《水經注·河水》：“昔禹治洪水，山陵當水者鑿之，故破山以通河。河水分流，包山而過，山見水中若柱然，故曰砥柱也。三穿既決，水流疎分，指狀表目，亦謂之三門矣。”歷來爲黄河行船險惡之處，極易觸礁翻船，今已炸毁。

[3]【今注】汾：汾河，在今山西境内。

[4]【今注】鄭當時：傳見本書卷五〇。　渭：渭河，在今陝西中部。

[5]【顔注】師古曰：回，繞也，音胡内反。【今注】華陰：

縣名。治所在今陝西華陰市東。

［6］【今注】案，本書《溝洫志》云："自是之後，用事者争言水利，朔方、西河、河西、酒泉皆引河及川谷以溉田。"

［7］【今注】期：周年。案，王先謙《漢書補注》謂《史記·平準書》"各"字在"歷"上。

［8］【顔注】師古曰：謂十萬萬也。

天子爲伐胡故，盛養馬，馬之往來食長安者數萬匹，[1]卒掌者關中不足，[2]迺調旁近郡。[3]而胡降者數萬人皆得厚賞，衣食仰給縣官，[4]縣官不給，[5]天子乃損膳，解乘輿駟，[6]出御府禁臧以澹之。[7]

［1］【顔注】師古曰：食讀曰飤。

［2］【今注】卒掌者：王先謙《漢書補注》謂《史記·平準書》作"卒牽掌者"，言卒之牽馬掌馬者，即牧人也。　關中：古地名。秦都咸陽，漢都長安，因稱函谷關以西爲關中。秦漢時期還存在廣義的關中概念，泛指"包括巴蜀在内的'殽函'以西的西部地區"（參見王子今《秦漢區域地理學的"大關中"概念》，《人文雜志》2003 年第 1 期）。

［3］【顔注】師古曰：調謂選發之也。調音徒釣反。

［4］【顔注】師古曰：仰，音牛向反，次下亦同。

［5］【顔注】師古曰：給，足也。

［6］【今注】解乘輿駟：謂皇帝解下自己用的車上的馬。

［7］【今注】御府禁臧：謂少府所藏之財物。

其明年，[1]山東被水災，民多飢乏，於是天子遣使虚郡國倉廩以振貧。猶不足，又募豪富人相假貸。[2]尚不能相救，迺徙貧民於關以西，[3]及充朔方以南新秦中，[4]七十餘萬口，衣食皆仰給於縣官。數歲，貸與産業，使者分部護，[5]冠蓋相望，費以億計，縣官大空。而富商賈或滯財役貧，[6]轉轂百數，[7]廢居邑，[8]封君皆氐首仰給焉。[9]冶鑄鬻鹽，財或累萬金，而不佐公家之急，[10]黎民重困。[11]

[1]【今注】其明年：指漢武帝元狩三年（前120）。

[2]【顔注】師古曰：貸音土戴反。次下亦同。【今注】案，王先謙《漢書補注》謂此事即本書卷六《武紀》"元狩三年，舉吏民能假貸者以名聞"。

[3]【今注】關：指函谷關。

[4]【顔注】應劭曰：秦始皇遣蒙恬攘卻匈奴，得其河南造陽之北千里地甚好，於是爲築城郭，徙民充之，名曰新秦。四方雜錯，奢儉不同，今俗名新富貴者爲"新秦"，由是名也（殿本此注位於"七十餘萬口"後）。【今注】案，《漢書考證》齊召南認爲，"應説以河南造陽並解新秦中，非也。河南即朔方郡及北地、上郡之北境，名新秦中，今河套地也"。"《史記集解》載臣瓚曰'秦逐匈奴以收河南地，徙民以實之，謂之新秦。今以地空，故復徙民以實之'，其説甚確"。金少英《漢書食貨志集釋》據《鹽鐵論·誅秦篇》"使蒙恬擊胡，取河南以爲新秦"，認爲地名實爲新秦，不名新秦中。中謂新秦之中，猶今言地區。齊召南以新秦中爲名，非是。新秦的地理範圍，大體包括今内蒙古河套以西、寧夏清水河流域、甘肅環縣、陝西吴旗縣等地。

[5]【顔注】師古曰：分音扶問反。【今注】使者分部護之：國家派專人分區監督管理。

[6]【顔注】孟康曰：滯，停也。晉灼曰：滯，音直吏反。【今注】案，王念孫《讀書雜志·漢書第四》謂"'賈'上有

‘大’字，而今本脱之。《文選·蜀都賦》注引此，正作‘富商大賈’。《史記》《通鑑》並同。下文云‘富商大賈亡所牟大利’，《張湯傳》云‘排富商大賈’，《貨殖傳》云‘關中富商大賈’，皆有‘大’字”。又，王先謙《漢書補注》謂《史記·平準書》“滯”作“蹛”，《集解》引《漢書音義》曰：“蹛，停也。一曰，貯也。”金少英《漢書食貨志集釋》謂此言富商大賈積貯財貨，役使貧民，遠途販賣，故下云“轉轂百數”。

［7］【顔注】李奇曰：轂，車也。

［8］【顔注】服虔曰：居穀於邑也。如淳曰：居賤物於邑中以待貴也。師古曰：二説皆未盡也。此言或有所廢置，有所居蓄，而居於邑中，以乘時射利也。【今注】廢：沈欽韓《漢書疏證》謂《公羊》宣公七年《傳》有“萬入去籥何？去其有聲者，廢其無聲者”，注：“廢，置也。置者，不去也，齊人語。”與此“廢”同。周壽昌《漢書注校補》稱《志》又云“賣買居邑”，即此義。王先謙《漢書補注》則認爲，“如沈説，是廢即居也，於義爲複。《索隱》引劉氏云：‘廢，出賣也。’《仲尼弟子傳》‘子貢好廢舉’，《索隱》：‘廢，謂物貴而賣之。’與顔、周説合”。　案，蔡琪本、大德本、殿本“居”後有“居”字。

［9］【顔注】晋灼曰：氐音抵距之抵。服虔曰：仰給於商賈，言百姓好末作也。師古曰：二説皆非也。封君，受封邑者，謂公主及列侯之屬也。氐首，猶俯首也。時公主、列侯雖有國邑而無餘財，其朝夕所須皆俯首而取給於富商大賈，後方以邑入償之。氐音丁奚反（殿本“氐”後無“音”字）。

［10］【今注】案，金少英《漢書食貨志集釋》謂“此亦就富商大賈而言。《漢書·貨殖傳》云：‘蜀卓氏用鐵冶富，富至童八百人。田池射獵之樂，擬於人君。程鄭亦冶鑄，富埒卓氏。魯人丙氏以鐵冶起，富至鉅萬。齊刀間逐魚鹽商賈之利，起數千萬。’此其冶鑄鬻鹽，財或累萬金之著者也。《卜式傳》云：‘會渾邪等降，縣

官費衆，倉府空，貧民大徙，皆仰給縣官，無以盡贍，是時富豪皆争匿財。’此即所謂不佐公家之急也”。

［11］【顔注】師古曰：重，音直用反。

於是天子與公卿議，更錢幣以澹用，[1]而摧浮淫并兼之徒。是時禁苑有白鹿而少府多銀錫。[2]自孝文更造四銖錢，至是歲四十餘年，[3]從建元以來，[4]用少，縣官往往即多銅山而鑄錢，[5]民亦盜鑄，不可勝數。錢益多而輕，[6]物益少而貴。[7]有司言曰："古者皮幣，[8]諸侯以聘享。[9]金有三等，黄金爲上，白金爲中，赤金爲下。[10]今半兩錢法重四銖，[11]而姦或盜摩錢質而取鋊，[12]錢益輕薄而物貴，則遠方用幣煩費不省。"[13]乃以白鹿皮方尺，緣以繢，[14]爲皮幣，直四十萬。王侯宗室朝覲聘享，必以皮幣薦璧，[15]然後得行。

［1］【顔注】師古曰：更，改也。【今注】案，蔡琪本、大德本、殿本“更”後有“造”字。

［2］【今注】少府：官名。秦置漢沿。九卿之一，秩中二千石。掌皇帝財政、宮廷侍從及宮廷手工業，以備宮廷之用。武帝對少府職掌有所調整，在非常時期以少府禁錢用於國家開支。　銀錫：陳直《史記新證》謂銀用以鑄龍、馬、龜三種銀貨，錫用以和赤銅鑄三銖錢。

［3］【今注】是歲：指漢武帝元狩四年（前119）。　四十餘年：梁玉繩《史記志疑》卷一六謂鑄四銖錢在文帝五年，至武帝元狩四年造百金、皮幣凡五十七年，此云“四十餘年”，非也。又，文帝鑄四銖錢後，武帝建元元年（前140）壞四銖行三銖錢，建元五年罷三銖行半兩錢，至元狩四年始改用白金皮幣，何嘗五十餘年

皆用孝文四銖錢哉！《漢志》亦仍此誤。

［4］【今注】建元：漢武帝年號（前140—前135）。

［5］【顏注】師古曰：就多銅之山而鑄錢也。

［6］【顏注】臣瓚曰：鑄錢者多，故錢輕。輕亦賤也。【今注】案，周壽昌《漢書注校補》謂“輕對重言，非賤之謂也。鑄錢益多，則工省而質薄也。觀下云‘錢益輕薄而物貴’可知”。楊樹達《漢書窺管》謂“瓚説是，周説非也。下句云：物益少而貴。二句多與少相對，輕與貴相對，知輕即賤，謂值輕也。下文云：‘奸或盜摩錢質而取鋊，錢益輕薄。’班於輕下加一薄字，正欲别於此文之錢輕耳。周乃並爲一談，失班氏苦心分别之意矣”。

［7］【顏注】如淳曰：民但鑄錢（但，蔡琪本作“俱”），不作餘物故也。

［8］【今注】皮幣：戰國時外交常用禮品。多由貴重皮毛及繒帛組合而成。《管子·五行》：“出皮幣，命行人修春秋之禮於天下諸侯。”《孟子·梁惠王下》：“昔者大（太）王居邠，狄人侵之”，“事之以皮幣”。趙岐注：“皮，狐貉之裘，幣，繒帛之貨也。”或謂幣指束帛。《戰國策·齊策三》：“請具車馬皮幣，願君以此從衞君遊。”姚宏注：“皮，鹿皮。幣，束帛也。”

［9］【今注】聘享：聘問獻納。聘問必有宴享，故聘、享連文。

［10］【顏注】孟康曰：白金，銀也。赤金，丹陽銅也。

［11］【顏注】鄭氏曰：其文爲半兩，實重四銖也。

［12］【顏注】如淳曰：錢一面有文，一面幕，幕爲質。民盜摩漫面而取其鋊，以更鑄作錢也。臣瓚曰：許慎云“鋊，銅屑也”。摩錢漫面以取其屑，更以鑄錢。《西京黄圖》叙曰“民摩錢取屑”是也。師古曰：鋊音浴。瓚説是也。【今注】鋊：金屬製品磨下之屑。　案，王先謙《漢書補注》謂《史記·平準書》“質”作“裹”，義同；“鋊”作“鎔”。

[13]【今注】用幣煩費不省：指錢幣攜帶量大，不便使用。

[14]【顔注】師古曰：績，繡也，繪五綵而爲之（殿本此注位於“爲皮幣”後）。【今注】案，王先謙《漢書補注》謂“《平準書》‘績’上有‘藻’字，徐廣注：‘藻，一作紫。’《通鑑》亦有”。

[15]【今注】以皮幣薦璧：用皮幣墊襯在璧下面。

又造銀錫白金。[1]以爲天用莫如龍，地用莫如馬，人用莫如龜，故白金三品：其一曰重八兩，圜之，[2]其文龍，名“白撰”，直三千；二曰以重差小，[3]方之，[4]其文馬，直五百；[5]三曰復小，撱之，其文龜，直三百。[6]令縣官銷半兩錢，更鑄三銖錢，[7]重如其文。盜鑄諸金錢罪皆死，而吏民之犯者不可勝數。[8]

[1]【顔注】如淳曰：雜鑄銀錫爲白金（鑄，大德本同，蔡琪本、殿本作“金”）。【今注】案，王先謙《漢書補注》謂“《平準書》‘白’上有‘爲’字，《通鑑》同；此脱”。

[2]【今注】其一曰重八兩：凌稚隆《史記評林》卷三〇引姚范，謂“重八兩”“以重差小”“復小”上皆衍“曰”字，是。圜之：錢體爲圓形。

[3]【今注】差小：稍小。　案，李慈銘《越縵堂讀史札記·漢書二》謂《史記·平準書》無“以”字，疑衍。

[4]【今注】方之：錢體爲方形。

[5]【顔注】晋灼曰：以平半斤之重差爲三品，此重六兩，則下品重四兩也。

[6]【顔注】師古曰：撱，圜而長也，音佗果反。【今注】撱之：錢體爲橢圓形。

[7]【今注】銷半兩錢：銷毀漢武帝建元五年（前136）所鑄之半兩錢。　更鑄三銖錢：事在漢武帝元狩四年（前119）。建元元年（前140）曾鑄三銖錢，建元五年廢之。元狩四年爲第二次鑄三銖錢。

[8]【今注】案，徐孚遠《史記測議》卷三〇謂白金本輕而值重，故盜鑄者愈多，嚴刑而不能盡。

於是以東郭咸陽、孔僅爲大農丞，[1]領鹽鐵事，[2]而桑弘羊貴幸。[3]咸陽，齊之大鬻鹽，孔僅，南陽大冶，[4]皆致產累千金，故鄭當時進言之。弘羊，洛陽賈人之子，[5]以心計，[6]年十三侍中。[7]故三人言利事析秋豪矣。[8]

[1]【顔注】師古曰：二人也，姓東郭名咸陽，姓孔名僅。僅音鉅刃反。【今注】東郭咸陽：原爲大鹽商，貲財累千金。後由鄭當時薦之武帝，與孔僅、桑弘羊三人並稱“言利事析秋毫”。武帝元狩四年（前119）爲大農丞，與孔僅共領鹽鐵事。建議募民自給費，因官器作鬻鹽，官與牢盆。敢私鑄鐵器鬻鹽者，釱左趾，没入其器物，武帝從其議。實行鹽鐵官營。後不知所終。　孔僅：西漢南陽人。原爲南陽大冶鐵商。武帝時，由於大司農鄭當時推薦，與東郭咸陽同被任爲大農丞，主管鹽鐵專賣，在全國各地設立鹽鐵專賣機構，專營鹽鐵生産和貿易事宜，以打擊商人勢力。後升任大司農。　大農丞：西漢自景帝後元元年（前143）改治粟内史爲大農令，下設兩丞，稱大農丞。佐大農令掌錢穀財貨等財政收支，秩千石。

[2]【今注】領鹽鐵事：金少英《漢書食貨志集釋》謂漢官稱領者，多爲已有本官本職，而又兼領他官職權者。

[3]【今注】桑弘羊：西漢洛陽人。商人之子。武帝時，任治

粟都尉，領大司農。推行鹽、鐵、酒類收歸官營，並設立平準、均輸機構，控制全國商品，平抑物價，使商賈不得獲取大利，以充實國家經濟收入。賜爵左庶長。昭帝年幼即位，受武帝遺詔與霍光共同輔政，任御史大夫。昭帝始元六年（前81），在鹽鐵會議上與賢良文學辯論，堅持鹽鐵官營。次年，受燕王劉旦、上官桀等謀反事牽連，被殺。

［4］【今注】南陽：郡名。治宛縣（今河南南陽市宛城區）。

［5］【今注】洛陽：縣名。治所在今河南洛陽市東北。

［6］【顏注】師古曰：不用籌算。【今注】心計：謂不用籌策的計算，即心算或默算，實際是把籌策的演算法在心裏默算，類似於今天把算盤的演算法記在心裏的速算。《鹽鐵論·貧富篇》載桑弘羊自稱“運之方寸，轉之息耗，取之貴賤之間”。

［7］【今注】侍中：秦置，原爲丞相史，往來殿中奏事，故名。西漢時爲加官，加此即可入侍宮禁。掌侍從皇帝左右，侍奉生活起居，分掌御用乘輿服物，無員。武帝以後常授重臣儒者，與聞朝政，贊導衆事，顧問應對，與公卿大臣論辯，平議尚書奏事。武帝末年令出居宮禁外，有事召入，事畢即出。案，沈欽韓《漢書疏證》引《鹽鐵論》：“大夫曰：‘余結髮束脩，年十三，幸得宿衞，給事輦轂。’”認爲桑弘羊得進蓋亦入羊爲郎之類。但亦有不同看法，參見馬非百《桑弘羊年譜訂補》（中州書畫社1982年版，第17—18頁）、李運元《西漢理財家桑弘羊的生年和入仕指誤》（《經濟學家》1998年第1期）、晉文《桑弘羊入宮原因蠡測》（《中國史研究》2005年第3期）。

［8］【今注】秋毫：秋天新長出的獸毛，比喻事物之細小。案，楊慎《史記題評》卷三〇認爲，“三人言利析秋毫”，前應“興利之臣自此始”，後起籠鹽鐵、算緡錢、平準之事。

法既益嚴，吏多廢免。兵革數動，民多買復[1]及五大夫、千夫，[2]徵發之士益鮮。[3]於是除千夫、五大夫爲吏，不欲者出馬；[4]故吏皆適令伐棘上林，作昆明池。[5]

[1]【顔注】師古曰：入財於官，以取優復。復音方目反。【今注】案，金少英《漢書食貨志集釋》李慶善稱“鼂錯《論貴粟疏》所謂‘今令有車騎馬一匹者，復卒三人’，即買復也。《卜式傳》謂‘式持錢二十萬與河南守，以給徙民，乃賜式外繇四百人’，名爲賜復，實亦買復也。買復與買爵至五大夫、千夫以上者得以復除不同，故下句以‘五大夫、千夫’與此平列，謂買爵也”。

[2]【今注】五大夫：秦漢二十等爵制的第九級。　千夫：武功爵第九級。　案，錢大昕《廿二史考異·史記三》謂鼂錯言，爵至五大夫以上，乃復卒一人。漢武帝置武功爵，千夫如五大夫，故五大夫與千夫皆不在徵召之限。金少英《漢書食貨志集釋》謂“敦煌及居延發現之漢簡，所載戍卒、田卒爵位，有公士、上造、簪褭、不更、大夫、公大夫、公乘。最高爲八級公乘。可見公乘亦在徵召之列，九級五大夫以上乃得復除耳。《史記》無‘千夫’二字”。

[3]【顔注】師古曰：鮮，少也，音先淺反。【今注】案，金少英《漢書食貨志集釋》謂“《周禮·鄉大夫》‘其舍者’《注》引鄭司農云：‘舍者，謂有復除，舍不收役事也。貴者謂若今宗室及關内侯皆復也。服公事者謂若今吏有復除也。老者謂若今八十九十復羨卒也。疾者謂若今癃不可事者復之。’據此，則漢代宗室、關内侯及吏皆復除，老者、病者亦不在徵召之限；加以買復及買爵至五大夫、千夫者多，故可徵發之士益少”。

[4]【顔注】如淳曰：千夫、五大夫不欲爲吏者，令之出馬也。【今注】案，錢大昕《廿二史考異·史記三》謂此言千夫、五大夫不欲爲吏者，令之出馬。因當時戰時急需用馬，而“吏多坐法

廢免，買爵者多不願除吏，故又使出馬”。

［5］【顔注】師古曰：適讀曰讁。讁，責罰也，以其久爲姦利。【今注】案，王先謙《漢書補注》謂此即《史記索隱》“故吏先免者，皆適令伐棘上林”。上文正言“吏多廢免”。顔説未晰。故吏：被免官的原有官吏。　上林：在今陝西西安市西南鄠邑區、周至縣界，渭水以南、終南山以北。秦惠文王時即開始興建。至秦始皇時，先後在上林苑中修建了朝宫和阿房宫前殿等。西漢初荒廢，許民入墾荒。漢武帝收回，復加拓展，周圍擴至二百餘里。苑内有離宫、别館，供皇帝游獵。　昆明池：漢武帝欲從西南通身毒國，爲越嶲、昆明所阻，遂於元狩三年（前 120）引水穿地修成巨池，演練水軍，取名昆明池，以象昆明滇池。後成爲長安城用水之源，亦爲皇家泛舟游樂之所。遺址在今陝西西安市長安區南豐村、石匣口村、斗門鎮、萬村一帶，池岸周長約 17.6 公里，面積約 16.6 平方公里。

其明年，[1]大將軍、票騎大出擊胡，[2]賞賜五十萬金，軍馬死者十餘萬匹，[3]轉漕車甲之費不與焉。[4]是時財匱，[5]戰士頗不得禄矣。

［1］【今注】其明年：指漢武帝元狩四年（前 119）。案，衛青漠北大戰，幾擒單于；霍去病破左賢王，封狼居胥，皆此年事。詳見本書卷五五《衛青霍去病傳》。

［2］【今注】大將軍：衛青。　票騎：霍去病。

［3］【今注】案，本書卷五五《衛青霍去病傳》云：“兩軍之出塞，塞閲官及私馬凡十四萬匹，而後入塞者不滿三萬匹。”

［4］【顔注】師古曰：“與”讀曰“豫”。【今注】不與：不包括在内。

［5］【顔注】師古曰：匱，空也。

有司言三銖錢輕，輕錢易作姦詐，迺更請郡國鑄五銖錢，[1]周郭其質，令不可得摩取鋊。[2]

[1]【今注】五銖錢：漢代銅錢名。重五銖，上有“五銖”二篆文，始鑄於漢武帝元狩五年（前118）。這是中國歷史上鑄造數量最多，流通最久的錢幣。

[2]【顔注】孟康曰：周帀爲郭（帀，蔡琪本、大德本作“币”，殿本作“匝”），文漫皆有。【今注】周郭其質：錢的外沿鑄有一個厚出於錢體的邊緣，以免被人磨取銅屑。

大農上鹽鐵丞孔僅、咸陽言：[1]“山海，天地之臧，宜屬少府，陛下弗私，以屬大農佐賦。[2]願募民自給費，因官器作鬻鹽，官與牢盆。[3]浮食奇民欲擅斡山海之貨，[4]以致富羨，役利細民。[5]其沮事之議，[6]不可勝聽。敢私鑄鐵器鬻鹽者，釱左趾，[7]没入其器物。郡不出鐵者，置小鐵官，[8]使屬在所縣。”[9]使僅、咸陽乘傳舉行天下鹽鐵，[10]作官府，[11]除故鹽鐵家富者爲吏。吏益多賈人矣。[12]

[1]【顔注】師古曰：奏上其言也。

[2]【今注】案，金少英《漢書食貨志集釋》謂“山海天地之臧指鹽鐵。蓋‘山川園池市肆租税之入，皆各爲私奉養’，原屬少府，今以鹽鐵屬大司農也。下文‘擅斡山海之貨’亦指鹽鐵，與此相呼應”。

[3]【顔注】蘇林曰：牢，價直也。今世人言顧手牢。如淳曰：牢，廪食也。古者名廪爲牢（爲，大德本、殿本作“曰”）。盆，鬻鹽盆也。師古曰：牢，蘇説是也。鬻，古煑字也。【今注】

牢盆：郭嵩燾《史記札記》卷三認爲“牢”爲煮鹽之所，“盆”爲煮鹽之器。陳直《漢書新證》謂洪適《隸釋》卷三有漢《巴蜀鐵盆銘》云：“巴官三百五十斤永平七年、第二十七酉。”又卷一四有《漢修官二鐵盆欵識》云：“二十五石，二十年，修官作。二十五石。”洪氏考爲建武二十年製作。上述兩鐵盆，即《志》文所説之煮鹽牢盆。牢盆二字，向無確解，疑爲堅實牢固之意，與漢代陶器上之“真上牢”，漆器銘文上之“用作牢”相同。又吴恂《漢書注商》曰：“牢盆官作盆牢，言計盆而酬其值耳。”曾磊根據張家山漢簡《二年律令·金布律》提出新的解釋，認爲“牢”意爲租金，“牢盆”即煮鹽器具的使用租金。漢武帝鹽鐵官營後，“牢盆”的含義又發生了新的變化，由租借生産工具的費用，轉爲雇佣勞作人員的費用。參見曾磊《“牢盆”新證》（《鹽業史研究》2009年第3期），另可參見蘇誠鑒《“官與牢盆”與漢武帝的榷鹽政策》（《鹽業史研究》1988年第1期）、李運元《釋“牢盆”》（《財經科學》1995年第3期）。

［4］【顔注】師古曰：幹謂主領也，讀與管同。【今注】浮食奇民：游手不務農業的人。此指富商大賈及地方豪强。

［5］【顔注】師古曰：羨，饒也，音弋戰反（此注殿本與注［3］合爲一條，位於“以致富羨”後）【今注】役利細民：謂役使小民作苦工以謀利。

［6］【今注】沮事之議：謂反對鹽鐵官營的議論。

［7］【顔注】師古曰：釱，足鉗也，音徒計反。

［8］【顔注】鄧展曰：鑄故鐵。【今注】案，郭嵩燾《史記札記》卷三謂是時鐵器皆官鑄，置鐵官領之；郡不出鐵，則置小鐵官，掌所隸縣鐵器。爲禁民私鑄鐵器故也。又，“鑄故鐵”意謂熔化廢鐵以鑄造新的鐵器，因當時禁止民衆私鑄鐵器，故此事亦需設官主之。

［9］【今注】屬在所縣：郭嵩燾《史記札記》卷三謂掌所隸縣

鐵器。

[10]【顔注】師古曰：舉，皆也，普天之下皆行之也，音下更反。【今注】乘傳：乘坐傳舍提供的馬車。漢初除非遇到緊急情況需要報告，一般衹有郡守和秩在二千石的高級官吏可以乘傳。張家山漢簡《二年律令·置吏律》："郡守二千石官、縣道官言邊變事急者，及吏遷徙、新爲官，屬尉、佐以上毋乘馬者，皆得爲駕傳"〔參見張家山二四七號漢墓竹簡整理小組《張家山漢墓竹簡［二四七號墓］》（釋文修訂本），文物出版社 2006 年版，第 37 頁〕。

[11]【顔注】師古曰：主鬻鑄及出納之處也。【今注】作官府：在興辦鹽鐵事業的地區建立相應的主管部門。

[12]【今注】案，西漢前期禁止商人及其子弟入仕，至此則大量起用工商業者爲國家經辦官營事業，並任用工商業者爲官，是爲用人制度上的一大變化。

商賈以幣之變，多積貨逐利。於是公卿言："郡國頗被災害，貧民無産業者，募徙廣饒之地。陛下損膳省用，出禁錢以振元元，[1]寬貸，[2]而民不齊出南畝，[3]商賈滋衆。貧者畜積無有，皆仰縣官。[4]異時算軺車賈人之緡皆錢有差小，[5]請算如故。諸賈人末作貰貸賣買，居邑貯積諸物，[6]及商以取利者，雖無市籍，各以其物自占，[7]率緡錢二千而算一。[8]諸作有租及鑄，[9]率緡錢四千算一。非吏比者、三老、北邊騎士，軺車一算；[10]商賈人軺車二算；[11]船五丈以上一算。匿不自占，占不悉，戍邊一歲，没入緡錢。[12]有能告者，以其半畀之。[13]賈人有市籍，及家屬，皆無得名田，[14]以便農。敢犯令，没入田貨。"[15]

［1］【今注】禁錢：少府之錢。

［2］【今注】案，王先謙《漢書補注》謂《史記·平準書》"貸"後有"賦"字，是也；無，則文不成義。

［3］【顔注】師古曰：言農人尚少，不皆務耕種也。

［4］【顔注】師古曰："畜"讀曰"蓄"。仰，音牛向反。【今注】案，蔡琪本、殿本"仰"前無"皆"字。

［5］【顔注】師古曰：異時，言往時也。軺，小車也。緡謂錢貫也。軺，音弋昭反。緡，音武巾反。【今注】異時：沈欽韓《漢書疏證》認爲，即武帝元光六年（前129）初算商車也。瀧川資言《史記會註考證》卷三〇謂元光六年算商車，見《漢書·武紀》，算緡亦當有其事，史失書之也。　算軺車：徵收軺車税。緡：緡錢。用絲繩穿貫起來的成串的錢。亦爲税制，謂於所占有的錢中間，每緡納税若干錢。　案，皆錢，蔡琪本、大德本、殿本作"錢皆"。差小，蔡琪本、大德本作"差"，殿本作"差下"。

［6］【顔注】師古曰：貰，賒也。貸，假與也。貰音式制反。貸，音土戴反。

［7］【顔注】師古曰：占，隱度也，各隱度其財物多少，而爲名簿送之於官也。占，音之贍反。【今注】市籍：官府掌管的商人名册。　自占：估算自己家産的價值而上報官府。

［8］【顔注】師古曰：率計有二千錢者則出一算。

［9］【顔注】如淳曰：以手力所作而賣之者。【今注】諸作：各種手工業産品。　租：税。此句或可釋爲各種手工業産品中有需要納税和自己鑄造出賣的。案，陳直《史記新證》稱所謂有租者，即上文因官器作煮鹽，官與牢盆是也。可證租謂煮鹽、鑄必爲冶鐵，豪强既握有鹽鐵之利，算收緡錢，反爲四千而一算，此爲統治階級互相維持本階級之利益所設之法令。亦可備一説。

［10］【顔注】師古曰：比，例也。身非爲吏之例，非爲三老，非爲邊騎士，而有軺車，皆令出一算。比，音必寐反。【今

注】案，金少英《漢書食貨志集釋》謂吏比者、三老、北邊騎士爲三。非字總冒此三類人。顏注分析言之，是。吏比者，非吏而得比於吏者，五大夫、千夫是也。吏車不必算，吏比者亦可不算。三老、騎士執行公務，亦應不算。此三類以外之人，其車須算，惟税率較商賈爲輕耳。三老，先秦以來掌教化之鄉官，西漢又增縣三老。

[11]【顏注】如淳曰：商賈人有軺車，又使多出一算，重其賦。

[12]【顏注】師古曰：悉，盡也。【今注】案，金少英《漢書食貨志集釋》謂本書卷七《昭紀》載昭帝始元六年（前81）“罷榷酤官，令民得以律占租”，注引如淳曰：“律，諸當占租者家長身各以其物占，占不以實，家長不身自書，皆罰金二斤，没入所不自占物及賈錢縣官也。”據此，則“没入緡錢”蓋没入其“匿不自占”及“占不悉”之財産，非全部財産。

[13]【顏注】師古曰：畀，與也，音必寐反。【今注】告者：《後漢書》卷二八上《桓譚傳》：“今可令諸商賈自相糾告，若非身力所得，皆以臧畀告者。”謂商賈相互之間糾告。晉文認爲，告者乃制訂告緡令的“公卿”（參見晉文《從西漢抑商政策看官僚地主的經商》，《中國史研究》1991年第4期）。

[14]【顏注】師古曰：一人有市籍，則身及家内皆不得有田也（殿本此注位於“以便農”後）。【今注】案，瀧川資言《史記會注考證》卷三〇謂賈人多財，使之得買田，則兼併之弊生，農民失産。

[15]【今注】案，王先謙《漢書補注》謂《史記·平準書》“田貨”作“田僮”。

是時，豪富皆争匿財，唯卜式數求入財以助縣官。[1]天子迺超拜式爲中郎，賜爵左庶長，[2]田十頃，布告天下，以風百姓。[3]初，式不願爲官，上强拜之，稍遷至齊相。語自在其傳。孔僅使天下鑄作器，[4]三年中至大司農，列九卿。[5]而桑弘羊爲大司農中丞，[6]管諸會計事，[7]稍稍置均輸以通貨物。[8]始令吏得入穀補官，郎至六百石。[9]

[1]【今注】卜式：傳見本書卷五八。

[2]【今注】超拜：破格任命。　中郎：官名。屬郎中令（光禄勳），秩比六百石。　左庶長：秦漢二十等爵制的第十級。

[3]【顔注】師古曰："風"讀曰"諷"。

[4]【今注】使天下鑄作器：令各郡國製造冶鐵、煮鹽的工具。

[5]【今注】九卿：秦漢時期中央官職的總稱，包括奉常（後改太常）、郎中令（後改光禄勳）、衛尉、太僕、廷尉、典客（後改大鴻臚）、宗正、少府、治粟内史（後改大司農）。此處泛指中央高級官吏。

[6]【今注】大司農中丞：王先謙《漢書補注》謂大農屬無中丞，"中"字衍。《史記·平準書》正作"大農丞"。

[7]【今注】管諸會計事：掌管國家的各項財政收入。

[8]【今注】均輸：政府控制重要商品的運銷，以增加收入、減少支出，平抑物價的措施。始於西漢武帝元狩中桑弘羊爲大司農中丞時提出實行的改革措施之一。元鼎二年（前115）試辦，元封元年（前110）桑弘羊以治粟都尉領大司農職以後推廣於各地。均輸的原意爲調劑運輸。桑弘羊奏請在大司農設部丞數十人爲均輸官和平準官，至所管郡國，主均輸事。令各地向均輸官交納貢物，折價與運費均由輸官和平準官。在當地購買過去商人在此地購買並轉販的貨物，即當地出産多、價格低的物資，或到其他低價的地方購貨，運至京師，交給平準機關掌握、出售。京師不需要或多餘之

物，運至價高的其他地方出售，調劑各地的供應。所得的錢歸入中央財政收入。所需運輸器具由工官製造，人員徵發平民充當。均輸與平準同時實行，使邊遠郡縣免除輸賦的困難，國家掌握了主要商品，平抑物價，增加財政收入。後世有仿效此法的。如王莽行五均六筦，唐代劉晏用東南賦税款購物供應關中，王安石行均輸法。對均輸爲政府經商説亦有不同看法者，參見王子今《西漢均輸制度新議》(《首都師範大學學報》1994年第2期)、亦捷《西漢均輸官確有經商職能——與王子今同志商榷》(《首都師範大學學報》1994年第3期)。

［9］【顔注】師古曰：吏遷補高官，郎又就增其秩，得至六百石也(大德本、殿本無“也”字)。【今注】案，沈欽韓《漢書疏證》謂前此鬻爵高者復除而已，此乃直任職也。黄霸亦以是進。然言吏，則庶民商賈不得也。郭嵩燾《史記札記》卷三謂本書《百官公卿表》郎中令屬官有大夫、謁者、郎。而郎多至千人，有議郎、中郎、侍郎、郎中，皆掌守門户，出充車騎。《史記》卷一〇二《張釋之傳》“入訾爲騎郎”者是也。如淳注引《漢儀注》：“訾五百萬得爲常侍郎。”本書卷五〇《馮唐傳》“爲郎中署長”，又中郎屬官也。郎吏二百石至六百石，而郡丞及減萬户縣長及諸曹丞，皆六百石。此謂已試爲吏者，入訾補官，由二百石至六百石也。

自造白金五銖錢後五歲，[1]而赦吏民之坐盜鑄金錢死者數十萬人。[2]其不發覺相殺者，[3]不可勝計。赦自出者百餘萬人。[4]然不能半自出，[5]天下大氐無慮皆鑄金錢矣。[6]犯法者衆，吏不能盡誅，於是遣博士褚大、徐偃等分行郡國，[7]舉并兼之徒守相爲利者。[8]而御史大夫張湯方貴用事，減宣、杜周等爲中丞，[9]義縱、尹齊、王温舒等用慘急苛刻爲九卿，[10]直指夏蘭之屬始出。[11]而大農顏異誅矣。[12]初，異爲濟南亭長，[13]以廉直稍遷至九卿。上與湯既造白鹿皮幣，[14]問異。異曰：“今王侯朝賀以倉璧，[15]直數千，而其皮薦反四十萬，本末不相稱。”天子不説。[16]湯又與異有隙，及人有告異以它議，事下湯治異。異與客語，客語初令下有不便者，[17]異不應，微反脣。[18]湯奏當異九卿見令不便，不入言而腹非，[19]論死。自是後有腹非之法比，[20]而公卿大夫多諂諛取容。

[1]【今注】案，梁玉繩《史記志疑》卷一六謂《漢書·武紀》武帝元狩四年（前119）造白金，五年行五銖錢，元鼎元年（前116）赦天下，首尾纔四年耳，“五”當作“三”。

[2]【今注】案，李慈銘《越縵堂讀史札記·漢書二》謂“赦”字衍。

[3]【今注】不發覺：經審訊而並没有發現盜鑄罪。　相殺：被殺。

[4]【今注】自出：自首。

[5]【今注】不能半自出：遇赦者不及自首者之半數。

[6]【顏注】師古曰：氐讀曰抵。抵（殿本無“抵”字），歸也。大歸猶言大凡也（歸，蔡琪本同，大德本、殿本作“氐”）。無慮亦謂大率無小計慮也（也，蔡琪本、大德本、殿本作“耳”）。

[7]【顏注】師古曰：行，音下更反。【今注】博士：官名。秦置，漢因之，隸屬九卿之一奉常（太常）。漢武帝罷黜百家之前，博士治各家之學，其後乃專立儒學一家。掌議政、制禮、藏書、顧問及教授經學、考核人材、奉命出使等。初秩比四百石，後升比六百石。　褚大：從胡母生學《公羊春秋》，爲博士，官至梁相。武

帝時，曾遣大循行天下，存問鰥寡廢疾，舉薦遺逸獨行君子，並奏治奸猾爲害、田野荒廢不耕及爲政尚苛者。　徐偃：祝兹侯徐厲孫。從申公學《詩》，爲博士。景帝中元六年（前 144）嗣侯，爲膠西中尉。曾奉命循行郡國，舉兼併之徒爲利者以治罪。武帝時議封禪，不合帝意，被絀。

［8］【顔注】師古曰：守，郡守也（大德本、殿本“郡守”後無“也”字）。相，諸侯相。【今注】并兼之徒：指地方豪强。　守相爲利者：王先謙《漢書補注》指出，本書《武紀》在元狩六年詔云“將百姓所安殊路，而撟虔吏因乘勢以侵蒸庶邪”，所謂“撟虔吏”，即“守相爲利者”。

［9］【顔注】師古曰：減，姓也（大德本無“也”字），音減省之減。【今注】減宣：傳見本書卷九〇。　杜周：傳見本書卷六〇。　中丞：官名。漢代御史大夫有兩丞，一稱中丞，在殿中蘭臺，外督部刺史，内領侍御史，受公卿奏事，舉劾按章。

［10］【今注】義縱尹齊王温舒：三人傳見本書卷九〇。　案，慘急苛刻，蔡琪本、大德本、殿本作“急刻”。

［11］【顔注】蘇林曰：夏蘭，人姓名（殿本此注位於“而大農顔異誅矣”後）。【今注】直指：官名。漢置，爲“繡衣直指”“直指使者”“直指繡衣使者”的簡稱，三者名雖不同，實爲一官，掌討奸猾和治獄。

［12］【今注】案，王先謙《漢書補注》謂“《百官表》元狩四年‘大農令顔異，二年坐腹非誅’，六年再書‘大農令正夫’，以此文序事推之，異誅當在六年。徐廣注云‘元狩四年’，非也”。

［13］【今注】濟南：郡名。治東平陵（今山東濟南市章丘區）。　亭長：主管亭部的小吏。亭，秦漢時具有軍事治安和郵驛館舍職能的基層單位。

［14］【今注】案，前述造白鹿皮幣衹説“有司”提議，這裏明確點出了張湯是主要參與者。

[15]【今注】案，倉，殿本作“蒼”。

[16]【顏注】師古曰：“説”讀曰“悦”。

[17]【顏注】李奇曰：異與客語，道詔令初下有不便處。【今注】初令：瀧川資言《史記會注考證》卷三〇引中井積德：“初令，猶言新令。”

[18]【顏注】師古曰：蓋非也。【今注】案，《漢書考證》張照認爲，顏注意雖是，而未盡。蓋異聞客語不敢應，而倉卒自禁，不覺微笑而脣褰耳。吴恂《漢書注商》謂反脣者，翻脣以示輕嫚不屑之意。張注倉卒下奪一“不”字。

[19]【顏注】師古曰：當謂處斷其罪（殿本此注位於“論死”後）。【今注】奏當：將審判定罪的結果上報皇帝。　不入言：不到朝廷講出自己的觀點。　腹非：指臣下對皇帝之作爲，口雖不言而實非之。後遂有腹非之法。

[20]【顏注】師古曰：比，則例也，讀如字，又音必寐反。

天子既下緡錢令而尊卜式，百姓終莫分財佐縣官，於是告緡錢縱矣。[1]

[1]【顏注】師古曰：縱，放也，放令相告言也。【今注】告緡：告發隱匿緡錢以逃避税款者，將没收的緡錢的一半獎勵給告發者。

郡國鑄錢，民多姦鑄，[1]錢多輕，而公卿請令京師鑄官赤仄，[2]一當五，賦官用非赤仄不得行。[3]白金稍賤，民弗寶用，[4]縣官以令禁之，無益，歲餘終廢不行。是歲，湯死而民不思。[5]其後二歲，[6]赤仄錢賤，民巧法用之，不便，又廢。於是悉禁郡國毋鑄錢，專令上林三官鑄。[7]錢既多，而令天下非三官錢不得行，諸郡國前所鑄錢皆廢銷之，輸入其銅三官。而民之鑄錢益少，計其費不能相當，[8]唯真工大姦迺盜爲之。[9]

[1]【顔注】師古曰：謂巧鑄之，雜鉛錫。

[2]【顔注】應劭曰：所謂子紺錢也。如淳曰：以赤銅爲其郭也。今錢郭見有赤者，不知作法云何也。【今注】赤仄：亦作"赤側錢"，西漢鑄幣。銅質。武帝元鼎二年（前115），由京師鐘官始鑄。一枚當郡國所鑄五銖錢五枚。政府規定納賦必須用赤仄錢。元鼎四年（前113）廢。"赤仄"即把錢的外廓銼平。

[3]【顔注】師古曰：充賦及給官用，皆令以赤仄。

[4]【今注】稍賤：越來越輕賤、不值錢。 弗寶用：不樂意使用。

[5]【今注】是歲：漢武帝元鼎二年（前115）。案，司馬貞《史記索隱》引樂産云："諸所廢興，附上罔下，皆自湯，故人不思之也。"楊慎《史記題評》卷三〇謂張湯死而民不思，所以斷制酷吏之罪。

[6]【今注】其後二歲：指漢武帝元鼎四年（前113）。

[7]【今注】上林三官：漢代掌管鑄錢之官。陳直《漢書新證》認爲，自來注解《漢書》者，由魏時張晏，至清代齊召南等人，三官皆指爲水衡都尉屬官之鐘官、均輸和辯銅三令丞。以近日出土封泥、漢印、及錢範證之，可決定爲鐘官、技巧、辯銅三令丞，蓋鐘官主鼓鑄，技巧主刻範，辯銅主原料，在職守上很有分明，前人指出均輸，是想象之推斷。其説可從。

[8]【顔注】師古曰：言無利。

[9]【顔注】師古曰：其術巧妙，故得利。【今注】案，金少英《漢書食貨志集釋》謂真工即技術巧妙，能以僞亂真者。大姦則指豪民。以其財勢雄厚，大量製造，可以多中取利，故亦盜爲之。

楊可告緡徧天下，[1]中家以上大氐皆遇告。[2]杜周治之，獄少反者。[3]迺分遣御史廷尉正監、分曹，[4]往往即治郡國緡錢，[5]得民財物以億計，奴婢以千萬數，田大縣數百頃，小縣百餘頃，宅亦如之。於是商賈中家以上大氐破，民媮甘食好衣，不事畜臧之業，[6]而縣官以鹽鐵緡錢之故，用少饒矣。[7]益廣開，[8]置左右輔。[9]

［1］【顔注】如淳曰：告緡令楊可所告言也。師古曰：此説非也。楊可據令而發動之，故天下皆被告。

［2］【今注】中家：漢代按資産劃分大、中、小家，百萬以上爲大家，百萬以下至十萬以上爲中家，十萬以下、兩萬以上爲小家，兩萬以下爲小家中的貧窮者，亦即貧民（參見鍾良燦《再論漢代的大家、中家和小家》，《史學月刊》2018年第8期）。

［3］【顔注】如淳曰：治匿緡之罪，其獄少有反者。蘇林曰：音幡（蔡琪本、大德本、殿本“音”前有“反”字）。師古曰：幡謂從輕而出。【今注】反：瀧川資言《史記會注考證》卷三〇認爲，反，翻前案也，非稍輕之謂。此言一經被告，便很難再澄清、平反。

［4］【顔注】服虔曰：分曹職案行也。師古曰：服説非也。曹，輩也，分輩而出爲使也。【今注】御史：御史大夫屬官，主管檢舉、糾察。　廷尉正監：廷尉正、廷尉監皆廷尉屬官。廷尉正地位相當於諸卿之丞，秩千石，掌副廷尉，負責審理判決疑難案件，可代表廷尉參加詔獄會審。後廷尉改爲大理，廷尉正也隨之改爲大理正。廷尉監分左監、右監，官秩皆千石。東漢裁去右監，僅置左監，六百石，掌平決詔獄。

［5］【顔注】師古曰：就其所在而治也。【今注】案，王先謙

《漢書補注》謂《史記·平準書》不重“往”字，“往”當上屬爲句，其重文蓋衍。

［6］【顔注】師古曰：媮，苟且也。【今注】民：此指工商業主。

［7］【今注】少饒：稍微寬裕。

［8］【今注】案，何焯《義門讀書記》卷一六認爲，當從《史記·平準書》作“益廣關”；“開”字誤。王先謙《漢書補注》引裴駰《史記集解》引徐廣曰：“元鼎三年，徙函谷關於新安東界。”函谷關有“故關”“新關”之分。“故關”在今河南靈寶市王垛村一帶，戰國秦置。其地南依崤山，北帶黄河，道路嵌在峽谷之中，自東至西形如函匣，故名函谷關，是河洛通往關中的必經之地。漢武帝元鼎三年（前114），將關隘東徙至新安（今河南澠池縣東），是爲“新關”。

［9］【今注】左右輔：左右京輔都尉。左輔都尉、右輔都尉、京輔都尉合稱三輔都尉。京輔都尉治華陰，左輔都尉治高陵，右輔都尉治郿。錢大昕《三史拾遺》卷三稱言，是時但分内史爲左右，初無三輔之名也。而先有右輔都尉，有右輔必有左輔矣。京兆、馮翊、扶風爲三輔，始於太初元年，而《百官表》云“元鼎四年，更置三輔都尉”，則三輔之名，在太初以前矣。王太后以元朔三年（前126）崩，又在元鼎之前。此傳先言“迫於太后，未敢遠出”，下言“使右輔都尉徼循”，則左右輔都尉亦不始於元鼎。表所言恐尚有誤。

初，大農斡鹽鐵官布多，[1]置水衡，[2]欲以主鹽鐵；及楊可告緡，上林財物衆，迺令水衡主上林。上林既充滿，益廣。是時粵欲與漢用船戰逐，[3]迺大修昆明池，列館環之。[4]治樓舩，[5]高十餘丈，旗織加其上，[6]甚壯。於是天子感之，迺作柏梁臺，[7]高數十丈。宫室之修，繇此日麗。

［1］【今注】幹：王先謙《漢書補注》謂“幹”誤，當作“斡”，《史記·平準書》作“筦”。　官布多：陳直《漢書新證》認爲，舊注皆解爲官府錢布衆多，然武帝時無布之名，應作郡國分布鹽鐵官甚多解。官字屬上句，“布多”爲一句。可備一説。

［2］【今注】水衡：官署名。漢武帝元鼎二年（前115）初置。掌上林苑，兼主税入和皇室收支及鑄錢，其長官稱都尉。本書《百官公卿表上》“水衡都尉”顔師古注引應劭曰：“古山林之官曰衡，掌諸池苑，故稱水衡。”

［3］【顔注】孟康曰：水戰相逐也。【今注】案，金少英《漢書食貨志集釋》謂“此即指下文‘南粵反’事。據《漢書·武帝紀》元鼎五年南越相吕嘉反，六年春定越地爲九郡。此言‘欲’者，戰端雖啓，尚未以兵戈相見也”。

［4］【顔注】師古曰：環，繞也。【今注】案，王先謙《漢書補注》謂《史記·平準書》“館”作“觀”。

［5］【今注】案，舡，蔡琪本、大德本、殿本作“船”。

［6］【顔注】師古曰：織讀曰幟，音昌志反（殿本此注位於“甚壯”後）。【今注】案，瀧川資言《史記會注考證》卷三〇謂昆明池所作樓船，雖以習水戰，不過用爲游觀。又，王先謙《漢書補注》謂《史記·平準書》“織”作“幟”。

［7］【今注】柏梁臺：漢代臺名。位於長安城中北闕内（今陝西西安市西北未央鄉盧家口村）。漢代詩歌有所謂武帝與群臣的《柏梁聯句》，詩歌史有柏梁體，皆以此起。《三輔黄圖》卷五引《三輔故事》云：“以香柏爲梁也。帝嘗置酒其上，詔群臣和詩，能七言詩者乃得上。太初中臺災。”案，王先謙《漢書補注》謂本書《武紀》繫“作柏梁臺”於武帝元鼎二年（前115）。

迺分緡錢諸官，[1]而水衡、少府、大僕、[2]大農各置農官，往往即郡縣比没入田田之。[3]其没入奴婢，分諸苑養狗馬禽獸，及與諸官。[4]官益雜置多，[5]徒奴婢衆，而下河漕度四百萬石，及官自糴迺足。[6]

[1]【今注】分緡錢諸官：將包括田地和奴婢在内的告緡中没收的財産分給諸官府。諸官府因之置農官，依靠分得的田地和奴婢經營農業。

[2]【今注】案，大，蔡琪本同，大德本、殿本作“太”。

[3]【顔注】師古曰：即，就也。比謂比者所没入也。

[4]【今注】案，沈欽韓《漢書疏證》引衛宏《漢舊儀》：“官奴婢及天下貧民，貲不滿五千，徙置苑中養鹿。因收撫鹿矢，人日五錢，到元帝時七十億萬，以給軍擊西域。”金少英《漢書食貨志集釋》謂“武帝作上林苑、博望苑，邊郡又有六牧師苑養馬。與諸官，謂以没入奴婢分與諸官也”。

[5]【顔注】如淳曰：水衡、少府、大僕、司農皆有農官，是爲多也。師古曰：此説非也。謂雜置官員分掌衆事耳，非農官也。

[6]【顔注】師古曰：度，計也，音大各反。【今注】下河漕：由黄河下游向上運糧。　官自糴乃足：各官府還要自己購買糧食纔够用。

所忠言：“世家子弟富人或鬭雞走狗馬，弋獵博戲，亂齊民。”[1]迺徵諸犯令，相引數千人，[2]名曰“株送徒”。入財者得補郎，郎選衰矣。[3]

[1]【顔注】如淳曰：世家，謂世世有禄秩家也。齊，等也。

無有貴賤，謂之齊民，若今言平民矣。晉灼曰：中國被教齊整之民也。師古曰：所，姓也，忠，名也，武帝之近臣。《郊祀志》云“公孫卿因所忠言寶鼎”，《石慶傳》云“欲請詔近臣所忠”，《廣川王傳》云“言漢公卿及幸臣所忠”，《司馬相如傳》云“所忠往取書”。考其蹤迹，此並一人也。而說者或以爲所忠信之人，此釋大謬。齊等之義，如說是也。【今注】案，金少英《漢書食貨志集釋》謂鬬雞之戲起源甚早。《左傳》昭公二十五年：“季郈之雞鬬。季氏介其雞，郈氏爲之金距。”是春秋時已有之矣。鬬雞走狗馬，弋獵博戲，使民習於荒嬉，故曰亂齊民。

［2］【今注】徵：通“懲”。懲罰。　諸犯令：世家富人子弟中各個觸犯法令的人。　相引：互相揭發而牽連。

［3］【顏注】應劭曰：株，根本也。送，致也。如淳曰：株，蔕也。諸坐博戲事決爲徒者，能入錢，得補郎。李奇曰：先至者爲魁株也。師古曰：言被牽引者爲其根株所送當充徒役，而能入財者，即當補郎。【今注】案，王先謙《漢書補注》引司馬貞《史記索隱》：“先至之人令之相引，似若得其株本，則枝葉自窮，故曰‘株送徒’。”　郎選：選拔郎官的制度。

是時山東被河災，[1]及歲不登數年，人或相食，[2]方二三千里。[3]天子憐之，令飢民得流就食江淮間，欲留，留處。[4]使者冠蓋相屬於道護之，[5]下巴蜀粟以振焉。

［1］【今注】案，事在漢武帝元鼎二年（前115），見本書卷六《武紀》。

［2］【今注】案，王先謙《漢書補注》謂本書《武紀》關東水災在元鼎二年，飢人相食在三年；此併敘之。

［3］【今注】案，王先謙《漢書補注》謂《史記·平準書》作

"一二千里"。

［4］【顔注】師古曰：流謂恣其行移，若水之流。至所在，有欲住者（住，大德本同，蔡琪本、殿本作"往"），亦留而處也（殿本"留"前無"亦"字；也，蔡琪本、大德本、殿本作"之"）。【今注】案，本書《武紀》載元鼎二年秋九月詔曰："仁不異遠，義不辭難。今京師雖未爲豐年，山林池澤之饒與民共之。今水潦移於江南，迫隆冬至，朕懼其飢寒不活。江南之地，火耕水耨，方下巴蜀之粟致之江陵，遣博士中等分循行，諭告所抵，無令重困。吏民有振救飢民免其戹者，具舉以聞。"

［5］【顔注】師古曰：屬，聯續也，音之欲反。【今注】護：監護，發揮維持秩序，防止生亂的作用。

明年，[1]天子始出巡郡國。東度河，河東守不意行至，不辯，自殺。[2]行西踰隴，卒，[3]從官不得食，隴西守自殺。[4]於是上北出蕭關，[5]從數萬騎行獵新秦中，以勒邊兵而歸。新秦中或千里無亭徼，[6]於是誅北地太守以下，而令民得畜邊縣，[7]官假馬母，三歲而歸，及息什一，以除告緡，用充入新秦中。[8]

［1］【今注】明年：指漢武帝元鼎四年（前113）。

［2］【今注】案，《漢書考正》宋祁謂"不辯"，當改"不辦"。周壽昌《漢書注校補》認爲，"辯"，"辦"本字，亦即"辦"也。許慎《説文解字》："辯，治也。辦，致力也。"《三國志》卷二八《魏書·鍾會傳》"當何所能一辨耶"，"一辨"即"一辦"。本書卷七六《王尊傳》"後上行幸雍，過虢，尊供張如法而辦"，正作"辦"。此言河東守不意天子行至，供張不具，遂自殺。

［3］【顔注】孟康曰：踰，度也。卒，倉卒也。【今注】案，

王先謙《漢書補注》謂幸河東在元鼎四年，西踰隴在五年。此併敘之。金少英《漢書食貨志集釋》謂《史記》“卒”上有“隴西守以行往”六字。

［4］【今注】隴西：郡名。治狄道（今甘肅臨洮縣）。

［5］【今注】蕭關：關塞名。在今寧夏固原市東南。

［6］【顏注】晉灼曰：徼，塞也。臣瓚曰：既無亭候，又不徼循，無禦邊之備，故誅北地太守。師古曰：晉説是也。【今注】案，王先謙《漢書補注》謂裴駰《史記集解》引瓚注“循”作“巡”，是。

［7］【顏注】孟康曰：令得畜牧於邊縣。【今注】北地：郡名。治馬領（今甘肅慶陽市西北馬嶺鎮）。案，李慈銘《越縵堂讀史札記·漢書二》謂《史記》畜下有“牧”字，此誤脱。

［8］【顏注】李奇曰：邊有官馬，今令民能畜官母馬者，滿三歲歸之，十母馬還官一駒，此爲息什一也。師古曰：官得母馬之息，以給用度，得充實秦中人，故除告緡之令也。【今注】案，王先謙《漢書補注》謂顏注“秦中”上脱“新”字。除告緡者，惟邊縣畜馬得除此令。又，《史記·平準書》“充入”作“充仞”。瀧川資言《史記會注考證》卷三〇引岡白駒觀點，謂十母一駒，其息爲輕，所以優遇邊民也。又引中井積德：除告緡，特謂邊縣畜牧出息之民也，非總罷告緡。下文“入粟”處亦言不告緡，可以見。

既得寶鼎，[1]立后土、泰一祠，[2]公卿白議封禪事，[3]而郡國皆豫治道，修繕故宮，及當馳道縣，縣治宮儲，設共具，[4]而望幸。

［1］【今注】寶鼎：漢武帝元狩七年（前116）得寶鼎於汾水上，因之是年改元元鼎。

［2］【今注】后土泰一祠：自漢武帝元鼎年間起，於汾陰祭祀

地衹后土，於甘泉設泰畤祭祀天神泰一。汾陰，縣名。治所在今山西静樂縣西。甘泉，山名。在雲陽縣（今陝西淳化縣西北），山上有甘泉宫。案，王先謙《漢書補注》謂“此又追叙也。得鼎立祠在元鼎四年，南越反在五年，故下文云‘明年’也”。

［3］【今注】封禪：封爲“祭天”，禪爲“祭地”。古代帝王祭祀天地的大型典禮。一般在泰山上筑壇祭天稱爲封，在泰山之南梁父山辟場祭地稱爲禪。

［4］【顔注】師古曰：共，音居用反。【今注】當馳道縣：陳直《漢書新證》指出，馳道縣亦見本書卷四〇《周勃傳》，爲秦漢人之習俗語，猶今人之稱沿鐵路綫縣。　治宫儲：準備行宫陳設。　共具：供帳用具。

明年，[1]南粵反，[2]西羌侵邊。[3]天子爲山東不澹，赦天下囚，因南方樓船士二十餘萬人擊粵，[4]發三河以西騎擊羌，又數萬人度河築令居。[5]初置張掖、酒泉郡，[6]而上郡、朔方、西河、河西開田官，[7]斥塞卒六十萬人戍田之。[8]中國繕道餽糧，遠者三千，近者千餘里，皆仰給大農。[9]邊兵不足，迺發武庫工官兵器以澹之。[10]車騎馬乏，縣官錢少，買馬難得，迺著令，[11]令封君以下至三百石吏以上差出牡馬天下亭，[12]亭有畜字馬，歲課息。[13]

［1］【今注】明年：指漢武帝元鼎五年（前112）。

［2］【今注】南粵反：事詳本書卷九五《南粵傳》。

［3］【今注】西羌侵邊：本書卷六《武紀》：“西羌衆十萬人反，與匈奴通使，攻故安，圍枹罕。”西羌，古代對羌族的稱謂。古代羌族主要活動在西北地方，故稱西羌。《史記·六國年表》載：

“故禹興於西羌。”《後漢書》卷八七《西羌傳》：“西羌之本，出自三苗，姜姓之别也。”羌、姜在甲骨文中經常互用。又顧祖禹《讀史方輿紀要》卷六五：“西羌舊在陝西四川塞外。《四夷傳》：西羌本自三苗，舜徙之三危，今河關西南羌地是也。濱于賜支，至於河首，綿地千里……及武帝西逐諸羌，乃渡河湟，築令居塞，始置護羌校尉。”

［4］【今注】樓船士：秦漢兵种之一。屬徵兵。据應劭《漢官儀》，西漢初年高祖命天下郡國徵選材官、樓船等，各有員數。江淮以南諸郡國多有樓船士，隨時聽从徵調。東漢光武帝建武七年（31）罷。案，舡，大德本同，蔡琪本、殿本作“船”。案，梁玉繩《史記志疑》卷一六謂《南越傳》及《漢書·武紀》，擊南越樓船十萬人，此非也，《漢志》仍其誤。

［5］【顏注】師古曰：“令”音“零”。【今注】三河以西：金少英《漢書食貨志集釋》謂本書卷六《武紀》載漢武帝元鼎“六年冬十月，發隴西、天水、安定騎士及中尉，河南、河内卒十萬人，遣將軍李息、郎中令徐自爲征西羌，平之”。漢以河内、河南、河東爲三河，隴西、天水、安定在三河以西，故《志》文以三河以西概之。　令居：縣名。治所在今甘肅永登縣西。

［6］【今注】案，王先謙《漢書補注》認爲，“據《武紀》，武威、酒泉置在元狩二年，張掖、敦煌分在元鼎二年，《通鑑》從之。此‘酒泉’字誤，當作‘敦煌’”。　張掖：郡名。治觻得（今甘肅武威市西北）。　敦煌：郡名。治敦煌縣（今甘肅敦煌市七里鎮白馬塔村）。

［7］【今注】上郡：治膚施（今陝西榆林市東南）。　朔方：郡名。治朔方（今内蒙古杭錦旗東北）。　西河：郡名。治平定（今内蒙古准格爾旗西南）。　河西：泛指黄河以西之地。有酒泉、武威、張掖、敦煌、金城五郡。

［8］【顏注】師古曰：開田，始開屯田也。斥塞（斥，蔡琪

本、大德本、殿本作“斥”），廣塞令卻。初置二郡，故塞更廣也。以開田之官廣塞之卒戍而田也。【今注】案，陳直《史記新證》謂田官之組織，有屯田校尉、護田校尉、農都尉、守農令、勸農掾、倉長、倉佐、倉曹史、事田，及田卒、河渠卒、守穀卒等名稱。又，斥，大德本同，蔡琪本、殿本作“斥”。

[9]【顔注】師古曰：仰，音牛向反。此下並同。

[10]【今注】武庫：西漢貯存武器的倉庫。蕭何主持修建。在今陝西西安市西北漢都長安城未央宮與長樂宮之間。　工官：官署名。漢置，其長官稱令、長及丞。掌製造武器、日用金屬製品和金銀漆器等工藝品。西漢時屬少府，東漢時屬郡縣。工，蔡琪本、殿本同，大德本作“二”。　案，《漢書考正》宋祁謂“澹”，當作“贍”。

[11]【今注】著令：謂定下章程。西漢詔令不乏結尾綴有“定著令”“著令”“定令”“具爲令”的例子，如文帝《除肉刑詔》“其除肉刑，有以易之；及令罪人各以輕重，不亡逃，有年而免。具爲令”（《刑法志》），宣帝《禁彈射詔》“其令三輔毋得以春夏擿巢探卵，彈射飛鳥。具爲令”（《宣紀》），平帝《詔勿陳赦前事》“定著令，布告天下，使明知之”（《平紀》）等。日本學者中田熏指出：不可忽視的是，在具有長期法律效力的重要詔令中，其文中或結尾會特别附有定令、著令、具爲令、著於令、定著令、定著於令、著以爲令等著令用語（轉引自大庭脩《秦漢法制史研究》，上海人民出版社 1991 年版，第 185 頁）。

[12]【今注】差：按照等級。　牡馬：錢大昭《漢書辨疑》謂“牡”當作“牝”。漢昭帝始元五年（前 82）“罷天下亭母馬”，是也。　亭：秦漢時具有軍事治安和郵驛館舍職能的基層單位。

[13]【今注】字馬：母馬。　課息：以馬駒交納利息。

齊相卜式上書，願父子死南粵。天子下詔褒揚，賜爵關内侯，[1]黄金四十斤，[2]田十頃。布告天下，天下莫應。列侯以百數，[3]皆莫求從軍。至飲酎，[4]少府省金，[5]而列侯坐酎金失侯者百餘人。[6]迺拜卜式爲御史大夫。[7]式既在位，見郡國多不便縣官作鹽鐵，器苦惡，[8]賈貴，[9]或彊令民買之。[10]而船有算，商者少，物貴，迺因孔僅言船算事。上不説。[11]

[1]【今注】關内侯：爵名。秦漢二十等爵制的第十九級。

[2]【今注】案，王先謙《漢書補注》謂《史記·平準書》作“六十斤”。

[3]【今注】列侯：秦漢二十等爵的最高一級（第二十級）。即徹侯，因避漢武帝劉徹諱，稱通侯或列侯。漢初以軍功封授，武帝時公孫弘以丞相得封。也有以外戚、恩澤而受封的。劉姓子孫封王者稱爲諸侯，其子弟分封後稱列侯。

[4]【今注】飲酎：漢代祭宗廟的一種儀式。酎爲酒名，漢代供薦宗廟之用。本書卷五《景紀》顔師古注：“酎，三重釀，醇酒也，味厚，故以薦宗廟。”又引張晏曰：“正月旦作酒，八月成，名曰酎。酎之言純也。”漢制，每年八月會諸侯於宗廟中嘗酎，稱爲飲酎，配以樂舞。

[5]【顔注】李奇曰：省，視也。至嘗酎飲宗廟時，少府視其金多少。【今注】案，王先謙《漢書補注》云：據表，坐酎金失侯者一百六人。

[6]【今注】坐酎金：因酎金不符規定而論罪。　百餘人：一百零六人。見本書卷六《武紀》、卷一五《王子侯表》。

[7]【今注】拜卜式爲御史大夫：本書《百官公卿表》漢武帝元鼎六年（前111）：“齊相卜式爲御史大夫，一年，貶爲太子太傅。”案，凌稚隆《史記評林》引陳文燭：老子曰：“將欲取之，必固與之”，卜式者，特得老氏之術，而始終善用之耳。凌稚隆又

曰：式願輸財於邊而富民莫應，於是乎有告緡之令；式願父子死邊而諸侯莫應，於是有酎金之罰。然則帝之奢侈無度，未必非式逢君之惡啓之也。

[8]【顔注】如淳曰：苦或作鹽。鹽，不攻嚴也。臣瓚曰：謂作鐵器，民患苦其不好也。師古曰：二説皆非也。鹽既味苦，器又脆惡，故總云苦惡也。【今注】案，王念孫《讀書雜志·漢書第四》認爲，如説是。“苦”讀與“鹽”同。若讀甘苦之苦，則其義皆不可通。

[9]【顔注】師古曰：鹽鐵並貴也。“賈”讀曰“價”。

[10]【今注】案，金少英《漢書食貨志集釋》引《鹽鐵論·水旱篇》：“鐵官賣器不售，或頗賦與民。卒徒作不中程，時命助之。發徵無限，更繇以均劇，故百姓疾苦之。”謂“頗賦與民”，正是“彊令民買之”也。

[11]【顔注】師古曰：“説”音“悦”（殿本無此注）。

漢連出兵三歲，[1]誅羌，滅兩粤，番禺以西至蜀南者置初郡十七，[2]且以其故俗治，賦税。[3]南陽、漢中以往，[4]各以地比給初郡吏卒奉食幣物，傳車馬被具。[5]而初郡又時時小反，殺吏，漢發南方吏卒往誅之，間歲萬餘人，[6]費仰大農。[7]大農以均輸調鹽鐵助賦，[8]故能澹之。然兵所過縣，縣以爲訾給毋乏而已，不敢言輕賦法矣。[9]

[1]【今注】三歲：自漢武帝元鼎五年至元封二年（前112—前109）。

[2]【顔注】晉灼曰：元鼎六年定越地以爲南海、蒼梧、鬱林、合浦、交趾、九真、日南、珠厓、儋耳郡，定西南夷以爲武

都、牂柯、越巂、沈黎、汶山郡，及《地理志》《西南夷傳》所置犍爲、零陵、益州郡，凡十七。【今注】番禺：南越國都城。在今廣東廣州市内。

［3］【今注】案，蔡琪本、大德本、殿本“賦”前有“無”字。張家山漢簡《奏讞書》引《蠻夷律》“變（蠻）夷大男子歲出五十六錢以當繇（徭）賦”〔張家山二四七號漢墓竹簡整理小組《張家山漢墓竹簡》（釋文修訂本），文物出版社 2006 年版，第 91 頁〕，亦可參證。

［4］【今注】南陽漢中以往：指南陽、漢中以南及其西南之郡，《史記·平準書》“以往”後有“郡”字。

［5］【顔注】師古曰：地比，謂依其次弟，自近及遠也。比，音頻寐反。傳，音張戀反。被，音皮義反。【今注】案，郭嵩燾《史記札記》謂諸初郡無賦稅，而取給於旁郡，各視地近處爲之傳輸。吏卒之費，車馬之需，皆取給也。王先謙《漢書補注》亦謂因初郡無賦稅，故令南陽、漢中諸地與之比近者各給其費。“被具”文不成義，當作“傳車駕被具”，言傳車、駕車、被馬之物皆具。本書《郊祀志》兩言“駕被具”，是其證。“駕”字脱去上半，故訛爲“馬”耳。《史記·平準書》亦誤。

［6］【顔注】師古曰：間歲，隔一歲。

［7］【今注】案，蔡琪本、大德本、殿本“仰”前有“皆”字。

［8］【今注】以均輸調鹽鐵助賦：利用各郡國均輸官的運輸能力，調集各地鹽鐵事業的收入，來佐助南方戰事的費用。

［9］【今注】案，何焯《義門讀書記》卷一六認爲，“輕”，《史記》作“擅”，謂常法正供外，擅取諸民以訾給所過軍也。徐廣注“‘擅’，一作‘經’”，謂不顧經常法。則此刻“輕”者，傳寫誤也，當改作“經”。

其明年，元封元年，[1]卜式貶爲太子太傅。[2]而桑弘羊爲治粟都尉,[3]領大農，盡代僅斡天下鹽鐵。[4]弘羊以諸官各自市相争，物以故騰躍，而天下賦輸或不償其僦費,[5]迺請置大農部丞數十人,[6]分部主郡國，各往往置均輸鹽鐵官,[7]令遠方各以其物如異時商賈所轉販者爲賦,[8]而相灌輸。[9]置平準於京師,[10]都受天下委輸。[11]召工官治車諸器,[12]皆仰給大農。大農諸官盡籠天下之貨物，貴則賣之，賤則買之。如此，富商大賈亡所牟大利,[13]則反本,[14]而萬物不得騰躍。故抑天下之物，名曰“平準”。[15]天子以爲然而許之。於是天子北至朔方，東封大山,[16]巡海上，旁北邊以歸。[17]所過賞賜，用帛百餘萬匹，錢金以鉅萬計，皆取足大農。

[1]【今注】元封：漢武帝年號（前110—前105）。

[2]【今注】太子太傅：職在輔翼、教諭太子，與太子少傅合稱“二傅”，共主太子官屬，地位尊於少傅。位次太常，秩二千石。

[3]【今注】治粟都尉：又名搜粟都尉，“搜”亦作“騪”。漢武帝時設，專管徵集軍糧之事，不常置。劉邦爲漢王時，韓信曾短時任此職。武帝時戰争頻繁，故又設此職。（參見吴樹平《上官桀歷官搜粟都尉考》，《文史》1980年第1輯）

[4]【顔注】師古曰：代孔僅。【今注】領大農：代行大司農的職權。以低級職位代行高級職權曰“領”。

[5]【顔注】師古曰：僦，顧也，言所輸賦物不足償其餘顧庸之費也。僦音子就（蔡琪本、大德本、殿本作“就”後有“反”字）。【今注】諸官各自市：各官府各自負責採購。　相争：彼此争相收購。　賦輸：各地區給國家運送的物資。　僦費：運費。

［6］【今注】大農部丞：官名。屬大農令。掌郡國均輸鹽鐵。

［7］【今注】均輸鹽鐵官：錢大昭《漢書辨疑》稱河東有均輸長，見本書卷八九《黄霸傳》。郡國有鹽官者三十六，有鐵官者五十，皆桑弘羊請置。王先謙《漢書補注》謂《史記·平準書》"置"上有"縣"字，不可省。陳直《漢書新證》言均輸官今可考者，有千乘、遼東、河東三郡，蓋僅郡國有之，詳見本書《百官公卿表》大司農條。案，武帝時在各郡國置鐵官四十餘處。參見［日］潮見浩《漢代鐵官郡、鐵器銘文與冶鐵遺址》（趙志文譯，《中原文物》1996年第2期）。

［8］【今注】案，王先謙《漢書補注》謂《史記·平準書》亦作"販"，"如異時"作"貴時"，文義較明。

［9］【今注】灌輸：運輸。

［10］【今注】平準：指平準令丞，大司農屬官。主管全國範圍内的物資調撥，平衡物價。

［11］【今注】都受天下委輸：總管全國範圍内的物資調撥、平衡工作。都，總匯。

［12］【今注】工官治車諸器：國家的製造部門大量製造車船與諸種保管、運輸工具，以供各地鹽鐵均輸官使用。

［13］【顔注】如淳曰：牟，取（蔡琪本、大德本、殿本"取"後有"也"字）。

［14］【今注】反本：棄工商而務農桑。

［15］【今注】案，金少英《漢書食貨志集釋》稱抑天下之物，意謂壓平物價也。《鹽鐵論·本議篇》大夫曰："開委府於京師，以籠貨物。賤即買，貴則賣。是以縣官不失實，商賈無所牟利，故曰平準。"

［16］【今注】案，大，蔡琪本、大德本作"太"，殿本作"泰"。

［17］【顔注】師古曰：旁，音步浪反。【今注】旁：沿。

弘羊又請令民得入粟補吏，及罪以贖。[1]令民入粟甘泉各有差，[2]以復終身，[3]不復告緡。[4]它郡各輸急處，[5]而諸農各致粟，[6]山東漕益歲六百萬石。一歲之中，大倉、甘泉倉滿。[7]邊餘穀，諸均輸帛五百萬匹。民不益賊而天下用饒。[8]於是弘羊賜爵左庶長，[9]黄金者再百焉。[10]

［1］【今注】案，《漢書考正》宋祁謂“補吏及罪”下當加“人”字。王先謙《漢書補注》謂《史記·平準書》作“令吏得入粟補官，及罪人贖罪”。

［2］【今注】甘泉：指甘泉倉。在今陝西淳化縣西北。陳直《漢書新證》謂甘泉有倉長，見本書卷四二《張敞傳》。

［3］【顔注】師古曰：復，音方目反。

［4］【今注】案，沈欽韓《漢書疏證》謂入粟賜復者不再告緡。《史記》無“復”字。

［5］【今注】案，王先謙《漢書補注》引《史記索隱》：“謂他郡能入粟，輸所在急要之處。”金少英《漢書食貨志集釋》謂言它郡者，明入粟甘泉者指三輔及甘泉旁近郡也。入粟甘泉者賜復，除告緡，輸粟急處者當亦然。

［6］【今注】諸農：指大司農、太僕、少府、水衡都尉所屬的各主管經濟、財物的官府。

［7］【今注】案，大，蔡琪本、大德本、殿本作“太”。

［8］【今注】案，金少英《漢書食貨志集釋》引《蕭望之傳》：“昔先帝征四夷，兵行三十餘年，百姓猶不加賦而軍用給。”此賦指田租口賦，商賈之算緡則不在其内。漢自景帝二年行三十税一，終兩漢之世未變，故此言民不益賦。賊，蔡琪本、大德本、殿本作“賦”。

［9］【顔注】師古曰：弟十等爵。

［10］【顏注】師古曰：凡再賜白金（白，蔡琪本、大德本、殿本作“百”）。【今注】案，王先謙《漢書補注》謂《史記·平準書》作“再百斤”，《資治通鑑》同。

是歲小旱，上令百官求雨。卜式言曰：“縣官當食租衣稅而已，[1]今弘羊令吏坐市列，販物求利。[2]亨弘羊，天乃雨。”[3]久之，武帝疾病，拜弘羊爲御史大夫。[4]

［1］【顏注】師古曰：衣音於既反。【今注】縣官：此指朝廷的官吏。

［2］【顏注】師古曰：市列，謂列肆。

［3］【顏注】師古曰：亨，鬻也，音普庚反。

［4］【今注】案，據本書《百官公卿表》，時在武帝後元二年（前87）。

昭帝即位六年，[1]詔郡國舉賢良文學之士，問以民所疾苦，教化之要。皆對願罷鹽鐵酒榷比輸官，[2]毋與天下争利，視以儉節，[3]然後教化可興。弘羊難，[4]以爲此國家大業，所以制四夷，安邊足用之本，不可廢也。迺與丞相千秋共奏罷酒酤。[5]弘羊自以爲國興大利，伐其功，欲爲子弟得官，怨望大將軍霍光，[6]遂與上官桀等謀反，[7]誅滅。

［1］【今注】昭帝即位六年：即漢昭帝始元六年（前81）。

［2］【今注】酒榷：酒類專賣制度。亦稱榷酒酤、榷酤。榷指專營，專賣。酒榷始行於漢武帝天漢三年（前98），官府控制酒的

生産和貿易，獨占酒利，不許私人釀酤。案，比，蔡琪本、大德本、殿本作“均”。

［3］【顔注】師古曰："視"讀曰"示"。

［4］【顔注】師古曰：詰難議者之言也。

［5］【今注】千秋：田千秋。傳見本書卷六六。案，本書卷七《昭紀》載漢昭帝始元六年“秋七月，罷榷酤官，令民得以律占租，賣酒升四錢”。

［6］【今注】怨望：怨恨。關於怨望一詞在秦漢史籍中的使用情況，參見張夢晗《秦漢史籍中的“怨望”》（《南都學壇》2014年第1期）。　霍光：傳見本書卷六八。

［7］【今注】案，桑弘羊、上官桀謀反被誅事，詳見本書卷六三《武五子傳》。

宣、元、成、哀、平五世，亡所變改。元帝時嘗罷鹽鐵官，三年而復之。[1]貢禹言：[2]“鑄錢采銅，一歲十萬人不耕，民坐盜鑄陷刑者多。富人臧錢滿室，猶無厭足。民心動摇，棄本逐末，耕者不能半，姦邪不可禁，原起於錢。疾其末者絶其本，宜罷采珠玉金銀鑄錢之官，毋復以爲幣，除其販賣租銖之律，[3]租税禄賜皆以布帛及穀，使百姓壹意農桑。”[4]議者以爲交易待錢，布帛不可尺寸分裂。禹議亦寢。

［1］【今注】案，據本書卷九《元紀》，罷在漢元帝初元五年（前44），復在永光三年（前41）。

［2］【今注】貢禹：傳見本書卷七二。

［3］【顔注】師古曰：租銖，謂計其所賣物價，平其錙銖而收租也。

［4］【今注】案，王先謙《漢書補注》謂以上見本書《貢禹傳》，而微刪併其文。

自孝武元狩五年三官初鑄五銖錢，[1]至平帝元始中，[2]成錢二百八十億萬餘云。[3]

［1］【今注】元狩：漢武帝年號（前122—前117）。

［2］【今注】元始：漢平帝年號（1—5）。

［3］【今注】案，金少英《漢書食貨志集釋》謂“元狩五年行五銖錢，《志》與《武紀》同。惟五銖錢初由郡國鑄，非三官鑄，上文已明言郡國鑄五銖錢矣。至三官鑄錢在元鼎四年，即張湯死後二年，亦非元狩五年也。《志》誤。又據《漢書·王嘉傳》，孝元皇帝時，‘都内錢四十萬萬，水衡錢二十五萬萬，少府錢十八萬萬’，總計但八十三萬萬。至平帝時不過四十年，所以驟增二百億萬者，蓋元帝時八十餘萬萬爲禁藏積存，而平帝時之二百餘億萬爲歷年鑄造之數也”。

王莽居攝，[1]變漢制，以周錢有子母相權，[2]於是更造大錢，徑寸二分，重十二銖，文曰“大錢五十”。[3]又造契刀、錯刀。契刀，其環如大錢，身形如刀，長二寸，文曰“契刀五百”。[4]錯刀，以黄金錯其文，[5]曰“一刀直五千”。[6]與五銖錢凡四品，並行。

［1］【今注】居攝：因皇帝年幼不能親政，由大臣代居其位處理政務，謂“居攝”。

［2］【今注】案，沈欽韓《漢書疏證》引《周書·大匡篇》：“幣租輕，乃作母以行其子，易資貴賤，以均游旅，使無滯。”

［3］【今注】大錢五十：錢幣文作“大泉”。陳直《漢書新證》認爲，大泉五十與五銖大小相等，錢邊較五銖爲寬。《志》文所稱重十二銖，已合半兩，與實際情況不符，殆約略言之。

［4］【今注】契刀五百：謂一契刀值五銖錢五百。陳直《漢書新證》謂契刀應作“栔刀”。

［5］【今注】錯其文：以黄金錯鏤其文。金少英《漢書食貨志集釋》謂塗金曰錯。

［6］【顏注】張晏曰：案今所見契刀、錯刀，形質如大錢，而肉好輪厚異於此。大錢形如大刀環矣，契刀身形員（員，大德本同，蔡琪本、殿本作“圓”），不長二寸也。其文左曰“契”，右曰“刀”，無“五百”字也。錯刀則刻之作字也，以黄金填其文，上曰“一”，下曰“刀”。二刀泉甚不與志相應也，似扎單差錯，文字磨滅故耳。師古曰：張説非也。王莽錢刀今並尚在，形質及文與志相合，無差錯（無差錯，蔡琪本、大德本、殿本作“無差錯也”）。

莽即真，[1]以爲書“劉”字有金刀，迺罷錯刀、契刀及五銖錢，而更作金、銀、龜、貝、錢、布之品，名曰“寶貨”。

［1］【今注】即真：正式稱帝。

小錢徑六分，重一銖，文曰“小錢直一”。[1]次七分，三銖，曰“幺錢一十”。[2]次八分，五銖，曰“幼錢二十”。次九分，七銖，曰“中錢三十”。次一寸，九銖，曰“壯錢四十”。因前“大錢五十”，[3]是爲錢貨六品，[4]直各如其文。

[1]【今注】案，陳直《漢書新證》謂《志》文各“錢”字，皆當作“泉”字，此後代傳寫之誤。漢代錢泉二字，雖可通假，使用時尚有區別。東漢各碑陰紀出錢數字，及叙事中涉及錢字者，皆作“錢”無作“泉”者。居延木簡記載賬目，亦皆作“錢”無作“泉”者，衹在王莽時之幾筆賬，改寫作“泉幾百”。蓋因莽錢制度很亂，記賬者不能不加以區別。案，《周禮·天官冢宰·大宰》鄭玄注“口率出泉”，亦可參徵。

[2]【顔注】師古曰：幺，小也，音一堯反。

[3]【今注】因：加上。

[4]【今注】錢貨六品：即小泉、幺泉、幼泉、中泉、壯泉、大泉六種錢幣。

黄金重一斤，直錢萬。朱提銀重八兩爲一流，直一千五百八十。[1]它銀一流直千。是爲銀貨二品。[2]

[1]【顔注】師古曰：朱提，縣名，屬犍爲，出善銀。朱音殊。提音上支反。【今注】朱提：縣名。治所在今雲南昭通市。

[2]【今注】案，陳直《漢書新證》謂黄金每兩合六百二十五錢，他銀每兩合一百二十五錢，金價比銀價恰巧貴五倍。

元龜岠冉長尺二寸，[1]直二千一百六十，爲大貝十朋。[2]公龜九寸，[3]直五百，爲壯貝十朋。侯龜七寸以上，直三百，爲幺貝十朋。子龜五寸以上，直百，爲小貝十朋。是爲龜寶四品。[4]

[1]【顔注】孟康曰：冉，龜甲緣也。岠，至也。度背兩邊緣尺二寸也。臣瓚曰：元，大也。

［2］【顔注】蘇林曰：兩貝爲朋。朋直二百一十六，元龜十朋，故二千一百六十也。

［3］【今注】案，王念孫《讀書雜志·漢書第四》謂“九寸”下有“以上”二字，與下“侯龜”“子龜”文同一例，而今本脱之。《通典·食貨八》已與今本同。《禮記·禮器》《正義》、《初學記·鱗介部》引此，皆作“九寸以上”。

［4］【今注】案，陳直《漢書新證》謂元龜每枚直二百一十六，公龜每枚直五十，侯龜每枚直三十，子龜每枚直一十。

大貝四寸八分以上，[1]二枚爲一朋，直二百一十六。壯貝三寸六分以上，二枚爲一朋，直五十。幺貝二寸四分以上，二枚爲一朋，直三十。小貝寸二分以上，二枚爲一朋，直十。不盈寸二分，漏度不得爲朋，[2]率枚直錢三。是爲貝貨五品。[3]

［1］【今注】四寸八分：謂其直徑長度。

［2］【今注】漏度：謂尺度不合規格。

［3］【今注】貝貨五品：陳直《漢書新證》謂大貝每枚直一百零八，壯貝每枚直二十五，幺貝每枚直十五，小貝每枚直五錢。漏度之貝，每枚直三錢。綜合言之，貝貨二枚爲一朋，每枚單價相當於龜寶每枚單價之一半。貝貨一朋，相當於龜寶一枚之全價。同等龜寶一枚，等於貝貨二枚。同等龜寶一朋，相當於貝貨十朋。龜貝兩貨，恐未發行，不然自宋以來，從未見有出土者（宋以來各錢譜，有以意圖繪龜貝貨者，不足爲據）。

大布、次布、弟布、壯布、中布、差布、厚布、幼布、幺布、小布。[1]小布長寸五分，重十五銖，文曰

“小布一百”。自小布以上，各相長一分，相重一銖，文各爲其布名，直各加一百。上至大布，長二寸四分，重一兩，而直千錢矣。是爲布貨十品。[2]

[1]【今注】案，金少英《漢書食貨志集釋》引葉德輝：“蔡雲《癖談》云：‘厚’乃‘序’之誤。莽泉貨六品，曰小，曰幺，曰幼，曰中，曰壯，曰大。布貨十品則於大、壯間增其二，曰次，曰弟。於中、幼間增其二，曰差，曰序。所增四名，文異義同。”

[2]【顔注】師古曰：布亦錢耳。謂之布者，言其分布流行也。【今注】案，顧炎武《日知録》卷二七稱本文錢、布自是二品，而下文復載改作貨布之制，安得謂布即錢乎！本書卷九九《王莽傳》曰：“貨布長二寸五分，廣一寸，直貨錢二十五。”今貨布見存，上狹下廣而歧其下，中有一孔，師古當日或未之見也。陳直《漢書新證》謂王莽十布均見《古泉匯利集》卷三。小布一百，直徑3.2釐米。幺布二百，直徑3.8釐米。幼布三百，直徑3.95釐米。厚布四百，直徑4.0釐米。差布五百，直徑4.0釐米。中布六百，直徑4.5釐米。壯布七百，直徑4.65釐米。弟布八百，直徑5.1釐米。次布九百，直徑5.3釐米。大布黄千，直徑5.5釐米。與《志》文所云每布各相長一分，相重一銖者，並不完全適合。因厚布與差布，直徑相同。可能鑄造既多，刻範時對於長度，亦不能如規定之準確。

凡寶貨五物，六名，二十八品。[1]

[1]【今注】案，陳直《漢書新證》謂“錢貨六品，金貨一品，銀貨二品，龜寶四品，貝貨五品，布貨十品，凡二十八品。錢、金銀、龜、貝、布謂之五物，金銀分作二品，謂之六品”。

鑄作錢布皆用銅，殽以連錫，[1]文質周郭放漢五銖錢云。[2]其金銀與它物雜，色不純好，龜不盈五寸，貝不盈六分，皆不得爲寶貨。元龜爲蔡，非四民所得居，[3]有者，入大卜受直。[4]

[1]【顏注】孟康曰：連，錫之别名也。李奇曰：鉛錫璞名曰連。應劭曰：連似銅。師古曰：孟、李二説皆非也。許慎云“鏈，銅屬也”，然則以連及錫雜銅而爲錢也。此下又云能采金銀銅連錫，益知連非錫矣。

[2]【顏注】師古曰：放，依也，音甫往反。

[3]【顏注】如淳曰：臧文仲居蔡，謂此也，説謂蔡國出大龜也。臣瓚曰：是大龜之名也（蔡琪本、大德本、殿本“是”前有“蔡”字）。《書》曰“九江納錫大龜”，大龜又不出蔡國也。若龜出楚，亦名龜爲楚邪（亦名龜爲楚邪，蔡琪本、大德本、殿本作“不可名龜爲楚也”）。師古曰：瓚説非也。本以蔡出善龜，故因名大龜爲蔡耳。【今注】居：儲蓄。

[4]【今注】大卜：即太卜，掌占卜。屬太常（奉常），秩六百石。

百姓憒亂，其貨不行。民私以五銖錢市買。莽患之，下詔：“敢非井田挾五銖錢者爲惑衆，投諸四裔以御魑魅。”[1]於是農商失業，食貨俱廢，民涕泣於市道。坐賣買田宅奴婢鑄錢抵罪者，自公卿大夫至庶人，不可稱數。莽知民愁，迺但行小錢直一，與大錢五十，二品並行，龜貝布屬且寢。

[1]【今注】投諸四裔：指流放到四方之遠處。

莽性躁擾，不能無爲，每有所興造，必欲依古得經文。[1]國師公劉歆言周有泉府之官，收不讎，與欲得，[2]即《易》所謂“理財正辭，禁民爲非”者也。[3]莽乃下詔曰：“夫《周禮》有赊貸，[4]《樂語》有五均，[5]傳記各有斡焉。今開赊貸，張五均，設諸斡者，所以齊衆庶，抑并兼也。”遂於長安及五都立五均官，[6]更名長安東西市令及洛陽、邯鄲、臨甾、宛、成都市長皆爲五均司市稱師。[7]東市稱京，西市稱畿，洛陽稱中，餘四都各用東西南北爲稱，皆置交易丞五人，錢府丞一人。[8]工商能采金銀銅連錫登龜取貝者，[9]皆自占司市錢府，順時氣而取之。[10]

[1]【今注】得經文：楊樹達《漢書窺管》謂得經文即合經文。

[2]【顔注】師古曰：“讎”讀曰“售”。言賣不售者，官收取之；無而欲得者，官出與之。【今注】劉歆：事見本書卷三六《楚元王傳》。

[3]【顔注】師古曰：《易·下繫辭》曰：“理財正辭，禁人爲非曰義（人，蔡琪本、大德本同，殿本作“民”）。”言財貨辭訟正，乃得人不爲非，合事宜。

[4]【顔注】師古曰：《周禮》泉府之職曰：“凡赊者，祭祀無過旬日，喪紀無過三月。凡人之貸者，與其有司辨而授之，以國服爲之息。”謂人以祭祀、喪紀故從官赊買物，不過旬日及三月而償之。其從官貸物者，以共其所屬吏定價而後與之。各以其國服事之税而輸息，謂若受園廛之田而貸萬錢者，一朞之月，出息五百。貸，音土戴反。

[5]【顔注】鄧展曰：《樂語》，《樂元語》，河間獻王所傳，

道五均事。臣瓚曰：其文云："天子取諸侯之土以立五均，則市無二賈，四民常均，彊者不得困弱，富者不得要貧，則公家有餘，恩及小民矣。"【今注】案，沈欽韓《漢書疏證》引《周書·大聚解》"市有五均，早暮如一，送行逆來，振乏救窮"，稱《樂語》本於《周書》。陳直《漢書新證》謂《玉函山房輯佚書》有《樂元經》輯本，多引自《白虎通德論·禮樂篇》。

[6]【今注】五都：洛陽、邯鄲、臨淄、宛、成都。

[7]【今注】案，王念孫《讀書雜志·漢書第四》認爲，"師"上不當有"稱"字。五均司市師者，司市師即上文所云市令、市長。《文選·西都賦》注、鮑照《詠史詩》注、《永明十一年策秀才文》注、《運命論》注引此，並作"五均司市師"，無"稱"字。《通典·食貨十一》《通鑑·漢紀二十九》並作"五均司市"，無"稱師"二字。

[8]【今注】東市：長安東市。　京：京五均司市。　西市：長安西市。　畿：畿五均司市。　中：中五均司市。　案，臨淄稱東五均司市，邯鄲稱北五均司市，宛稱南五均司市，成都稱西五均司市。

[9]【顔注】如淳曰：登，進也。龜有靈，故言登。

[10]【顔注】師古曰：各以其所采取之物自隱實於司市錢府也。占音之漸反。其下並同。

又以《周官》稅民：[1]凡田不耕爲不殖，出三夫之稅；[2]城郭中宅不樹藝者爲不毛，[3]出三夫之布；[4]民浮游無事，出夫布一匹。其不能出布者，宂作，縣官衣食之。[5]諸取衆物鳥獸魚鼈百蟲於山林水澤及畜牧者，嬪婦桑蠶織紝紡績補縫，[6]工匠醫巫卜祝及它方技商販賈人坐肆列里區謁舍，[7]皆各自占所爲於其在所之縣官，[8]除其本，計其利，十一分之，而以其一爲貢。敢不自占，自占不以實者，盡没入所采取，而作縣官一歲。[9]

[1]【今注】周官税民：《周禮·地官·載師》："凡宅不毛者有里布，凡田不耕者出屋粟，凡民無職事者出夫家之征。"

[2]【今注】三夫之税：三家的田租。

[3]【顔注】師古曰：樹藝，謂種樹果木及菜蔬。

[4]【今注】三夫之布：三家的人頭税。

[5]【顔注】師古曰：宂，散也，音人勇反。衣音於既反。食謂曰飤。【今注】宂作：作雜工。

[6]【顔注】師古曰：機縷曰紝，音人禁反。

[7]【顔注】如淳曰：居處所在爲區。謁舍，今之客舍也。【今注】肆列：謂市肆。 里：古代基層行政單位。周制，二十五家爲里。《周禮·地官·遂人》："五家爲鄰，五鄰爲里。"湖南大學嶽麓書院藏秦簡《尉卒律》記載："里自卅户以上置典、老各一人，不盈卅户以下，便利，令與其旁里共典、老，其不便者，予之典而勿予老。"（陳松長主編：《嶽麓書院藏秦簡（肆）》，上海辭書出版社2015年版，第115頁）可見秦里的標準規制應爲三十户一里。此外，里民還以五家編制爲"伍"，設伍長，伍人相保連坐。

[8]【今注】自占所爲：自報所從事的職業。

[9]【今注】作縣官一歲：爲官府服役一年。

諸司市常以四時中月實定所掌，[1]爲物上中下之賈，[2]各自用爲其市平，[3]毋拘它所。[4]衆民賣買五穀布帛絲緜之物，周於民用而不讎者，[5]均官有以考撿厥實，用其本賈取之，毋令折錢。[6]萬物卬貴，過平一錢，則以平賈賣與民。[7]其賈氐賤減平者，聽民自相與市，[8]以防貴庾者。[9]民欲祭祀喪紀而無用者，[10]錢府以所入工商之貢但賒之，[11]祭祀毋過旬日，喪紀毋過三月。民或乏絶，欲貸以治産業者，均授之，除其費，計所得受息，毋過歲什一。[12]

[1]【顔注】師古曰："中"讀曰"仲"。【今注】四時中月：指每季的第二個月，即二、五、八、十一月。　實定所掌：切實確定所掌之事，意即根據物資供求情況確定物價。

[2]【顔注】師古曰："賈"讀曰"價"。其下並同。

[3]【今注】市平：金少英《漢書食貨志集釋》稱此謂司市所定本市物價也。其物價適用地區以本市爲限，其他各市價格較之本市，容有低昂，在所不問。

[4]【今注】毋拘它所：無須受其他地區物價制約。

[5]【顔注】師古曰：讎讀曰售。下亦類此也（殿本"此"後無"也"字）。【今注】周於民用：金少英《漢書食貨志集釋》稱此謂常用之物，民所必需者。

[6]【顔注】師古曰：折音上列反（上，大德本同，蔡琪本、殿本作"止"）。【今注】本賈：成本價。　折錢：蝕本。

[7]【顔注】師古曰：卬，物價起，音五剛反，亦讀曰仰也（蔡琪本、大德本、殿本"仰"後無"也"字）。【今注】過平一錢：超過市價標準一錢。

[8]【顔注】師古曰：貴既爲卬，賤則爲氐，音丁奚反。

[9]【顔注】師古曰：庾，積也。以防民積物待貴也。

[10]【今注】無用：無錢可用。

[11]【顔注】師古曰：但，空也，徒也。言空賒與之，不取息利也。

[12]【顔注】師古曰：均謂各依先後之次。除其費，謂衣食

之費已用者也。

羲和魯匡言：[1]“名山大澤，鹽鐵錢布帛，五均賒貸，斡在縣官，[2]唯酒酤獨未斡。酒者，天之美禄，帝王所以頤養天下，享祀祈福，扶衰養疾。百禮之會，非酒不行。故《詩》曰‘無酒酤我’，[3]而《論語》曰‘酤酒不食’，[4]二者非相反也。大詩據承平之世，酒酤在官，和旨便人，可以相御也。[5]《論語》孔子當周衰亂，酒酤在民，薄惡不誠，是以疑而弗食。今絶天下之酒，則無以行禮相養；放而亡限，則費財傷民。請法古，令官作酒，以二千五百石爲一均，率開一盧以賣，[6]讎五十釀爲準。一釀用麤米二斛，麴一斛，得成酒六斛六斗。各以其市月朔米麴三斛，并計其賈而參分之，[7]以其一爲酒一斛之平。除米麴本賈，計其利而什分之，以其七入官，其三及醩截灰炭[8]給工器薪樵之費。”[9]

［1］【今注】羲和：王莽改大司農曰羲和，後又改稱納言，掌錢穀金帛諸貨幣。

［2］【顏注】師古曰：斡謂主領也。

［3］【顏注】師古曰：《小雅·伐木》之詩也。酤，買也。言王於族人恩厚，要在燕飲，無酒則買而飲之。

［4］【顏注】師古曰：《鄉黨》所説孔子在齊之時也（蔡琪本、大德本、殿本無“在”字；齊，殿本作“齋”）。【今注】案，周壽昌《漢書注校補》謂《論語》“沽酒市脯不食”，即此《志》所云“薄惡不誠，是以疑而弗食”。《志》引以證榷酤。

［5］【顔注】師古曰：旨，美也。御，進（大德本同，蔡琪本、殿本“進”後有“也”字）。

［6］【顔注】如淳曰：酒家開肆待客，設酒鑪，故以鑪名肆。臣瓚曰：盧，酒瓮也。言開一瓮酒也。趙廣漢入丞相府破盧瓮。師古曰：二説皆非也。盧者，賣酒之區也，以其一邊高，形如鍛家盧，故取名耳，非即謂火盧及酒瓮也。此言讎五十釀爲準，豈一瓮乎？廣漢所破盧及罌盧，亦謂所居罌瓮之處耳。

［7］【顔注】師古曰：參，三也。

［8］【顔注】師古曰：截，酢漿也，音才代反。【今注】案，金少英《漢書食貨志集釋》謂醩截，即釀酒之糟粕。灰炭，指釀酒燃殘灰炭。二者皆折價抵作工器薪樵之費。

［9］【今注】案，工，蔡琪本、大德本同，殿本作“丁”。關於酒酤的利潤問題，參見吴慧《桑弘羊研究》（齊魯書社 1981 年版，第 261—262 頁）。

羲和置命士督五均六斡，[1]郡有數人，皆用富賈。洛陽薛子仲、張長叔、臨菑姓偉等，[2]乘傳求利，交錯天下。[3]因與郡縣通姦，多張空簿，[4]府臧不實，百姓俞病。莽知民苦之，復下詔曰：“夫鹽，食肴之將；[5]酒，百藥之長，嘉會之好；鐵，田農之本；[6]名山大澤，饒衍之臧；[7]五均賒貸，百姓所取平，卬以給澹；[8]鐵布銅冶，通行有無，備民用也。此六者，非編户齊民所能家作，[9]必卬於市，雖貴數倍，不得不買。豪民富賈，即要貧弱，先聖知其然也，故斡之。每一斡爲設科條防禁，犯者辠至死。”[10]姦吏猾民並侵，衆庶各不安生。[11]

[1]【今注】六斡：王莽將酒、鹽、鐵及鑄錢收歸政府專賣，不准私人經營，同時實行五均賒貸，控制名山大澤收樵采税，總稱“六斡”。

[2]【顔注】如淳曰：姓姓名偉也。【今注】薛子仲張長叔姓偉：三人俱見本書卷九一《貨殖傳》。

[3]【顔注】師古曰：傳，音張戀反。

[4]【顔注】師古曰：簿，計簿也，音步户反。【今注】空簿：假賬。

[5]【顔注】師古曰：將，大也，一説爲食肴之將帥。

[6]【今注】案，錢大昭《漢書辨疑》謂“臼”疑當作“田”。臼，大德本同，蔡琪本、殿本作“田”。

[7]【今注】饒衍：金少英《漢書食貨志集釋》謂狀物資之豐富。

[8]【顔注】師古曰：卬音牛向反。其下並同。

[9]【顔注】師古曰：家謂家家自作也（殿本“謂”前無“家”字）。

[10]【今注】案，王先謙《漢書補注》謂本書卷九九《王莽傳》“斡”並作“筦”。

[11]【今注】案，楊樹達《漢書窺管》謂並讀爲傍。“並侵衆庶”，謂奸吏猾民依傍莽法以侵衆生。所謂因緣爲奸也。下文云“旁緣莽禁，侵刻小民”，語意正同，可證。

後五歲，天鳳元年，[1]復申下金銀龜貝之貨，頗增減其賈直。而罷大小錢，改作貨布，[2]長二寸五分，廣一寸，首長八分有奇，[3]廣八分，其圜好徑二分半，[4]足枝長八分，間廣二分，其文右曰“貨”，左曰“布”，重二十五銖，直貨泉二十五。貨泉徑一寸，重五銖，文右曰“貨”，左曰“泉”，枚直一，與貨布二品並行。[5]又以大錢行久，罷之，恐民挾不止，迺令民且獨行大錢，與新貨泉俱枚直一，並行盡六年，毋得復挾大錢矣。每壹易錢，民用破業，而大陷刑。莽以私鑄錢死，及非沮寶貨投四裔，犯法者多，不可勝行，迺更輕其法：[6]私鑄作泉布者，與妻子没入爲官奴婢；吏及比伍，知而不舉告，與同罪；[7]非沮寶貨，民罰作一歲，吏免官。犯者愈衆，及五人相坐皆没入，郡國檻車鐵鎖，傳送長安鍾官，[8]愁苦死者什六七。

[1]【今注】天鳳：新莽年號（14—19）。

[2]【今注】貨布：布幣，即鏟形幣。先秦三晉有仿農具"鎛"形的錢幣，王莽仿製之。

[3]【顔注】師古曰：奇音居宜反，謂有餘也。

[4]【顔注】師古曰：好，孔也。

[5]【今注】案，陳直《漢書新證》謂貨布各部分，現用公分計算如下：通常之品，直徑 5.8 釐米，首長 2.0 釐米，首寬 1.8 釐米，圓穿直徑 0.65 釐米，足枝直徑 3.8 釐米，足寬 0.9 釐米，間廣 0.5 釐米。王莽各錢鑄造，以大泉五十、貨布、貨泉三種最多，以出土之數量可以證明。

[6]【今注】案，金少英《漢書食貨志集釋》引本書卷九九《王莽傳》："盜鑄錢者不可禁，乃重其法：一家鑄錢，五家坐之，没入爲奴婢。"謂《傳》云重其法，似相違迕。按《志》文上云"私鑄錢死"，此但"没入爲奴婢"，則較死罪爲輕矣。《傳》以盜鑄錢者初但罪其家，今則五家連坐，故曰重也。

[7]【顔注】師古曰：比，音頻寐反。

[8]【顔注】師古曰：鍾官，主鑄錢者。【今注】案，謂在鍾官處服苦役。

作貨布後六年，[1]匈奴侵寇甚，莽大募天下囚徒人奴，名曰豬突豨勇，[2]壹切税吏民，訾三十而取一。[3]又令公卿以下至郡縣黄綬吏，[4]皆保養軍馬，[5]吏盡復以與民。[6]民摇手觸禁，[7]不得耕桑，繇役煩劇，[8]而枯旱蝗蟲相因。[9]又用制作未定，上自公侯，下至小吏，皆不得奉禄，而私賦斂，貨賂上流，獄訟不決。吏用苛暴立威，旁緣莽禁，侵刻小民。[10]富者不得自保，貧者無以自存，起爲盜賊，依阻山澤，吏不能禽而覆蔽之，浸淫日廣，[11]於是青、徐、荆楚之地往往萬數。[12]戰鬭死亡，緣邊四夷有所係虜，[13]陷罪，飢疫，人相食，及莽未誅，而天下户口減半矣。

［1］【今注】作貨布後六年：新莽地皇元年（20）。

［2］【顔注】服虔曰：豬性觸突人，故取以喻。師古曰：東方名豕曰豨。一曰，豨，豕走也，音許豈反。

［3］【今注】訾三十而取一：收取資産的三十分之一作爲税收。

［4］【今注】黄綬吏：漢代比二百石以上至五百石的官吏皆銅印黄綬，見本書《百官公卿表》。

［5］【顔注】師古曰：保者，不許其死傷。

［6］【顔注】師古曰：轉令百姓養之。

［7］【今注】摇手觸禁：謂百姓動輒觸犯法令。

［8］【顔注】師古曰：繇讀曰傜也（殿本“傜”後無“也”字）。

［9］【今注】案，王念孫《讀書雜志·漢書第四》認爲，“蝗蟲”本作“蟲蝗”。“枯旱”“蟲蝗”相對爲文。後人不解“蟲蝗”二字之義，故改爲“蝗蟲”。

［10］【顔注】師古曰：旁，依也，音步浪反。

［11］【顔注】師古曰：浸淫，猶漸染也。它皆類此。【今注】覆蔽：謂隱瞞、包庇。

［12］【今注】青徐荆楚：即青州、徐州、荆州。均在漢武帝所置十三州刺史部之列。

［13］【今注】案，蔡琪本、大德本、殿本無“有”字。

自發豬突豨勇後四年，[1]而漢兵誅莽。後二年，[2]世祖受命，[3]盪滌煩苛，復五銖錢，[4]與天下更始。

［1］【今注】自發豬突豨勇後四年：新莽地皇四年（23）。

［2］【今注】後二年：指更始三年，即東漢光武帝建武元年（25）。

［3］【今注】世祖：東漢光武帝劉秀。

［4］【今注】復五銖錢：周壽昌《漢書注校補》引《後漢書·五行志》：“建武六年，蜀童謡曰：‘黄牛白腹，五銖當復。’是時公孫述僭號於蜀，時人竊言王莽稱黄，述欲繼之，故稱白；五銖，漢家貨，明當復也。述遂誅滅。”陳直《漢書新證》謂“《簠齋吉金録》範二十四有建武五銖範，背有文云：‘建武十七年三月丙申，太僕監掾蒼，考工令通，丞或。令吏鳳，工周儀造。’建武十六年始鑄五銖錢，錢範即成於開鑄之次年。在建武十六年以前所用之貨幣，大宗當爲貨泉與大泉五十，不過大泉五十當貶價與貨泉每枚同值一錢”。

贊曰：《易》稱“裒多益寡，稱物平施”，[1]《書》云“楙遷有無”，[2]周有泉府之官，[3]而《孟子》亦非“狗彘食人之食不知斂，[4]野有餓莩而弗知發”。[5]故管氏之輕重，[6]李悝之平糴，弘羊均輸，壽昌常平，亦有從徠。[7]顧古爲之有數，吏良而令行，[8]故民賴其利，萬國作乂。[9]及孝武時，國用饒給，而民不益賦，其次也。至于王莽，制度失中，姦軌弄權，官民俱竭，亡次矣。[10]

[1]【顔注】師古曰：《謙卦・象辭》。裒，取也。言取於多者以益少者，故萬物皆稱而施與平也。裒音薄侯反。

[2]【顔注】應劭曰：楙，勉也。遷，徙也。言天下食貨有無相通足也。師古曰：《虞書・益稷》之辭。言勸勉天下遷徙有無，使相通也。

[3]【顔注】師古曰：司徒之屬官也，掌市之征布，斂市貨之不售，貨之滯於人用者，以其價買之。

[4]【顔注】應劭曰：養狗彘者使食人之食，而不知以法度斂之也。師古曰：《孟子》，孟軻之書。言歲豐孰，菽粟饒多，狗彘食人之食，此時可斂之也（蔡琪本、殿本"斂之"後無"也"字）。【今注】案，王應麟《玉海》卷一八六認爲，常平乃古法，《周官・司稼》"以年之上下出斂法"，出則減價糶，斂則增價糴也。是非常平乎？自鄭氏以出其斂法爲解，後人遂攻《周禮》耳。《孟子書》今文作"檢"。惟《漢志》作"斂"，是也。今世言常平出耿中丞，不知乃古法。

[5]【顔注】鄭氏曰：莩音"蔈有梅"之蔈。莩，零落也。人有餓死零落者（餓，蔡琪本、大德本同，殿本作"饑"），不知發倉廩貸之也（殿本"貸之"後無"也"字）。師古曰：莩音頻小反。諸書或作殍字，音義亦同（義，蔡琪本作"音"；亦同，蔡琪本、大德本同，殿本作"不同"）。

[6]【顔注】服虔曰：作輕重貨，在《管子書》。

[7]【顔注】師古曰：言所從來久矣。

[8]【顔注】師古曰：顧，思念。

[9]【顔注】師古曰：乂，治也。【今注】萬國：指全國各地。

[10]【今注】亡次：李慈銘《越縵堂讀史札記·漢書二》認爲，亡，當讀有無之無。亡次矣者，謂更無其次矣。即《論語》所謂斯爲下矣也。

漢書　卷二五上

郊祀志第五上

洪範八政，[1]三曰祀。[2]祀者，所以昭孝事祖，通神明也。旁及四夷，莫不修之；下至禽獸，豺獺有祭。[3]是以聖王爲之典禮。民之精爽不貳，齊肅聰明者，神或降之，[4]在男曰覡，在女曰巫，[5]使制神之處位，爲之牲器。使先聖之後，能知山川，敬於禮儀，明神之事者，以爲祝；[6]能知四時犧牲，壇場上下，民姓所出者，以爲宗。[7]故有神民之官，各司其序，不相亂也。民神異業，敬而不黷，[8]故神降之嘉生，[9]民以物序，[10]災禍不至，所求不匱。[11]

[1]【今注】洪範八政：箕子爲周武王陳述古代國家施政的八個方面。《尚書·洪範》："八政：一曰食，二曰貨，三曰祀，四曰司空，五曰司徒，六曰司寇，七曰賓，八曰師。"

[2]【顔注】師古曰：祀，謂祭祀也。

[3]【顔注】師古曰：《禮記·月令》："季秋之月，豺祭獸。""孟春之月，獺祭魚。"豺，摯搏之獸，形似狗。獺，水居而食魚。祭者，謂殺之而布列，以祭其先也。豺，音仕皆反。獺，音吐曷反。

[4]【顔注】師古曰：爽，明也。"齊"讀曰"齋"。齋肅，

莊敬也。

［5］【顏注】師古曰：巫、覡亦通稱耳。覡，音下狄反。【今注】在男曰覡（xí）：《漢書考證》引勵宗萬據《周禮·春官·神仕》賈公彦疏稱："男子陽有兩稱，名巫，名覡；女子陰不變，直名巫，無覡稱。"以爲顏注所云"巫、覡亦通稱"指男巫而言也。

［6］【今注】祝：官名。掌宗廟祭祀禱告贊詞。殷朝始置，今存甲骨文多有記載。西周時又置大祝，爲衆祝之長，見於申簋等彝器銘文。春秋戰國沿置。《國語·楚語》："從其時享，虔其宗、祝。"韋昭注："宗，主祭祀。祝，主祝祈。"《周禮·春官》有太祝、小祝等職官。

［7］【顏注】應劭曰：上下，謂天地之屬神也。氏姓，王族之别也。宗，大宗也。臣瓚曰：宗，宗伯也。師古曰：二説皆非也。祝，謂主祭之贊詞者。積土爲壇，平地爲場。氏姓，謂神本所出，及見所當爲主者也。宗，宗人，主神之列位尊卑者也。《春秋左氏傳》曰"虢公使祝應宗區享神"也，又云"祝宗用馬于四墉"（殿本"祝""宗"二字倒），竝非宗伯及大宗也。【今注】案，民，蔡琪本、大德本、殿本作"氏"，是。　宗：《漢書考正》劉敞謂即宗伯。何焯《義門讀書記》卷一六以爲是宗人，爲宗伯之屬。

［8］【顏注】師古曰：黷，汙渫也。黷，音讀。

［9］【顏注】應劭曰：嘉穀也。師古曰：嘉生（嘉，蔡琪本誤作"曰"），謂衆瑞。

［10］【顏注】孟康曰：各有分叙也。【今注】物序：王念孫《讀書雜志·漢書第五》以爲"序"當依《國語·楚語》作"享"。應劭曰："嘉生，嘉穀也。"嘉穀既生，則民取之以供粢盛，故曰"神降之嘉生，民以物享"。嘉穀不生，則民無以供粢盛，故《楚語》又曰"嘉生不降，無物以享"，與此文正相應。《史記·曆書》正作"民以物享"。

［11］【顔注】師古曰：匱，乏也。

及少昊之衰，九黎亂德，[1]民神雜擾，不可放物。[2]家爲巫史，享祀無度，民黷齊明而神弗蠲。[3]嘉生不降，禍災荐臻，莫盡其氣。[4]顓頊受之，[5]迺命南正重司天目屬神，[6]命火正黎司地目屬民，[7]使復舊常，亡相侵黷。自共工氏霸九州，其子曰句龍，能平水土，死爲社祠。[8]有烈山氏王天下，其子曰柱，能殖百穀，死爲稷祠。[9]故郊祀社稷，所從來尚矣。[10]

［1］【顔注】孟康曰：少昊時諸侯作亂者也。韋昭曰：黎氏九人也。【今注】九黎：《國語·楚語》："及少皞之衰也，九黎亂德。"韋昭注："九黎，黎氏九人，蚩尤之徒也。"

［2］【顔注】師古曰：放，依也。物，事也。放，音甫往反。

［3］【顔注】師古曰："齊"讀曰"齋"。蠲，絜也。【今注】案，蔡琪本、大德本、殿本無"民"字。

［4］【顔注】師古曰：言不究其性命也。

［5］【今注】顓頊：高陽氏。古代部落首領。生於若水，居於帝丘。繼黄帝爲首領，稱帝顓頊。

［6］【今注】南正：官名。《國語·楚語下》："顓頊受之，乃命南正重司天以屬神；命火正黎司地以屬民。"韋昭注："南，陽位。正，長也。司，主也。屬，會也。所以會群神，使各有分序，不相干亂也。"

［7］【顔注】應劭曰：黎，陰官也。火數二，二，地數也，故火正司地以屬萬民。師古曰：屬，委也，以其事委之也。屬，音之欲反。

［8］【顔注】師古曰：共工氏在太昊、炎帝之間。無禄而王

（王，蔡琪本作“主”），故謂之霸。“句”讀曰“鉤”。

[9]【顔注】師古曰：烈山氏，炎帝。

[10]【顔注】師古曰：尚，上也。謂起於上古。

《虞書》曰，舜在璿璣玉衡，以齊七政。[1]遂類于上帝，禋于六宗，[2]望秩于山川，徧于群神。[3]揖五瑞，[4]擇吉月日，見四嶽諸牧，班瑞。[5]歲二月，東巡狩，至于岱宗。[6]岱宗，泰山也。柴，望秩于山川。[7]遂見東后。東后者，諸侯也。[8]合時月正日，同律度量衡，[9]修五禮五樂，[10]三帛二牲一死爲贄。[11]五月，巡狩至南嶽。南嶽者，衡山也。[12]八月，巡狩至西嶽。西嶽者，華山也。十一月，巡狩至北嶽。北嶽者，恒山也。皆如岱宗之禮。中嶽，嵩高也。五載一巡狩。[13]

[1]【顔注】師古曰：《虞書·舜典》也。在，察也。璿，美玉也。璣轉而衡平。以玉爲璣衡，謂渾天儀也。七政，日、月、五星也。言舜觀察機衡（機，蔡琪本、殿本作“璣”，是），以齊同日、月、五星之政，度合天意。

[2]【顔注】孟康曰：六宗，星、辰、風伯、雨師、司中、司命。一説云，乾坤六子。又一説，天宗三，日、月、星辰；地宗三，太山、河、海。或曰天地間游神也。師古曰：類，以類祭也。上帝，天也。絜精以祀謂之禋。六宗之義，説者多矣。乾坤六子，其最通乎。【今注】禋：燒柴升烟以祭天。　六宗：《續漢書·祭祀志中》劉昭注備載其説，以爲：“六宗之義，自伏生及乎後代，各有不同，今並抄集以證其論云。《虞書》曰：‘肆類于上帝，禋于六宗，望于山川。’伏生、馬融曰：‘萬物非天不覆，非地

不載，非春不生，非夏不長，非秋不收，非冬不藏。禋于六宗，此之謂也。’歐陽和伯、夏侯建曰：‘六宗上不謂天，下不謂地，傍不謂四方，在六者之閒，助陰陽變化者也。’孔安國曰：‘精意以享謂之禋。宗，尊也。所尊祭其祀有六：埋少牢于太昭，祭時也；相近於坎壇，祭寒暑也；王宮，祭日也；夜明，祭月也；幽禜，祭星也；雩禜，祭水旱也。禋于六宗，此之謂也。’《孔叢》曰，宰我問六宗於夫子，夫子荅如安國之説。臣昭以此解若果是夫子所説，則後儒無復紛然。文秉案劉歆曰：‘六宗謂水、火、雷、風、山、澤也。’賈逵曰：‘六宗謂日宗、月宗、星宗、岱宗、海宗、河宗也。’鄭玄曰：‘六宗，星、辰、司中、司命、風伯、雨師也。星，五緯也。辰謂日月所會十二次也。司中、司命，文昌第五、第四星也。風師，箕也。雨師，畢也。’晉武帝初，司馬紹統表駮之曰：‘臣以爲帝在于類，則禋者非天。山川屬望，則海岱非宗。宗猶包山，則望何秩焉？伏與歆、逵失其義也。六合之閒，非制典所及；六宗之數，非一位之名。陰陽之説，又非義也。并五緯以爲一，分文昌以爲二，箕、畢既屬於辰，風師、雨師復特爲位，玄之失也。安國案祭法爲宗，而除其天地於上，遺其四方於下，取其中以爲六宗。四時寒暑日月衆星并水旱，所宗者八，非但六也。傳曰：“山川之神，則水旱癘疫之災，於是乎禜之。日月星辰之神，則雪霜風雨之不時，於是乎禜之。”又曰：“龍見而雩。”如此，禜者，祀日月星辰山川之名；雩者，周人四月祭天求雨之稱也。雪霜之災，非夫禜之所禳；雩祭之禮，非正月之所祈。周人之後説有虞之典，故於學者未盡喻也。且類于上帝，即禮天也。望于山川，禜所及也。案《周禮》云，昊天上帝，日月星辰，司中司命，風師雨師，社稷五祀五嶽，山林川澤，四方百物。又曰：“兆五帝於四郊，四類四望亦如之。”無六宗之兆。《祭法》之祭天，祭地，祭時，祭寒暑日月星，祭水旱，祭四方，及山林川谷丘陵能出雲爲風雨、見怪物，皆是。有天下者祭百神，非此族也，不在祀典，復無六宗之文。明六宗所禋，即《祭法》之所及，《周禮》之所祀，即《虞書》之所宗，不宜特復立六宗之祀也。《春官》大宗伯之職，掌玉作六器，以禮天地四方。以蒼璧禮天，以黄琮禮地，以青圭禮東方，以赤璋禮南方，以白琥禮西方，以玄璜禮北方。天宗，日月星辰寒暑之屬也；地宗，社稷五祀之屬也；四方之宗者，四時五帝之屬也。如此，則群神咸秩而無廢，百禮徧修而不瀆，於理爲通。'幽州秀才張髦又上疏曰：'禋於六宗，祀祖考所尊者六也。何以考之？《周禮》及《禮記·王制》，天子將出，類于上帝，宜於社，造于禰。巡狩四方，覲諸侯，歸格於祖禰，用特。《堯典》亦曰："肆類于上帝，禋于六宗，望于山川，徧於群神，班瑞于群后，肆覲東后。叶時月正日，同律度量衡。"巡狩一歲以周，爾乃"歸格于藝祖，用特"。臣以《尚書》與《禮·王制》，同事一義，符契相合。禋于六宗，正謂祀祖考宗廟也。文祖之廟六宗，即三昭三穆也。若如十家之説，既各異義，上下違背，且没乎祖之禮。考之禮，考之祀典，尊卑失序。若但類于上帝，不禋祖禰而行，去時不告，歸何以格？以此推之，較然可知也。《禮記》曰："夫政必本於天，殽以降命。命降于社之謂殽地，降於祖廟之謂仁義，降於山川之謂興作，降於五祀之謂制度。"又曰："祭帝於郊，所以定天位也；祀社於國，所以列地利也；祭祖於廟，所以本仁也；山川所以儐鬼神也；五祀所以本事也。"又曰："禮行於郊，而百神受職焉；禮行於社，而百貨可極焉；禮行於祖廟，而孝慈服焉；禮行於五祀，而正法則焉。故自郊、社、祖廟、五祀，義之修而禮之藏也。"凡此皆孔子所以祖述堯舜，紀三代之教，著在祀典。首尾相證，皆先天地，次祖宗，而後山川群神耳。故《禮·祭法》曰："七代之所更變者，禘郊宗祖。"明舜受終文祖之廟，察琁璣，考七政，審已天命之定，遂上郊廟，當義合《堯典》，則周公其人也。郊祀后稷以配天，宗祀文王於明堂以配上帝，是以四海之内各以其職來祭者也。居其位，攝其事，郊天地，供群神之禮，巡狩天下而遺其祖宗，恐非有虞之志也。五嶽視三公，四瀆視諸侯，皆以案先儒之説，而以水旱風雨先五嶽四瀆，後祖考而次上帝，錯於肆類而亂祀典，臣以十一家皆非也。’太學博士吴商，以爲‘禋之言煙也。三祭皆積柴而實牲體焉，以升煙而報陽，非祭宗廟之名也。鄭所以不從諸儒之説者，將欲據《周禮》禋祀皆天神也。日、月、星、辰、司中、司命、風師、雨師凡八，而日、月并從郊，故其餘爲六宗也。以《書》“禋于六宗”，與《周禮》事相符，故據以爲説也。且文昌雖有大體，而星名異，其日不同，故隨事祭之。而言文昌七星，不得偏祭其第四第五，此爲《周禮》。復不知文昌之體，而又妄引以爲司中，司命。箕、畢二星，既不係於辰，且同是隨事而祭之例，又無嫌於所係者’。范甯注《虞書》曰：‘考觀衆議，各有説難。鄭氏證據最詳，是以附之。案六宗衆議，未知孰是。’虞喜别論云：‘地有五色，太社象之。總五爲一則成六，六爲地數。推校經句，闕無地祭，則祭地。’臣昭曰：‘六宗紛紜，衆釋互起，竟無全通，亦難偏折。歷辨碩儒，終未挺正。康成見宗，是多附焉。盍各爾志，宣尼所許，顯其一説，亦何傷乎！竊以爲祭祀之敬，莫大天地，《虞典》首載，彌久彌盛，此宜學者各盡所求。’臣昭謂虞喜以祭地，近得其實。而分彼五色，合五爲六，又不通禋，更成疑昧。尋《虞書》所稱‘肆類于上帝’，是祭天。天不言天而曰上帝，帝是天神之極，舉帝則天神斯盡，日月星辰從可知也。‘禋於六宗’，是實祭地。地不言地而曰六宗，六是地數之中，舉中是以該數，社稷等祀從可知也。天稱神上，地表數中，仰觀俯察，所以爲異。宗者，崇尊之稱，斯亦盡敬之謂也。禋也者，埋祭之言也，實瘞埋之異稱，非周煙之祭也。夫置字涉神，必以今之示，今之示即古之神，所以社稷諸字，莫不以神爲體。《虞書》不同，祀名斯隔。《周禮》改煙，音形兩異。虞書改土，正元祭義。此焉非疑，以爲可了，豈六置宗更爲傍祭乎？《風俗通》曰：‘《周禮》以爲槱燎，祀司中、司命，文昌上六星也。槱者，積薪燔柴也。今民猶祠司命耳，刻木長尺二寸爲人像，行者署篋中，居者别作小居。齊地大尊重之，汝南諸郡亦多有者，皆祀以豬，率以春秋之月。’”

［3］【顔注】師古曰：望，謂在遠者望而祭之。秩，次也。

群神，丘陵墳衍之屬。

[4]【顔注】師古曰："揖"與"輯"同。揖，合也。五瑞，公、侯、伯、子、男之瑞玉。【今注】揖：錢大昭《漢書辨疑》指出，今本《尚書》作"輯"，《史記》及魏修《孔子廟碑》並作"揖"，古字通。

[5]【顔注】師古曰：四岳諸牧（岳，蔡琪本、殿本作"嶽"），謂四方諸侯（蔡琪本、大德本、殿本句末有"也"字）。班，布也。

[6]【顔注】師古曰：狩，守也。諸侯爲天子守土，故巡行（行，蔡琪本作"狩"）。

[7]【顔注】師古曰：柴，積柴而焚之（焚之，蔡琪本、大德本、殿本作"燔"）。

[8]【顔注】師古曰：后，君也。東方諸侯，故謂之東后也。

[9]【顔注】師古曰：時，四時也。月，十二月也。日，三百六十日。律，六律也。度，尺丈也。量，斛斗也。衡，斤兩也。

[10]【顔注】師古曰：五禮，吉、凶、賓、軍、嘉也。五樂，謂春則琴瑟，夏則笙竽，季夏則鼓，秋則鐘，冬則磬也。"五樂"，《尚書》作"五玉"，今《志》亦有作"五玉"者。五玉即五瑞。

[11]【顔注】師古曰：三帛，玄、纁、黄也。二牲（牲，殿本作"生"），羔、鴈也。一死，雉也。贄者，所執以爲禮也。【今注】案，牲，殿本作"生"。

[12]【今注】案，蔡琪本無"山"字。

[13]【顔注】師古曰：此以上皆《舜典》所載。

禹遵之。後十三世，[1]至帝孔甲，淫德好神，神黷，二龍去之。[2]其後十三世，[3]湯伐桀，欲遷夏社，不可，作夏社。[4]迺遷烈山子柱，而以周棄代爲稷祠。

後八世，帝太戊有桑穀生於廷，一暮大拱，[5]懼。伊陟曰："祆不勝德。"[6]太戊修德，桑穀死。伊陟贊巫咸。[7]後十三世，[8]帝武丁得傅説爲相，[9]殷復興焉，稱高宗。有雉登鼎耳而雊，[10]武丁懼。祖己曰："修德。"武丁從之，位以永寧。[11]後五世，帝乙嫚神而震死。[12]後三世，帝紂淫亂，武王伐之。由是觀之，始未嘗不肅祗，後稍怠嫚也。

［1］【今注】十三世：王先謙《漢書補注》以爲自禹歷啓、太康、仲康、相、少康、杼、槐、芒、泄、不降、扃、廑而至孔甲，爲"十三世"。

［2］【顔注】應劭曰：夏帝孔甲，天賜之乘龍，河漢各二，其後媟黷嫚神，故龍去之。

［3］【今注】十三世：《漢書考證》齊召南以爲自帝孔甲、帝皋、帝發至桀，祗三世。"十"字當是衍。

［4］【顔注】應劭曰：遭大旱七年，明德以薦，而旱不止，故遷社，以棄代爲稷。欲遷句龍，德莫能繼，故作夏社，説不可遷之義也。師古曰：壆，古"遷"字。《夏社》，《尚書》篇名，今則序在而書亡（蔡琪本、大德本、殿本作"亡"後有"逸"字）。

［5］【顔注】師古曰：穀，即今之楮樹也（楮，蔡琪本、大德本、殿本作"楮"），其字從木。合兩手曰拱（殿本此注在"祆不勝德"後）。【今注】案，沈欽韓《漢書疏證》據《吕氏春秋·制樂》："成湯之時，有穀生於庭，昏而生，比旦而大拱。"以爲與此近同，惟作"湯"爲異。《尚書大傳》、劉向《説苑·敬慎》並作"七日大拱"，以爲武丁時。《韓詩外傳》作"穀生湯之庭，三日而大拱"。傳記各異，當從《書序》作"太戊"。昏生旦拱，

理涉怪妄，本書《五行志》作“七日”爲是。

［6］【顏注】師古曰：伊陟，大戊臣（大，蔡琪本、大德本、殿本作“太”），伊尹之子。

［7］【顏注】孟康曰：巫咸，殷賢臣。贊，説也。謂伊陟説其意也。師古曰：因此作《咸乂》四篇。事見《尚書》序，其篇亦亡逸也。【今注】案，王先謙《漢書補注》指出此句下《史記·封禪書》有“巫咸之興自此始”七字，司馬貞《索隱》：“《尚書》伊陟贊於巫咸。巫咸，臣名。今此以巫咸爲巫覡。《楚詞》亦以巫咸主神。蓋太史以巫咸是殷臣，以巫接神事，太戊使禳桑穀之災，所以伊陟贊巫咸，故云‘巫咸之興自此始’也。”

［8］【今注】十三世：王先謙《漢書補注》以爲自太戊歷仲丁、外壬、河亶甲、祖乙、祖辛、沃甲、祖丁、南庚、陽甲、盤庚、小辛、小乙至武丁爲十三。

［9］【顏注】師古曰：“説”讀曰“悦”（曰，殿本作“爲”）。【今注】傅説：名或作“兑”，商王武丁時大臣。爲傅岩築墻奴隸。武丁夢得聖人，名曰説，求於野。乃於傅岩得之，命爲相，國大治。

［10］【顏注】師古曰：雊，雉鳴，音工豆反。

［11］【顏注】師古曰：事見《商書·説命》及《高宗肜日》。祖己，殷之賢臣。

［12］【顏注】師古曰：帝乙，武乙也。爲韋囊盛血，仰而射（蔡琪本、大德本、殿本“射”後有“之”字），號曰射天，後遇雷震而死也（蔡琪本、殿本無“也”字）。

周公相成王，王道大洽，制禮作樂，天子曰明堂辟雍，[1]諸侯曰泮宫。[2]郊祀后稷以配天，宗祀文王於明堂以配上帝。[3]四海之内各以其職來助祭。天子祭天下名山大川，懷柔百神，咸秩無文。[4]五嶽視三公，四瀆視諸侯。[5]而諸侯祭其畺内名山大川，[6]大夫祭門、户、井、竈、中霤五祀。[7]士庶人祖考而已。各有典禮，而淫祀有禁。後十三世，[8]世益衰，禮樂廢。幽王無道，爲大戎所敗，[9]平王東徙雒邑。[10]秦襄公攻戎救周，列爲諸侯，而居西，自以爲主少昊之神，作西畤，祠白帝，其牲用騮駒、黄牛、羝羊各一云。[11]

[1]【顔注】師古曰：明堂辟雍，解在《平紀》。【今注】明堂：古代帝王宣明政教的地方。凡朝會、祭祀、慶賞、選士、養老、教學等大典，都在此舉行。　辟雍：亦作"辟雝"。爲西周天子所設大學。辟，通"璧"。

[2]【顔注】師古曰：泮之言半也（蔡琪本、殿本無"之"字）。制度半於天子之辟雍也（蔡琪本、殿本無"之"字）。泮，音普半反。

[3]【顔注】師古曰：郊祀，祀於郊也。后稷，周之始祖也。宗，尊也。文王，周始受命之王。上帝，大微五帝也（大，蔡琪本、大德本、殿本作"太"）。【今注】上帝：王先謙《漢書補注》引裴駰《史記集解》引鄭玄曰："上帝者，天之别名也。神無二主，故異其處，避后稷也。"

[4]【顔注】師古曰：懷，來也。柔，安也。言招來百神而安處之也。稱百者，言其多也。秩，序也。舊無禮文者，皆以次序而祭之。

[5]【顔注】師古曰：江、河、淮、濟爲四瀆。瀆者，發源而注海者也（注，殿本作"主"）。視，謂其禮物之數也。

[6]【顔注】師古曰：畺，境也。

[7]【顔注】韋昭曰：古者穴居，故名室中爲中霤。【今注】中霤：亦作"中廇""中溜"。室的中央。沈欽韓《漢書疏證》以

爲韋注即《禮記·月令》鄭玄注。孔穎達《正義》云："庾蔚之云：'複，謂地上累土爲之；穴則穿地也。複、穴皆開其上取明，故雨霤之，是以後因名室爲中霤也。'"劉熙《釋名》："古者寝、穴後室之霤，當今之棟下，直室之中，古者霤下之處也。"

［8］【今注】十三世：《漢書考證》齊召南以爲自成王至幽王，歷康、昭、穆、恭、懿、孝、夷、厲、宣，凡十一世。《史記·封禪書》作"十四世"，此文"十三世"，並誤。

［9］【今注】大戎：當作"犬戎"，古戎人的一支，即畎戎。又稱畎夷、犬夷、昆夷、緄夷等。案，大，蔡琪本、大德本、殿本作"犬"。

［10］【今注】案，邑，蔡琪本、殿本作"陽"。

［11］【顔注】師古曰：騮，赤馬黑鬣尾也。羝，牡羊也。騮，音留。羝，音丁奚反。【今注】騮（liú）駒：沈欽韓《漢書疏證》以爲《周禮》所載，正祭皆無用馬牲之事。《周禮·大司馬》："喪祭，奉詔馬牲"，鄭玄注云："王喪之以馬祭者，蓋遣奠也。奉猶送也。"則遣奠始用馬牲。《周禮·校人》云："凡將事於四海山川，則飾黄駒"，鄭玄注云："王巡狩，過大山川，則有殺駒以祈沈禮歟？"是喪祭用馬牲，當亦告於所過山川，祭畢，因並包之入墓。古禮僅用之沈辜祈禳，或以盟誓。高帝刑白馬而盟，漢武帝幸瓠子決河湛白馬、玉璧是也。而匈奴殺馬以祭天，戎狄皆是。《魏書·禮志》"神，尊者以馬，次以牛"、《元史·郊祀志》"冬至，用純色馬一"，是秦遵循西戎之俗。

其後十四年，[1]秦文公東獵汧渭之間，[2]卜居之而吉。[3]文公夢黄虵自天下屬地，[4]其口止於鄜衍。[5]文公問史敦，[6]敦曰："此上帝之徵，君其祠之。"於是作鄜畤，用三牲郊祭白帝焉。自未作鄜畤，而雍旁故有吴陽武畤，[7]雍東有好畤，皆廢無祀。或曰："自古以雍州積高，神明之隩，[8]故立畤郊上帝，諸神祠皆聚云。[9]蓋黄帝時嘗用事，晚周亦郊焉。”[10]其語不經見，縉紳者弗道。[11]

［1］【今注】案，《漢書考證》齊召南指出，《史記·封禪書》作“其後十六年”。以《史記·十二諸侯年表》核之，周平王元年，是秦襄公八年，初立西畤；及文公十年作鄜畤，恰十四年。《漢書》是。又下文“作陳寶，後七十一年，秦德公立，卜居雍”，《史記·封禪書》云“作鄜畤後七十八年”。以《十二諸侯年表》核之，自文公作陳寶祠至德公元年，正七十一年。若自文公作鄜畤計，當作“八十年”。凡此類，皆《漢書》密於《史記》處。又下文“後四年，秦宣公作密畤於渭南”，《封禪書》曰“德公立二年卒，其後六年，秦宣公作密畤於渭南”。以《十二諸侯年表》核之，秦宣公之元年，周惠王之二年。宣公四年作密畤。此云“後四年”，似亦訂正《史記》之失。

［2］【顔注】師古曰：汧渭，二水名。汧，音牽。【今注】汧：一作“汧川”。即今陝西西部渭河支流千河。

［3］【今注】案，王先謙《漢書補注》引司馬貞《史記索隱》載皇甫謐云：“文公徙都汧也。”

［4］【顔注】師古曰：屬，著也，音之欲反。【今注】虵：同“蛇”。殿本作“蛇”。

［5］【顔注】李奇曰：鄜，音孚。《三輔》謂山陵閒爲衍（陵，蔡琪本、大德本、殿本作“阪”）。晉灼曰：左馮翊鄜縣之衍也。師古曰：今之鄜州蓋取名於此也。【今注】鄜：春秋秦邑，在今陝西洛川縣東南鄜城村。

［6］【顔注】師古曰：秦之太史也（殿本無“也”字）。敦，其名也。

［7］【顔注】李奇曰：於旁有吴陽地也。【今注】吴陽：春秋

戰國秦邑，在今陝西隴縣西南。因在吴山之陽而得名。《史記·封禪書》載，秦文公“自未作鄜畤也，而雍旁故有吴陽武畤”。

［8］【顔注】師古曰：土之可居曰隩（蔡琪本、大德本、殿本“居”後有“者”字），音於六反。

［9］【今注】案，蔡琪本、殿本無“神”字。

［10］【顔注】師古曰：晚，謂末時也。【今注】案，蔡琪本、大德本、殿本“晚周”前有“雖”字。

［11］【顔注】李奇曰：縉（縉，蔡琪本、殿本作“搢”），插也。插笏於紳。紳，大帶也。臣瓚曰：縉，赤白色也。紳，大帶也。《左氏傳》有縉雲氏。師古曰：李云“縉，插”是也。字本作“搢”。插笏於大帶與革帶之間耳，非插於大帶也。或作“薦紳”者，亦謂薦笏於紳帶之間，其義同。【今注】縉紳：王先謙《漢書補注》指出，《史記·封禪書》作“搢”。司馬貞《索隱》引鄭衆注《周禮》以爲，“搢”讀曰“薦”。作“縉”者，爲假借字耳。瓚訓非。

作鄜畤後九年，文公獲若石云，于陳倉北阪城祠之。[1]其神或歲不至，或歲數來也。[2]常以夜，光煇若流星，從東方來，[3]集于祠城，若雄雉，其聲殷殷云，野雞夜鳴。[4]以一牢祠之，名曰陳寶。[5]作陳寶祠後七十一年，秦德公立，卜居雍。[6]子孫飲馬於河，遂都雍。雍之諸祠自此興。用三百牢於鄜畤。作伏祠。[7]磔狗邑四門，[8]以御蠱灾。[9]後四年，秦宣公作密畤於渭南，祭青帝。

［1］【顔注】蘇林曰：質如石，似肝。師古曰：陳倉之北阪上城中也。云，語辭也。【今注】陳倉：春秋秦邑。治所在今陝西

寶雞市東二十里渭水北岸。

［2］【今注】案，王先謙《漢書補注》引葉德輝以爲《史記·封禪書》“來”下重“來”字，是。“來也”下屬爲句。

［3］【今注】東方：周壽昌《漢書注校補》謂《史記·封禪書》作“東南”。

［4］【顔注】師古曰：殷殷，聲也。云，傳聲之亂也。“野雞”亦“雉”也，避吕后諱，故曰“野雞”。言陳寶若來而有聲，則野雞皆鳴以應之也。上言雄雉，下言野雞，史駮文也。殷，音隱。【今注】殷殷云：王念孫《讀書雜志·漢書第五》以爲“殷殷云”即“殷殷然”。上文曰“文公獲若石云，于陳倉北阪”，亦謂若石然。《左傳》僖二十九年載介葛盧聞牛鳴曰“是生三犧，皆用之矣，其音云”，謂其音然。《史記》卷四《周本紀》曰：“其色赤，其聲魄云”，謂其聲魄然。顔曰“云，傳聲之亂也”，則誤讀爲紛紜之紜。 野雞：顧炎武《日知録》卷二七以爲，野雞即野中之雞。注拘於荀悦云“諱雉之字曰野雞”。漢代諱恒曰常，諱啓曰開，但言“常”言“開”者，未必皆爲“恒”與“啓”。又此文本《史記·封禪書》，其上文曰“有雉登鼎耳雊”，其下文云“公孫卿言見仙人迹緱氏城上，有物如雉，往來城上”，又云“縱遠方奇獸飛禽及白雉”，皆無所諱。而本書《地理志》南陽郡有雉縣，江夏郡有下雉縣；本書《五行志》王音等上言“雉者聽察，先聞雷聲”，則漢時未嘗諱“雉”。王念孫《讀書雜志·漢書第五》載王引之説亦可參。

［5］【顔注】臣瓚曰：陳倉縣有寶夫人祠，或一歲二歲與葉君合（蔡琪本“一歲”後有“或”字）。葉君神來時，天爲之殷殷雷鳴，雉爲之雊也。【今注】陳寶：沈欽韓《漢書疏證》引《文選·羽獵賦》李善注補證：“《太康記》曰：‘秦文時，陳倉人獵得獸，若彘，而不知其名。道逢二童子，曰：櫝弗述。’櫝弗述亦語曰：‘彼二童子，名爲寶雞，得雄者王，得雌者霸。’陳倉人舍櫝弗

述，逐二童子，化爲雉。雌止陳寶，化爲石；雄如楚，止南陽也。”臣瓚所云“葉君”，即其止南陽之雄者。

[6]【顔注】師古曰：即今之雍縣。【今注】雍：在今陝西鳳翔縣西南。

[7]【顔注】師古曰（師古，蔡琪本、大德本、殿本作“孟康”）：六月伏日也。周時無，至此乃有之。師古曰：伏者，謂陰氣將起，迫於殘陽而未得升，故爲臧伏，因名伏日也。立秋之後，以金代火，金畏於火，故至庚日必伏。庚，金也。

[8]【今注】磔（zhé）：分裂牲體以祭神。沈欽韓《漢書疏證》引應劭《風俗通》：“俗説狗别賓主，善守禦，取著四門，以辟盜賊。”

[9]【今注】案，周壽昌《漢書注校補》以爲凡厲氣傳疾者皆可謂之蠱也。《禮記・月令》：“季春之月，九門磔攘，以畢春氣。”許慎《説文解字》：“磔攘祀，除厲殃也。”

後十三年，[1]秦穆公立，病卧五日不寤；[2]寤，迺言夢見上帝，[3]上帝命穆公平晉亂。史書而臧之府。[4]而後世皆曰上天。[5]穆公立九年，齊桓公既霸，會諸侯於葵丘，而欲封禪。[6]管仲曰：“古者封泰山禪梁父者七十二家，[7]而夷吾所記者十有二焉。昔無懷氏封泰山，禪云云；[8]虙羲封泰山，禪云云；[9]神農氏封泰山，禪云云；炎帝封泰山，禪云云；[10]黄帝封泰山，禪亭亭；[11]顓頊封泰山，禪云云；帝嚳封泰山，禪云云；堯封泰山，禪云云；舜封泰山，禪云云；禹封泰山，禪會稽；[12]湯封泰山，禪云云；周成王封泰山，禪於社首：[13]皆受命然後得封禪。”桓公曰：“寡人北伐山戎，過孤竹；[14]西伐，束馬縣車，上卑耳之山；[15]南伐至召陵，[16]登熊耳山，以望江漢。[17]兵車之會三，乘車之會六，九合諸侯，一匡天下，[18]諸侯莫違我。昔三代受命，亦何以異乎？”於是管仲睹桓公不可窮以辭，因設之以事，曰：“古之封禪，鄗上黍，北里禾，所以爲盛；[19]江淮閒一茅三脊，所以爲藉也。[20]東海致比目之魚，[21]西海有比翼之鳥。[22]然後物有不召而自至者十有五焉。今鳳皇麒麟不至，[23]嘉禾不生，而蓬蒿藜莠茂，鴟梟群翔，[24]而欲封禪，無乃不可乎？”於是桓公乃止。是歲，秦穆公納晉君夷吾。其後三置晉國之君，平其亂。[25]穆公立三十九年而卒。

[1]【今注】案，十三，周壽昌《漢書注校補》謂《史記·封禪書》作“十四”。

[2]【顔注】師古曰：寤，覺也。覺，音公孝反。

[3]【顔注】師古曰：上帝，謂天也。

[4]【顔注】師古曰：府，臧書之處。

[5]【今注】上天：登天。

[6]【顔注】師古曰：葵丘會在僖九年。葵丘在陳留外黄縣東。封禪者，封土於山而禪祭於地也。禪，音上戰反。解在《武紀》。【今注】葵丘：春秋宋邑。治所在今河南民權縣東北。

[7]【顔注】師古曰：父，音甫。【今注】七十二家：周壽昌《漢書注校補》引《莊子》補證：“易姓而王，封於泰山、禪於梁父者，七十有二代。其有形兆垠堮勒石，凡千八百餘處。”又本《志》自“桓公既霸”至“桓公乃止”，皆《管子·封禪篇》文。所記自無懷氏以下十二家，其六十家無紀録。《史記》注引《韓詩外傳》云：“孔子升泰山，觀易姓而王可得而數者七十餘人，不得而數者萬數也。”緯書《河圖真記》作“七十二人”，許慎《説文

序》作“七十有二代”。

［8］【顔注】鄭氏曰：無懷（蔡琪本、大德本、殿本“懷”後有“氏”字），古之王者，在伏羲前，見《莊子》。服虔曰：云云在梁父東，山名也。晉灼曰：云云山在蒙陰縣故城東北，下有云云亭。

［9］【顔注】師古曰：“虙”讀曰“伏”。

［10］【顔注】李奇曰：炎帝，神農後。

［11］【顔注】服虔曰：亭亭山在牟陰。晉灼曰：《地理志》鉅平有亭亭山。師古曰：晉説是也。

［12］【今注】會稽：原名茅山，又名苗山、防山。在今浙江東北部。王先謙《漢書補注》引葉德輝引《史記·封禪書》司馬貞《索隱》：“晉灼云：‘本名茅山。’《吴越春秋》：‘禹巡天下，登茅山，以朝諸侯，乃大會計，更名茅山爲會稽。’”

［13］【顔注】應劭曰：山名，在博縣。晉灼曰：在鉅平南十二里。師古曰：晉説是也。

［14］【顔注】應劭曰：伯夷國也，在遼西令支。師古曰：令，音郎定反。支，音神祇之祇。

［15］【顔注】韋昭曰：將上山，纏束其馬，縣鈞其車也。卑耳，即齊語所謂“辟耳”。【今注】案，沈欽韓《漢書疏證》引《管子·小問》補證：“桓公北伐孤竹，未至卑耳之谿十里，闟然止，瞠然視。公曰：‘寡人大惑，今者見人長尺而人物具，冠右袪衣，走馬前疾。’管仲對曰：‘臣聞登山之神有俞兒者，長尺而人物具焉，霸王之君興而神見。且走馬前疾，道也。袪衣，示前有水也。右袪衣，示從右方涉也。’至卑耳之谿，有贊水者，曰：‘從左方涉，其深及冠；從右方涉，其深至膝。’桓公立拜管仲於馬前曰：‘仲父之聖至此。’”

［16］【顔注】師古曰：召陵，楚地也，在汝南。“召”讀曰“劭”。【今注】召陵：春秋楚邑。治所在今河南漯河市郾城區東。

[17]【顔注】師古曰：熊耳山在潁陽北益陽縣東（潁，蔡琪本、大德本、殿本作“順”），非《禹貢》所云“導洛自熊耳”者也。其山兩峯，狀亦若熊耳，因以爲名也。【今注】熊耳山：在今湖南益陽市西。

[18]【顔注】師古曰：兵車之會三，謂莊十三年會於北杏以平宋亂；僖四年侵蔡，蔡潰，遂伐楚，次于陘；六年伐鄭，圍新城也。乘車之會六，謂莊十四年會于鄄；十五年又會于鄄；十六年同盟于幽；僖五年會于首止；八年盟于洮；九年會于葵丘也。匡，正也。一匡天下，謂定襄王爲天子之位也。一説，謂陽穀之會令諸侯云“無障谷，無貯粟，無以妾爲妻”，天下皆從，故云“一匡”者也。

[19]【顔注】應劭曰：鄗，音臛。蘇林曰：鄗上、北里，皆地名也。師古曰：盛，謂以實簠簋。

[20]【顔注】服虔曰：茅草有三脊也。張晏曰：謂靈茅也。師古曰：藉，以藉地也，音才夜反。

[21]【顔注】師古曰：《爾雅》云“東方有比目魚焉，不比不行，其名謂之鰈”，音土盍反。

[22]【顔注】師古曰：《山海經》云：“崇吾之山有鳥狀如鳧，而一翼一目，相得乃飛，其名鸓（蔡琪本、大德本、殿本“名”後有“曰”字）。”《爾雅》曰：“南方有比翼鳥焉，不比不飛，其名謂之鶼鶼。”而管仲乃云“西海”，其説異也。【今注】案，有，蔡琪本、大德本、殿本作“致”。

[23]【今注】案，皇，蔡琪本、殿本作“凰”。

[24]【顔注】師古曰：蓬蒿藜莠，皆穢惡之草。梟，不祥之鳥也。鴟，蓋今所謂角鴟也。梟，土梟也。

[25]【顔注】師古曰：三立其君，謂惠公、懷公、文公。

後五十年，周靈王即位。時諸侯莫朝周，萇弘迺明鬼神事，[1]設射不來。不來者，諸侯之不來朝者也。[2]依物怪，欲以致諸侯。諸侯弗從，而周室愈微。後二世，至敬王時，晉人殺萇弘。[3]是時，季氏專魯，旅於泰山，仲尼譏之。[4]自秦宣公作密畤後二百五十年，而秦靈公於吴陽作上畤，祭黄帝；作下畤，祭炎帝。後四十八年，周大史儋見秦獻公[5]曰："周始與秦國合而别，别五百載當復合，[6]合七十年而伯王出焉。"[7]儋見後七年，櫟陽雨金，[8]獻公自以爲得金瑞，[9]故作畦畤櫟陽，而祀白帝。[10]後百一十歲，[11]周赧王卒，九鼎入于秦。[12]或曰，周顯王之四十二年，宋大丘社亡，[13]而鼎淪没於泗水彭城下。[14]

[1]【顔注】師古曰：萇弘，周大夫。【今注】萇弘：春秋時周敬王大夫。孔子曾從其學樂。晉大夫范吉射、中行寅作難，弘與謀，晉人因以責周王室，周殺弘。一説爲周靈王時人，善天文，知鬼神事。又傳説爲周人所殺，流血成碧。

[2]【今注】案，何焯《義門讀書記》卷一六曰：《史記·封禪書》作"設射貍首。貍首者，諸侯之不來者"。徐廣注："貍一名不來。"錢大昕《廿二史考異·漢書二》據《禮記·射義》："諸侯以《貍首》爲節。《貍首》者，樂會時也。"《儀禮·大射儀》"奏《貍首》"，鄭玄注云："貍之言不來也。其詩有'射諸侯首不朝者'之言，因以名篇。"以爲萇弘所行是古禮。戰國後禮廢，乃疑其神怪。

[3]【顔注】李奇曰：周爲晉殺之也。師古曰：《春秋左氏傳》哀公三年傳稱"劉氏、范氏世爲婚姻，萇弘事劉文公，攻周與范氏（攻，蔡琪本、大德本、殿本作"故"）。趙鞅以爲討。周人殺萇弘也。

［4］【顔注】師古曰：旅，陳也。陳禮物而祭之也。陪臣祭泰山，僭諸侯之禮。孔子非之曰："嗚乎，曾謂泰山不如林放乎！"事見《論語》。【今注】案，事見《論語·八佾》。

［5］【顔注】孟康曰：太史儋，謂老子也。師古曰：此亦周之太史名，非必老聃。老聃非秦獻公時。儋，音丁甘反，又吐甘反。【今注】案，大，蔡琪本、大德本、殿本作"太"。

［6］【顔注】應劭曰：秦，伯翳之後也。始周孝王封非子爲附庸，邑諸秦。平王東遷洛邑，襄公以兵衞之，嘉其勳力，列爲侯伯，與周别五百載矣。昭王時，西周君自歸受罪（周，殿本作"州"），盡獻其邑三十六城，此復合也。孟康曰：謂周封秦爲别，秦并周爲合。此襄王爲霸，始皇爲王也。韋昭曰：周封秦爲始别，謂秦仲也。五百歲，從秦仲至孝公彊大（蔡琪本、大德本、殿本"徙"前有"謂"字），顯王致伯，與之親合也。師古曰：諸家之説皆非也。自非子至西周獻邑，凡六佰五十三歲，自仲至顯王二十六年孝公稱伯，止有四百二十六歲，皆不合五百之數也。按《史記·秦本紀》及《年表》，竝云周平王封襄公，始列爲諸侯，於是始與諸侯通。又《周本紀》及吴、齊、晉、楚諸系家皆言幽王爲犬戎所殺，秦始列爲諸侯，正與此符會（蔡琪本、大德本、殿本作"此"後有"志"字），是乃爲别。至昭襄王五十二年，西周君自歸獻邑，凡五百一十六年，是爲合也。言五百者，舉其成數者也。

［7］【顔注】韋昭曰：武王、昭王皆伯，至始皇而王天下。師古曰："七十"當爲"十七"，今《史記》舊本皆作"十七"字。伯王者，指謂始皇。始皇初立，政在大后（大，蔡琪本、大德本、殿本作"太"）、嫪毐，未得稱伯。自昭王滅周後，至始皇九年誅嫪毐，止十七年。《本紀》《年表》其義顯。而韋氏乃合武王、昭王爲數，失之遠矣。"伯"讀曰"霸"。

［8］【今注】櫟陽：在今陝西西安市閻良區武屯鄉。

［9］【今注】案，蔡琪本、殿本無“自”字。

［10］【顔注】師古曰：畦畤者，如種韭畦之形，而於畦中各爲一土封也（蔡琪本、大德本、殿本作“而”後有“畤”字）。畦，音下圭反。【今注】畦畤：錢大昭《漢書辨疑》引《太康地理志》云：“畤在櫟陽故城内。其畤若畦，故爲畦畤。”以爲此司馬貞所説，較顔注爲優。

［11］【今注】案，一，蔡琪本、殿本作“二”，《史記·封禪書》同。

［12］【今注】九鼎：相傳夏禹鑄九鼎，象徵九州，是三代奉爲象徵國家政權的傳國之寶。

［13］【顔注】師古曰：《爾雅》云“左陵泰丘”，謂丘左有陵者，其名泰丘也。郭璞云“宋有泰丘”，蓋以丘名此地也。【今注】案，犬，蔡琪本、大德本、殿本作“大”，是。

［14］【今注】泗水：亦稱“清泗”。四源並發，故名。别名清水。源出今山東泗水縣東陪尾山，自魯橋下南循今運河至南陽鎮，經江蘇沛縣東，南至徐州市東北循淤黄河東南流至淮陰市西南，注入淮河。　彭城：即今江蘇徐州市。案，沈欽韓《漢書疏證》據《戰國策·周策》“秦興師臨周而求九鼎，顔率東借救於齊”，是九鼎在東周。《史記》卷四《周本紀》：“周君、王赧卒，周民遂東亡，秦取九鼎寶器”，而卷六《秦始皇本紀》二十八年：“還過彭城，齋戒禱祠，欲出周鼎泗水”，則史公叙事自相違背。王先謙《漢書補注》據酈道元《水經注·泗水》：“周顯王四十二年，九鼎淪没泗淵。秦始皇時而鼎見於斯水。始皇自以德合三代，大喜，使數千人没水求之，不得，所謂鼎伏也。亦云，系而行之，未出，龍齒齧斷其系。故語曰稱樂太早絶鼎系，當是孟浪之談耳。”《志》文本《史記·封禪書》，既言鼎入於秦，又引或説鼎没泗水，正與《周》《秦本紀》兩文相應。史公叙事未誤。當時列國分争，紀載互異。秦滅周取鼎，爲時人揣度之詞；而鼎實未入秦，淪没泗水，則係秦

人傳聞如此，故始皇有禱祠出鼎之事。全祖望以爲浮河入渭即至秦土，不得由泗，其説是。

自赧王卒後七年，秦莊襄王滅東周，[1]周祀絶。後二十八年，秦并天下，稱皇帝。秦始皇帝既即位，或曰："黄帝得土德，黄龍、地螾見。[2]夏得木德，青龍止於郊，草木鬯茂。[3]殷得金德，銀自山溢。[4]周得火德，有赤烏之符。[5]今秦變周，[6]水德之時。[7]昔文公出獵，獲黑龍，此其水德之瑞。"於是秦更名河曰"德水"，以冬十月爲年首，色上黑，度吕六爲名，[8]音上大吕，[9]事統上法。[10]

[1]【今注】案，秦莊襄王滅東周在公元前256年。

[2]【顏注】應劭曰：螾，丘蚓也(丘，大德本、殿本作"蚯")。黄帝土德，故地見其神，蚓大五六圍，長十餘丈。如淳曰：《吕氏春秋》云："黄帝之時，天先見大螻大螾，黄帝曰：'土氣勝。'故其色尚黄。"師古曰：螾，音引。螻，音樓，謂螻蛄也。

[3]【顏注】師古曰："鬯"與"暢"同。

[4]【顏注】蘇林曰：流出也。

[5]【顏注】師古曰：謂武王伐紂師渡孟津之時也。《尚書中候》曰："有火自天止于王屋，流爲赤烏，五至，以穀俱來。"

[6]【今注】案，蔡琪本、殿本無"今"字。王先謙《漢書補注》引《官本考證》云："監本'秦'上衍'今'字，從宋本去。"

[7]【今注】案，王先謙《漢書補注》據《史記》卷六《秦始皇本紀》云"方今水德之始"，又云"更名河曰德水，以爲水德之始"，"時"字無義，似作"始"爲是。下文"漢當水德之時"，《史記·封禪書》"時"作"始"，亦其證。

[8]【顔注】張晏曰：水北方黑，終數六，故以方六寸爲符，六尺爲步。

[9]【顔注】師古曰：大呂，陰律之始也。【今注】大呂：古代樂律名。古樂分十二律，陰陽各六，六陰皆稱呂，其四爲大呂。

[10]【顔注】服虔曰：政尚法令也。臣瓚曰：水陰，陰主刑殺，故上法。

即帝位三年，東巡郡縣，[1]祠騶嶧山，[2]頌功業。[3]於是從齊魯之儒生博士七十人，至于泰山下。諸儒生或議曰："古者封禪爲蒲車，惡傷山之土石草木；[4]掃地而祠，席用苴稭，[5]言其易遵也。"始皇聞此議各乖異，難施用，由此黜儒生。[6]而遂除車道，上自泰山陽。至顛，立石頌德，明其得封也。從陰道下，[7]禪於梁父。[8]其禮頗采泰祝之祀雍上帝所用，而封臧皆祕之，世不得而記。[9]始皇之上泰山，中阪遇暴風雨，[10]休於大樹下。[11]諸儒既黜，不得與封禪，[12]聞始皇遇風雨，即譏之。

[1]【今注】案，蔡琪本、大德本、殿本"巡"後有"狩"字。

[2]【顔注】蘇林曰：騶，魯縣也。臣瓚曰：嶧山在北（蔡琪本"北"後有"京"字）。師古曰：嶧，音"亦"。【今注】騶：縣名。治所在今山東鄒城市東南。　嶧山：又名鄒山、鄒嶧山或繹山。在今山東鄒城市東南。

[3]【顔注】師古曰：謂刻石自著功業。

[4]【顔注】師古曰：蒲車，以蒲裹輪。

[5]【顔注】應劭曰：稭，藳本也，去皮以爲席。如淳曰：苴，讀如租。稭，讀如戛。晉灼曰：苴，藉也。師古曰：茅藉也。

“苴”字本作“蒩”，假借用。

[6]【顔注】師古曰：黜，退也。

[7]【顔注】師古曰：山南曰陽（山南，殿本作“南山”），山北曰陰。【今注】案，殿本無“下”字。

[8]【今注】梁父：又稱梁甫山。在今山東泰安市東南，西連徂徠山。

[9]【今注】案，蔡琪本、大德本、殿本句末有“也”字。

[10]【今注】中阪：半山坡。

[11]【今注】大樹：《史記》卷六《秦始皇本紀》“因封其樹爲五大夫”。

[12]【顔注】師古曰：“與”讀曰“豫”也（殿本無“也”字）。

於是始皇遂東游海上，行禮祠名山川及八神，求僊人羨門之屬。[1]八神將自古而有之；或曰太公㠯來作之。齊所以爲齊，㠯天齊也。[2]其祀絶，莫知起時。八神，一曰天主，祠天齊。天齊淵水，居臨菑南郊山下下者。[3]二曰地主，祠泰山梁父。蓋天好陰，祠之必於高山之下畤，命曰畤；[4]地貴陽，祭之必於澤中圜丘云。[5]三曰兵主，祠蚩尤。蚩尤在東平陸監鄉，齊之西竟也。[6]四曰陰主，祠三山；[7]五曰陽主，祠之罘山；[8]六曰月主，祠之萊山；[9]皆在齊北，竝勃海。[10]七曰日主，祠盛山。盛山斗入海，[11]最居齊東北陽，[12]㠯迎日出云。八曰四時主，祠琅邪。琅邪在齊東北，蓋歲之所始。[13]皆各用牢具祠，而巫祝所損益，圭幣雜異焉。[14]

［1］【顔注】應劭曰：羡門名子高，古仙人也。師古曰：古亦以“僊”字爲“仙”（蔡琪本、大德本、殿本無“字”字；“仙”蔡琪本、大德本、殿本後有“字”字）。下皆類此。

［2］【顔注】蘇林曰：即當天中央齊也（蔡琪本、大德本、殿本無“即”字）。師古曰：謂其衆神異，如天之腹齊也。

［3］【顔注】師古曰：下下，謂最下也。臨菑城南有天齊水，五泉竝出，蓋謂此也。【今注】臨菑：縣名。治所在今山東淄博市東北。

［4］【顔注】師古曰：名其祭處曰畤也。【今注】案，王先謙《漢書補注》指出《史記·封禪書》作“高山之下，小山之上，命曰畤”，裴駰《集解》引徐廣云：“一云‘之下（上）畤，命曰畤’。”司馬貞《索隱》云：“此之‘一云’，與《漢書·郊祀志》文同。”是司馬貞所見《漢書》“下”下多一“上”字。

［5］【今注】圜丘：古代帝王冬至祭天的地方。

［6］【顔注】師古曰：東平陸，縣名也。監，其縣之鄉名也。【今注】東平陸：在今山東汶上縣北。案，殿本不重“蚩尤”二字，王先謙《漢書補注》以爲是。

［7］【顔注】師古曰：三山，即下所謂三神山。【今注】三山：沈欽韓《漢書疏證》據《輿地廣記》：“萊州掖縣有三山。”以爲後文作“參山”，知非三神山。《太平寰宇記》：“三山在掖縣北五十里，海之南。”

［8］【顔注】韋昭曰：之罘山在東萊腄（腄，大德本作“腄縣”，蔡琪本、殿本作“腫縣”）。師古曰：罘，音浮。腄，音直瑞反。【今注】之罘山：在今山東烟臺市北芝罘島。

［9］【顔注】韋昭曰：在東萊長廣也。【今注】之萊山：在今山東平度市西北五十里。

［10］【顔注】師古曰：竝，音步浪反。

［11］【顔注】韋昭曰：盛山在東萊不夜縣，斗入海也。師古

曰：斗，絶也。盛，音成。【今注】盛山：成山。在今山東榮成市東北。《漢書考證》齊召南據《史記·封禪書》作“成山”。此後云“成山於不夜”“成山祠日”，又本書《地理志》亦作“成山”，則此文“盛”字訛也。但顏注云“盛，音成”，則唐初本已作“盛山”。王念孫《讀書雜志·漢書第五》以爲古字多以“盛”爲“成”，則“盛”非訛字。

［12］【今注】案，錢大昭《漢書辨疑》曰：《史記·封禪書》“陽”作“隅”。

［13］【顏注】師古曰：《山海經》云琅邪臺在勃海間，謂臨海有山形如臺也。【今注】琅邪：在今山東青島市黄島區琅琊鎮東南琅琊山上。

［14］【顏注】師古曰：言八神牲牢皆同，而圭幣各異也。

自齊威、宣時，騶子之徒論著終始五德之運，[1]及秦帝而齊人奏之，故始皇采用之。而宋毋忌、正伯僑、元尚、羨門高最後，皆燕人，爲方僊道，[2]形解銷化，[3]依於鬼神之事。騶衍以陰陽主運[4]顯於諸侯，而燕齊海上之方士傳其術不能通，然則怪迂阿諛苟合之徒自此興，不可勝數也。[5]自威、宣、燕昭使人入海求蓬萊、方丈、瀛洲。此三神山者，其傳在勃海中，[6]去人不遠。蓋嘗有到者，諸僊人及不死之藥皆在焉。其物禽獸盡白，而黄金銀爲宫闕。未至，望之如雲；及到，三神山反居水下，水臨之。患且至，則風輒引船而去，[7]終莫能至云。世主莫不甘心焉。[8]及秦始皇至海上，則方士争言之。始皇如恐弗及，使人齎童男女入海求之。[9]船交海中，[10]皆以風爲解，[11]曰未能至，望見之焉。其明年，始皇復游海上，至琅邪，過恒山，從上黨歸。[12]後三年，游碣石，[13]考入海方士，[14]從上郡歸。[15]後五年，始皇南至湘山，[16]遂登會稽，竝海上，[17]幾遇海中三神山之奇藥。[18]不得，還到沙丘崩。[19]

[1]【顏注】如淳曰：今其書有五德終始。五德各以所勝爲行。秦謂周爲火德，滅火者水，故自謂水德。師古曰：騶子，即騶衍。

[2]【顏注】韋昭曰：皆慕古人之名，效爲神仙者也。師古曰：自宋毋忌至最後，皆其人姓名也，凡五人。【今注】案，《史記·封禪書》司馬貞《索隱》："最後猶言甚後也。服虔説止有四人，是也。小顏云自宋無忌至最後凡五人，劉伯莊亦同此説，非也。"洪亮吉《四史發伏》卷四指出《急就篇》有仙人宋無忌，及《三國志》卷二九《魏書·管輅傳》言"宋無忌之妖"，即此。沈欽韓《漢書疏證》引《史記》司馬貞《索隱》："《白澤圖》云'火之精曰宋無忌'。蓋其人火仙也。"《藝文類聚》卷八〇引《白澤圖》同。《史記·封禪書》司馬貞《索隱》："馬相如云：'正伯僑，古仙人。'顧氏案：裴秀《冀州記》云：'緱山仙人廟者，昔有王喬，犍爲武陽人，爲柏人令，於此得仙。非王子喬也。'"羨門高者，秦始皇使盧生求羨門子高是也。王先謙引殿本《漢書考證》云："'元尚'，《封禪書》作'充尚'；'羨門高'作'羨門子高'。"沈濤《銅熨斗齋隨筆》卷四云："元尚當作'元谷'，即《列仙傳》之元俗也。'谷'，'俗'之省。篆書'谷'字與'尚'字相近，傳寫遂誤爲'尚'。《史記》又誤'元'爲'充'，遂不可曉矣。《列仙傳》言'元俗，河閒人'，亦與燕人相合。"

[3]【顏注】服虔曰：尸解也。張晏曰：人老而解去，故骨如變化也（如，殿本作"節"）。今山中有龍骨，世人謂之龍解骨化去。應劭曰：《列仙傳》曰，崔文子學仙於王子喬，王子喬化

爲白蜺，文子驚，引戈擊之，俯而見之（之，殿本作“爲”），王子喬之尸也，須臾則爲大鳥飛而去。師古曰：服、張二説是也。

［4］【顔注】晉灼曰：燕昭王築宫師之，故作《主運》之篇也。如淳曰：今其書有《主運》。五行相次轉用事，隨方面爲服也（殿本此注在“顯於諸侯”後）。

［5］【顔注】師古曰：迂，謂回遠也，音于。【今注】迂：王念孫《讀書雜志·漢書第五》以爲“迂”當讀爲“訏”。許慎《説文解字》：“訏，詭譌也。”字又作“謣”。“謣，妄言也”。《法言·問明》曰：“譾言敗俗，譾好敗則。”“訏”“謣”皆與“迂”通，妄言與詭訛同義，怪迂猶詭怪。《國語·周語》“却犨見，其語迂。單子曰‘迂則誣人’”，“迂”亦謂詭訛。故《新疏·禮容語》“迂”作“訏”。下文曰“海上燕齊怪迂之方士”，又曰“言神事，如迂誕”，本書卷八七《楊雄傳》：“爲怪迂，析辯詭辭，以撓世事”，《史記》卷七四《孟子荀卿列傳》：“作怪迂之變”，義並同。

［6］【顔注】服虔曰：其傳書云爾。臣瓚曰：世人曰傳云爾（曰，蔡琪本、大德本、殿本作“相”）。師古曰：瓚説是也。【今注】傳：王先謙《漢書補注》引葉德輝以爲，據《史記·封禪書》裴駰《集解》：“服虔曰：‘傅，音附。或曰，其傳書云爾。’”以爲“傳”“傅”形近，服所見本當作“傅”，故音“附”。或曰傳書，别是一義。

［7］【今注】案，船，蔡琪本作“舡”。

［8］【顔注】師古曰：甘心，言貪嗜之心不能已也。

［9］【今注】齎（jī）：携帶。

［10］【今注】案，王先謙《漢書補注》曰：“交，往來相錯也。”

［11］【顔注】師古曰：自解説云爲風不得至。

［12］【今注】上黨：郡名。治長子縣（今山西長子縣西南）。

［13］【今注】碣石：山名。在今河北昌黎縣北。

［14］【顔注】師古曰：考，校其虛實也。

［15］【今注】上郡：治膚施（今陝西榆林市東南）。

［16］【今注】湘山：在今湖南岳陽市西南洞庭湖中。又稱君山。

［17］【顔注】師古曰：附海而上也。竝，音步浪反。上，音時掌反。

［18］【顔注】師古曰："幾"讀曰"冀"（蔡琪本句末有"也"字）。

［19］【顔注】臣瓚曰：沙丘，在鉅鹿縣東北也。【今注】沙丘：在今河北廣宗縣西北。

二世元年，東巡碣石，竝海，[1]南歷泰山，至會稽，皆禮祠之，而胡亥刻勒始皇所立石書旁，[2]以章始皇之功德。[3]其秋，諸侯叛秦。三年而二世弑死。始皇封禪之後十二年而秦亡。諸儒生疾秦皇焚《詩》《書》，誅滅文學，百姓怨其法，天下叛之，皆説曰："始皇上泰山，爲風雨所擊，不得封禪云。"此豈所謂無其德而用其事者邪？

［1］【顔注】師古曰：竝，音步浪反。

［2］【今注】案，刻勒，《漢書考證》齊召南以爲《史記·封禪書》已作"刻勒"。碣石、之罘、琅邪、泰山、鄒嶧、會稽，始皇皆有刻石；二世東行，則盡刻其石旁也。《封禪書》及此文疑並是"盡刻"二字之訛。

［3］【顔注】師古曰：今此諸山皆有始皇所刻石及胡亥重刻其文，竝具存焉。

昔三代之居皆河洛之閒，[1]故嵩高爲中嶽，而四嶽各如其方，四瀆咸在山東。至秦稱帝，都咸陽，則五嶽、四瀆皆并在東方。自五帝以至秦，迭興迭衰，[2]名山大川或在諸侯，或在天子，其禮損益世殊，不可勝記。[3]及秦并天下，令祠所常奉天地名山大川鬼神可得而序也。[4]於是自崤以東，名山五，大川祠二。[5]曰大室。[6]大室，嵩高也。恒山，泰山，會稽，湘山。水曰泲，曰淮。[7]春以脯酒爲歲禱，因泮凍；[8]秋涸凍；[9]冬塞禱祠。[10]其牲用牛犢各一，牢具圭幣各異。自華以西，名山七，名川四。曰華山，薄山。薄山者，襄山也。[11]岳山，岐山，吴山，鴻冢，瀆山。瀆山，蜀之岷山也。[12]水曰河，祠臨晉；[13]沔，祠漢中；[14]湫淵，祠朝那；[15]江水，祠蜀。亦春秋泮涸禱塞如東方山川；而牡亦牛犢牢具圭幣各異。[16]而四大冢鴻、岐、吴、嶽，[17]皆有嘗禾。[18]陳寶節來祠，[19]其河加有嘗醪。[20]此皆雍州之域，近天子都，故加車一乘，騂駒四。霸、產、豐、澇、涇、渭、長水，皆不在大山川數，[21]目近咸陽，盡得比山川祠，而無諸加。[22]汧、洛二淵，鳴澤、蒲山、嶽壻山之屬，[23]爲小山川，亦皆禱塞泮涸祠，禮不必同。而雍有日、月、參、辰、南北斗、熒惑、太白、歲星、填星、辰星、二十八宿、風伯、雨師、四海、九臣、十四臣、諸布、諸嚴、諸逐之屬，百有餘廟。[24]西亦有數十祠。[25]於湖有周天子祠。[26]於下邽有天神。[27]豐、鎬有昭明、天子辟池。[28]於杜、亳有五杜主之祠、壽星祠；[29]而雍、菅廟祠亦有杜主。[30]杜主，故周之右將軍，[31]其在秦中最小鬼之神者也。[32]各以歲時奉祠。

[1]【顔注】師古曰：謂夏都安邑，殷都朝歌，周都洛陽。

[2]【顔注】師古曰：迭，互也，音大結反。

[3]【顔注】師古曰：代代殊異，故不可盡記。

[4]【今注】案，蔡琪本、大德本、殿本“祠”後有“官”字。

[5]【顔注】師古曰：崤，即今之陝州二崤也。

[6]【今注】案，大，蔡琪本、大德本、殿本作“太”，本段下同。

[7]【顔注】師古曰：泲，音子禮反，此本濟水之字。【今注】泲：又名“濟水”。古四瀆之一。包括黄河南、北兩部分。

[8]【顔注】服虔曰：解凍也。師古曰：泮，音普半反。

[9]【顔注】師古曰：“涸”讀與“冱”同，凝也（大德本、殿本“凝”前有“冱”字），音下故反。春則解之，秋則凝之。《春秋左氏傳》曰“固陰冱寒”（固，殿本作“涸”）。《禮記·月令》曰“孟冬行春令則凍閉不密”。

[10]【顔注】師古曰：塞，謂報其所祈也，音先代反。下竝同也。【今注】塞：錢大昕《廿二史考異·漢書二》以爲“塞”乃古“賽”字。

[11]【顔注】師古曰：説者云薄山在河東，一曰在潼關北十餘里。而此志云“自華以西”者，則今閺鄉之南山連延西出（閺，蔡琪本、殿本作“閿”），竝得華山之名。【今注】薄山：即雷首山。在今山西永濟市西南。《漢書考證》齊召南曰：“案《水經注》，襄山在蒲坂縣，爲永樂澗水所出。然則襄山即古之雷首、首陽，亦名中條，亦名薄山，而後人謂之蒲山者也。但此志上文明云‘自華以西，名山七’，蒲山顧在華東，何也？師古所云，正當闕疑耳。”

[12]【顔注】師古曰：《周禮·職方氏》："雍州，其山曰岳（岳，蔡琪本、殿本作"嶽"，本注下同）。"《爾雅》亦云"何西曰岳"。説者咸云岳即吴岳也。今志有岳，又有吴山，則吴岳非一山之名，但未詳岳之所在耳。徐廣云："岳山在武功。"據《地理志》，武功但有垂山，無岳山也。岐山即在今之岐山縣，其山兩岐，俗呼爲箭括嶺。吴山在今隴州吴山縣。鴻冢，釋在下。岷山在湔氐道。【今注】案，王先謙《漢書補注》指出《史記·封禪書》"吴山"作"吴岳"。本書《地理志》"右扶風汧"下云"吴山在西，古文以爲汧山"，即《周禮》之岳山。本書《地理志》"武功"下云垂山，古文以爲敦物，有垂山祠。錢坫、成蓉鏡皆以爲"垂""岳"形近致誤，當從。"垂山"即今武功山。

[13]【顔注】師古曰：即今之同州朝邑縣界。【今注】臨晉：縣名。治所在今陝西大荔縣朝邑鎮。本大荔戎之地，秦厲共公十六年（前461）伐大荔戎，取其王城。戰國時一度屬魏國，後復歸秦，更名爲臨晉。秦封泥有"臨晉丞印"，秦始皇帝陵北魚池遺址出土秦陶文"臨晉繆"，皆爲秦設縣佐證。

[14]【顔注】師古曰：沔，漢水之上名也。漢中，今梁州是也。沔，音彌善反。【今注】漢中：郡名。治西城（今陝西安康市西北）。

[15]【顔注】蘇林曰：湫淵在安定胡那縣（胡，蔡琪本、大德本、殿本作"朝"），方四十里，停水不流，冬夏不增不減，不生草木。音將蓼（音將蓼，蔡琪本作"音將蓼反"，殿本作"湫音將蓼反"）。涿郡遒縣（大德本無此句，蔡琪本、殿本"涿"前有"在"字）。師古曰：此水今在涇州界，清徹可愛（徹，蔡琪本、殿本作"澈"），不容穢濁，或諠污（諠，蔡琪本、大德本、殿本作"諠"），輒興雲雨。土俗亢旱，每於此求之，相傳云龍之所居也。而天下山川隈曲，亦往往有之。湫，音子由反。【今注】朝那：縣名。治所在今寧夏彭陽縣東。朝那之

“那”，陳直《漢書新證》云：《説文》那從冄，隸變作“郍”，今俗作“那”非是。《隸釋》卷四李翕《西狹頌》，有“武都丞吕國”等題名，作“安定朝郍”。《漢印文字徵》第六、二十四頁，有“朝郍右尉”印，皆可證郍字已由隸變作“郍”。

［16］【今注】案，牡，蔡琪本、大德本、殿本作“牲”，是。

［17］【今注】案，王先謙《漢書補注》引司馬貞《史記索隱》：“案，謂四山爲大冢也。又《爾雅》云‘山頂曰冢’，蓋亦因鴻冢而爲號也。”

［18］【顔注】孟康曰：以新穀祭之。

［19］【顔注】服虔曰：陳寶神應節來也。

［20］【今注】案，王先謙《漢書補注》以爲“其”字無義，當爲“及”。謂陳寶及河祠祭禮同也。

［21］【顔注】師古曰：霸、產出藍田。豐、澇出鄠。長水者，言其源流長也。澇，音勞。【今注】長水：又名荆谷水。在今陝西藍田縣西北，西北流入西安市長安區入滻水。《漢書考證》齊召南指出長水爲水名，師古注以長水總承霸、產等水而言，非。《史記·封禪書》叙“長水”於“霸、產”下，“豐、澇、涇、渭”上。酈道元《水經注·渭水》下云“霸水又北，長水注之。水出杜縣白鹿原，其水西北流，謂之荆溪”，可爲水名之確證。

［22］【顔注】師古曰：加，謂車及騂駒之屬。

［23］【顔注】蘇林曰：壻，音胥。韋昭曰：音蘇計反。師古曰：韋説是也。【今注】鳴澤：沈欽韓《漢書疏證》指出，本書卷六《武紀》“北出蕭關，歷獨鹿、鳴澤，自代而還”所載“鳴澤”在涿郡遒縣；此云“以近咸陽”，則非涿郡之鳴澤。

［24］【顔注】師古曰：風伯，飛廉也。雨師，屏翳也，一曰屏號。而説者乃謂風伯箕星也，雨師畢星也。此志既言二十八宿，又有風伯、雨師，則知非箕、畢也。九臣、十四臣，不見名數所出。諸布、諸嚴、諸逐，未聞其義。“逐”字或作“遂”，音

"求"。屏，竝音步丁反。【今注】參辰南北斗：《漢書考正》劉奉世以爲，二十八宿既已備，而又言"參"與"南北斗"，應是衍字。何焯《義門讀書記》卷一六以爲"參"即"叁"字，謂三辰。　風伯雨師：王念孫《讀書雜志·漢書第五》據《周禮·大宗伯》"以槱燎祀司中、司命、風師、雨師"，鄭注云："風師，箕也。雨師，畢也。"鄭注《堯典》及蔡邕《獨斷》、應劭《風俗通義》並與此同。是此爲漢儒相承之舊説。若飛廉爲風伯，屏翳爲雨師，雖見於《楚辭》注，而其名爲祀典所不載，不得援以爲據。風伯、雨師雖已在二十八宿之中，而既有專祀，則不得不别言之，猶之上文"參、辰、南斗"已在二十八宿之中，而既有專祀，不得不别言之也。《大宗伯》既言"祀星辰"，而又言"祀司中、司命、風師、雨師"，其義亦猶此。考《史記·封禪書》文，正與此同。劉謂"參""南斗"爲衍字，何又讀"參辰"爲"三辰"，誤。　九臣十四臣：王先謙《漢書補注》引皮錫瑞以爲"九臣、十四臣"，疑爲"九臣、六十四臣"之脱誤。九皇、六十四民，見《周禮·小宗伯》《都宗人》鄭注。又衞宏《漢舊儀》"祭九皇、六十四民"，皆古帝王，是在漢時嘗列祀典。九臣，當是九皇之臣；六十四臣，當是六十四民之臣。漢時亦列祀典，故本《志》書之。　諸布：沈欽韓《漢書疏證》以爲即《爾雅》之"祭星曰布"。《淮南·氾論訓》"羿除天下之害，而死爲宗布"，高誘注："祭田爲宗布，謂出也。一曰，今人室中所祀之宗布，或曰司命傍布也。"　諸嚴諸逐：王先謙《漢書補注》引葉德輝以爲"諸嚴"當作"諸莊"，避漢明帝諱改字。《爾雅·釋宫》"六達謂之莊"，《釋名·釋道》"六達曰莊"，即此義。"諸逐"當作"諸遂"。《周禮·稻人》鄭玄注："遂，田首受水小溝也。"《考工記·匠人》鄭玄注："遂者，夫間小溝。"《周禮·地官·序官》鄭玄注："遂，謂王國百里外。"皆主道路言之。此"諸嚴""諸逐"，謂路神。"遂""述"古字通，顔注云"或作'逑'，音求"，"逑"當爲"述"字之誤，"音求"亦當爲"音朮"之誤。南監本《史記·封禪書》"諸逐"作"諸逑"，其沿誤已久。《禮記·郊特牲》“饗農及郵表畷”。是道路之神，祀典所不廢。

［25］【今注】西：縣名。治所在今甘肅天水市西南。秦於故西犬丘地置，屬隴西郡。

［26］【今注】湖：縣名。治所在今河南靈寶市西南。

［27］【今注】下邽：縣名。治所在今陝西渭南市東北。

［28］【今注】豐鎬：西周二國都。豐，在今陝西西安市鄠邑區東。鎬，在今陝西西安市西南。

［29］【顔注】韋昭曰：亳，音薄，湯所都也。臣瓚曰：濟陰薄縣是也（薄，殿本作“亳”）。師古曰：杜即京兆杜縣也。此亳非湯都也，不在濟陰。徐廣云“京兆杜縣有薄亭”，斯近之矣。【今注】杜：縣名。治所在今陝西西安市雁塔區。　亳：商代都城。在今何地諸説紛紜。一説在今河南商丘市東南（南亳説），一説在今山東曹縣東南（北亳説），一説在今河南偃師市西（西亳説），一説在今陝西西安市東南（杜亳説），一説在今河南鄭州市（鄭亳説）。

［30］【顔注】李奇曰：菅，茅也。師古曰：菅，音姦。【今注】菅：縣名。治所在今山東濟南市章丘區西北。

［31］【顔注】師古曰：《墨子》云周宣王殺杜伯不以罪，後宣王田於圃田，見杜伯執弓矢射，宣王伏弓衣而死，故周人尊其鬼而右之，蓋謂此（此，蔡琪本、大德本、殿本作“此也”）。

［32］【顔注】師古曰：其鬼雖小而有神靈也。

唯雍四時上帝爲尊，[1]其光景動人民，唯陳寶。故雍四時，春以爲歲祠禱，因泮凍，秋涸凍，冬賽祠，五月嘗駒，[2]及四中之月祠若月祠。[3]陳寶節來一祠。[4]春夏用騂，秋冬用駵。[5]時駒四匹，[6]木寓龍一駟，[7]木寓車馬一駟，各如其帝色。黄犢羔各四，圭幣各有數，皆生瘞埋，無俎豆之具。三年一郊。秦以十月爲歲首，故常以十月上宿郊見，[8]通權火，[9]拜於咸陽之旁，而衣上白，其用如經祠云。[10]西畤、畦畤，祠如其故，上不親往。諸此祠皆大祝常主，[11]以歲時奉祠之。至如它名山川諸神及八神之屬，上過則祠，去則已。郡縣遠方祠者，民各自奉祠，不領於天子之祝官。祝官有秘祝，即有灾祥，輒祝祠移過於下。

[1]【今注】四畤：王先謙《漢書補注》以爲即四帝，總謂上帝祠。

[2]【今注】嘗：秋祭。王先謙《漢書補注》曰："五月嘗則加駒。"

[3]【顔注】師古曰："中"讀曰"仲"。此四時之仲月皆祠之（此，蔡琪本、大德本、殿本作"謂"）。【今注】案，月祠若月祠，蔡琪本、大德本、殿本作"月月祠"。

[4]【今注】案，蔡琪本、大德本、殿本"陳"前有"若"字。

[5]【顔注】師古曰：騂，純赤色也，音先營反。

[6]【顔注】師古曰：每畤用駒四匹，而春秋異色。

[7]【顔注】李奇曰：寓，寄也，寄生龍形於木也。師古曰：一駟亦四龍也。【今注】木寓：顧炎武《日知録》卷二七以爲古文"偶""寓"通，"偶"亦音"寓"。木寓，木偶也。陳直《漢書新證》指出《史記·封禪書》作"木禺"，長沙出土楚簡作"𡍩"，本文作"寓"，皆"偶"字之假借。

[8]【顔注】李奇曰：上宿，月上旬也（月上旬，蔡琪本、大德本作"上齋戒"，殿本作"上齊戒"）。

[9]【顔注】張晏曰：權火，㷭火也，狀若井絜皋矣（絜，蔡琪本、大德本、殿本作"挈"，是）。其法類稱，故謂之權火。

欲令光明遠照，通於祀所也。漢祀五畤於雍，五十里一㶶火。如淳曰（淳，蔡琪本、大德本、殿本作“淳”，是）：權，舉也。師古曰：凡祭祀通舉火者，或以天子不親至祠所而望拜，或以衆祠各處，欲其一時薦饗，宜知早晏，故以火爲之節度也。它皆類此。【今注】通權火：錢大昭《漢書辨疑》引惠士奇《禮説》卷六以爲是燔柴之遺法。揚雄《甘泉賦》：“欽柴宗祈。燎薰皇天。皋摇泰壹。舉洪頤，樹靈旗。樵蒸焜上，配藜四施。東燭滄海，西耀流沙，北爌幽都，南煬丹厓。”即所謂通權火。王先謙《漢書補注》引《史記》司馬貞《索隱》：“權，如字，一音爟，《周禮》有司爟。爟，火官。”以爲“權”是借字。

[10]【顔注】服虔曰：經，常也。

[11]【今注】大祝：大，蔡琪本、大德本、殿本作“太”，通。《續漢書·百官志》：“太祝令一人，六百石。本注曰：凡國祭祀，掌讀祝，及迎送神。”

漢興，高祖初起，殺大虵，有物曰：“蛇，白帝子，而殺者赤帝子。”[1]及高祖禱豐枌榆社，[2]徇沛，[3]爲沛公，則祀蚩尤，釁鼓旗。遂以十月至霸上，[4]立爲漢王。因以十月爲年首，色上赤。二年，[5]東擊項籍而還入關，問：“故秦時上帝祠何帝也？”對曰：“四帝，有白、青、黄、赤帝之祠。”高祖曰：“吾聞天有五帝，而四，何也？”莫知其説。於是高祖曰：“吾知之矣，迺待我而具五也。”迺立黑帝祠，名曰北畤。有司進祠，上不親往。悉召故秦祀官，復置大祝、太宰，如其故儀禮。因令縣爲公社。[6]下詔曰：“吾甚重祠而敬祭。今上帝之祭及山川諸神當祠者，各以其時禮祠之如故。”後四歲，天下已定，詔御史令豐治枌榆社，常以時，春以羊彘祠之。令祝立蚩尤之祠於長安。置祠祀官、女巫。[7]其梁巫祠天、地、天社、天水、房中、堂上之屬；晉巫祠五帝、東君、雲中君、巫社、巫祠、族人炊之屬；[8]秦巫祠社主、巫保、族纍之屬；[9]荆巫祠堂下、巫先、司命、施糜之屬；[10]九天巫祀九天：[11]皆以歲時祠宫中。其河巫祠河於臨晉，而南山巫祠南山、秦中。秦中者，二世皇帝也。[12]各有時日。其後二歲，或言曰周興而邑立后稷之祠，[13]至今血食天下。[14]於是高祖制詔御史："其令天下立靈星祠，[15]常以歲時祠以牛。"高祖十年春，有司請令縣常以春二月及臘祠稷以羊彘，[16]民里社各自裁以祠。[17]制曰："可。"

［1］【顔注】師古曰：物，謂鬼神也。【今注】案，蔡琪本、大德本、殿本句末有"也"字。

［2］【顔注】鄭氏曰：枌榆，鄉名也。社在枌榆。晉灼曰：枌，白榆也。社在豐東北十五里。師古曰：以此樹爲社神，因立名也。枌，音符云反（殿本無"音"字）。

［3］【今注】案，侚，殿本作"狥"，蔡琪本作"徇"是。沛：縣名。治所在今江蘇沛縣。

［4］【今注】霸上：在今陝西西安市東。因地處霸水西高原上，故名。又作"灞上""霸頭"。

［5］【今注】案，蔡琪本、大德本、殿本"二年"後有"冬"字。王念孫《讀書雜志·漢書第五》以爲景祐本無"冬"字，是。本書卷一《高紀》云二年三月，漢王自臨晉渡河。六月，還櫟陽，是高帝以三月東擊楚，以六月還入關，皆非冬時。又下文詔曰"今上帝之祭及山川諸神當祠者，各以其時禮祠之如故"，而《高紀》

云六月“令祠官祀天地四方上帝山川，以時祠之”，是詔祠上帝山川諸神亦是夏六月時事，非冬。

［6］【顔注】李奇曰：猶官社。

［7］【今注】案，蔡琪本、大德本、殿本“置”前有“長安”二字。

［8］【顔注】服虔曰：東君以下皆神名也。師古曰：東君，日也。雲中君，謂雲神也。巫社、巫祠，皆古巫之神也。族人炊，古主炊母之神也。炊，謂饎爨也。【今注】案，沈欽韓《漢書疏證》以爲即東皇太一。巫祠即《詛楚文》云“有秦嗣王，告於不顯大神巫咸”，爲秦舊典。族人者，《禮記·祭法》有“族厲”。炊者，《禮記·禮器》鄭注：“老婦，先炊者也。”

［9］【顔注】師古曰：杜主，即上所云“五杜主”（五杜主，蔡琪本、大德本、殿本作“五杜主也”），保、族纍（保，蔡琪本、大德本、殿本作“巫保”），二神名。纍，音力追反。【今注】案，社，蔡琪本、大德本、殿本作“杜”，是。

［10］【顔注】師古曰：堂下，在堂之下。巫先，巫之最先者也（殿本無“也”字）。司命，説者云文昌第四星也。施糜，其先常施設糜鬻者也。

［11］【顔注】師古曰：九天者，謂中央鈞天，東方蒼天，東北旻天，北方玄天，西北幽天，西方浩天（浩，殿本作“皓”），西南朱天，南方炎天，東南陽天也。其説見《淮南子》。一説，云東方旻天，東南陽天，南方赤天，西南朱天，西方成天，西北幽天，北方玄天，東北變天，中央鈞天也。【今注】案，祀，蔡琪本、大德本、殿本作“祠”。

［12］【顔注】張晏曰：以其彊死，魂魄爲厲，故祠之。成帝時匡衡奏罷之。

［13］【顔注】師古曰：以其有播種之功，故令天下諸邑皆祠之。

[14]【顔注】師古曰：祭有牲牢，故言血食徧天下也。

[15]【顔注】張晏曰：龍星左角曰天田，則農祥也。晨見而祭之（晨，殿本作“辰”，是）。【今注】案，王先謙《漢書補注》引《史記》張守節《正義》引應劭《漢舊儀》補證云：“五年，修復周家舊祠，祀后稷於東南，爲民祈農報厥功。夏則龍星見而始雩。龍星左角爲天田，右角爲天庭。天田爲司馬，教人種百穀爲稷。靈者，神也。辰之神爲靈星，故以壬辰日祀靈星於東南，金勝爲土相也。”《續漢書·祭祀志》：“言祠后稷而謂之靈星者，以后稷又配食星也。舊説，星謂天田星也。一曰，龍左角爲天田官，主穀。祀用壬辰位祠之。壬爲水，辰爲龍，就其類也。”

[16]【今注】案，王念孫《讀書雜志·漢書第五》以爲“稷”上脱“社”字。下“民里社各自裁以祠”，即其證。徐堅《初學記·歲時部》與《太平御覽·時序部十八》並引作“祠社稷”，《史記》同。

[17]【顔注】師古曰：隨其祠具之豐儉也。【今注】案，沈欽韓《漢書疏證》引《禮記·祭法》“大夫以下，成群立社”，鄭注云：“大夫不得特立社，與民族居，百家以上，則共立一社，今時里社是也。”以爲顔注非。當是各自逐便置社。

文帝即位十三年，下詔曰：“祕祝之官移過於下，朕甚弗取，其除之。”始名山大川在諸侯，諸侯祝各自奉祠，天子官不領。及齊、淮南國廢，[1]令大祝盡以歲時致禮如故。明年，以歲比登，[2]詔有司增雍五畤路車各一乘，駕被具；[3]西畤、畦畤寓車各一乘，寓馬四匹，駕被具；河、湫、漢水，玉加二；[4]及諸祀皆廣壇場，圭幣俎豆以差加之。魯人公孫臣上書曰：“始秦得水德，及漢受之，推終始傳，[5]則漢當土德，土德之應黄龍見。宜改正朔，服色上黄。”時丞相張蒼好律歷，以爲漢迺水德之時，河決金隄，其符也。年始冬十月，色外黑内赤，[6]與德相應。公孫臣言非是，罷之。明年，黄龍見成紀。[7]文帝召公孫臣，拜爲博士，與諸生申明土德，草改歷服色事。[8]其夏，下詔曰：“有異物之神見于成紀，毋害於民，歲以有年。朕幾郊祀上帝諸神，[9]禮官議，毋諱以朕勞。”[10]有司皆曰：“古者天子夏親郊祀上帝於郊，故曰郊。”[11]於是夏四月，文帝始幸雍郊見五畤，祠衣皆上赤。趙人新垣平以望氣見上，言“長安東北有神氣，成五采，若人冠冕焉。或曰，東北神明之舍，西方神明之墓也。[12]天瑞下，宜立祠上帝，以合符應。”於是作渭陽五帝廟，同宇，[13]帝一殿，面五門，各如其帝色。祠所用及儀亦如雍五畤。

[1]【今注】齊：諸侯王國名。都臨淄（今山東淄博市北）。淮南：諸侯王國名。都壽春（今安徽壽縣）。

[2]【顔注】師古曰：年穀頻孰也（孰，蔡琪本、殿本作“熟”）。

[3]【顔注】師古曰：駕車被馬之飾皆具也。被，音皮義反。下亦同。

[4]【今注】案，蔡琪本、大德本、殿本“二”前有“各”字。

[5]【顔注】鄭氏曰：音亭傳。師古曰：音張戀反。謂轉次之。

[6]【顔注】服虔曰：十月陰氣在外，故外黑；陽氣尚伏在地，故内赤也。或曰，十月百草外黑内赤也。

[7]【顔注】師古曰：天水之縣也。【今注】成紀：縣名。治所在今甘肅秦安縣北。周壽昌《漢書注校補》指出此是漢文帝十五

年（前165）事。武帝元鼎三年（前114）置天水郡。顔師古於《文紀》注云“成紀，隴西縣”，此注云“天水縣”，一紀其時，一書其實。

［8］【顔注】師古曰：草，謂創造之。後例皆同也。

［9］【顔注】師古曰：“幾”讀曰“冀”。

［10］【顔注】師古曰：無諱以朕爲勞，自言不以爲勞也。晉灼曰：諱，忌難也。

［11］【顔注】師古曰：邑外謂之郊。

［12］【顔注】張晏曰：神明，日也。日出東北舍，謂陽谷。日没於西，故曰墓。墓，濛谷也。師古曰：此説非也。蓋總言凡神明以東北爲居，西方爲冢墓之所，故立廟於胃陽者也（胃，大德本、蔡琪本、殿本作“渭”，是）。

［13］【顔注】師古曰：宇，謂屋之覆也。言同一屋之下而别爲五廟，各立門室也。《廟記》云五帝廟在長安東北也。【今注】案，王先謙《漢書補注》以爲據下間，此祭泰一、地祇，並祠五帝，而共一牲，以高帝配。冬至祠泰一，夏至祠地祇。

明年夏四月，文帝親拜霸渭之會，[1]以郊見渭陽五帝。五帝廟臨渭，其北穿蒲池溝水。[2]權火舉而祠，若光煇然屬天焉。[3]於是貴平至上大夫，賜累千金。而使博士諸生刺六經中作《王制》，[4]謀議巡狩封禪事。文帝出長門，[5]若見五人於道北，遂因其直立五帝壇，[6]祠以五牢。其明年，平使人持玉杯，[7]上書闕下獻之。平言上曰：“闕下有寶玉氣來者。”已視之，果有獻玉杯者，刻曰“人主延壽”。平又言“臣候日再中”。居頃之，日卻復中。於是始更以十七年爲元年，令天下大酺。平言曰：“周鼎亡在泗水中，今河決通於泗，臣望東北汾陰直有金寶氣,[8]意周鼎其出乎？兆見不迎則不至。”於是上使使治廟汾陰南，臨河，欲祠出周鼎。人有上書告平所言皆詐也。下吏治，誅夷平。[9]是後，文帝怠於改正服鬼神之事,[10]而渭陽、長門五帝使祠官領，以時致禮，不往焉。明年，匈奴數入邊,[11]興兵守御。[12]後歲少不登。數歲而孝景即位。十六年，祠官各以歲時祠如故，無有所興。

[1]【顔注】如淳曰：二水之合也。

[2]【顔注】師古曰：蒲池，爲池而種蒲。“蒲”字或作“满”，言其水满也。【今注】蒲池：王先謙《漢書補注》引張守節《史記正義》顔注云“蒲字或作满”恐説非。“按：《括地志》云‘渭北咸陽縣有蘭池，始皇逢盜蘭池者也’。言穿溝引渭水入蘭池也。疑‘蘭’字誤作‘蒲’”。以爲張守節所見《漢書》注本作“蘭”，不作“满”。

[3]【顔注】師古曰：屬，聯也，音之欲反。

[4]【顔注】師古曰：刺，采取之也，音千賜反。【今注】王制：王鳴盛《十七史商榷》卷一三據《史記》司馬貞《索隱》：“劉向《七録》云：‘文帝所造書有《本制》《兵制》《服制》篇。’”以爲即《史記·封禪書》所謂《王制》，非今本《禮記》之《王制》。東漢盧植妄以當之，其疏引鄭玄《目録》云：“《王制》者，以其記先王班爵授禄祭祀養老之法度。此於《别録》屬制度。”又鄭玄《荅臨碩》云：“孟子當赧王之際，《王制》之作，復在其後”，鄭玄意不以《王制》爲文帝作明。本書《藝文志》：“《記》百三十一篇。七十子後學者所記也。”大、小戴删取之，今存四十九篇，《王制》在此内，與文帝無涉。

[5]【顔注】如淳曰：亭名也。【今注】長門：王先謙《漢書

補注》引葉德輝以爲《史記·封禪書》作“長安門”，裴駰《集解》引徐廣曰：“在霸陵。”張守節《正義》引《括地志》云：“長安門故亭在雍州萬年縣東北苑中。後館陶公主長門園，武帝以長門名宫，即此。”

［6］【顏注】鄭氏曰：因其所立處以立祠也。師古曰：直猶當也。當其處。

［7］【今注】案，柸，蔡琪本、大德本、殿本作“杯”。本段下同。

［8］【顏注】師古曰：汾陰直，謂正當汾陰也。【今注】汾陰直：王念孫《讀書雜志·漢書第五》認爲以“汾陰直”三字連讀，非。當以“直有金寶氣”五字連讀。“直”猶“特”，“直”“特”古字通。言東北汾陰之地，特有金寶氣。楊樹達《漢書窺管》以爲此“望”謂望氣，即望雲氣。雲氣在天，難於確指，故云汾陰直，謂相當於地面汾陰之天空處，故不能單言汾陰。上文“若見五人於道北，遂因其直立五帝壇”。顏師古亦訓“直”爲當。此文與上文略同，顏説得其意，王念孫以“直”字屬下讀，誤。

［9］【顏注】師古曰：夷者，平也。謂盡平除其家室宗族。

［10］【顏注】師古曰：正，正朔也。服，服色也（殿本無“也”字）。正，音之成反。

［11］【顏注】師古曰：數，音所角反。

［12］【今注】御：王先謙《漢書補注》以爲《史記·封禪書》作“禦”，是。

武帝初即位，尤敬鬼神之祀。漢興已六十餘歲矣，天下艾安，[1]縉紳之屬皆望天子封禪改正度也，[2]而上鄉儒術，[3]招賢良。趙綰、王臧等以文學爲公卿，欲議古立明堂城南，以朝諸侯，草巡狩封禪改歷服色事未就。[4]竇太后不好儒術，使人微伺趙綰等姦利事，按綰、臧，綰、臧自殺，諸所興爲皆廢。六年，竇太后崩。其明年，徵文學之士。明年，上初至雍，郊見五時。後常三歲一郊。[5]見是時上求神君，[6]舍之上林中磃氏館。[7]神君者，長陵女子，目乳死，見神於先後宛若。[8]宛若祠之其室，民多往祠。平原君亦往祠，其後子孫以尊顯。[9]及上即位，則厚禮置祠之内中。聞其言，不見其人云。

[1]【顔注】師古曰："艾"讀曰"乂"。乂，治也。《漢書》皆以"艾"爲"乂"，其義類此也。

[2]【顔注】師古曰：正，亦正朔。度，度量也。服色度量，互言之耳。

[3]【顔注】師古曰："鄉"讀曰"嚮"也（蔡琪本、大德本、殿本無"也"字）。

[4]【顔注】師古曰：就，成也。

[5]【今注】三歲一郊：《史記·封禪書》司馬貞《索隱》："《漢舊儀》云'元年祭天，二年祭地，三年祭五時。三歲一遍，皇帝自行也'。"

[6]【今注】案，蔡琪本、大德本、殿本無"見"字。

[7]【顔注】如淳曰：磃，音蹄。鄭氏曰：音斯。師古曰：鄭音是。其字從石、從虒。【今注】上林：上林苑。在今陝西西安市西南鄠邑區、周至縣界，渭水以南、終南山以北。秦惠文王時即開始興建。至秦始皇時，先後在上林苑中修建了朝宫和阿房宫前殿等。西漢初荒廢，許民入墾荒。漢武帝收回，復加拓展，周圍擴至二百餘里。

[8]【顔注】孟康曰：産乳而死也。兄弟妻相謂先後。宛若，字也。師古曰：先，音蘇見反。後，音胡構反。古謂之娣姒，今

關中俗呼爲先後，吴楚俗呼之爲妯娌，音“軸里”。

［9］【顔注】應劭曰：平原君，武帝外祖母也。

是時，李少君亦以祠竈、穀道、卻老方見上，[1]上尊之。少君者，故深澤侯人，主方。[2]匿其年及所生長。[3]常自謂七十，能使物，卻老。[4]其游以方徧諸侯。無妻子。人聞其能使物及不死，更饋遺之，[5]常餘金錢衣食。人皆以爲不治産業而饒給，[6]又不知其何所人，愈信，争事之。少君資好方，[7]善爲巧發奇中。[8]常從武安侯宴，[9]坐中有年九十餘老人，少君迺言與其大父游躲處，[10]老人爲兒從其大父，識其處，[11]一坐盡驚。少君見上，上有故銅器，問少君。少君曰：[12]“此器齊桓公十年陳於柏寢。”[13]已而桉其刻，果齊桓公器。[14]一宫盡駭，以爲少君神，數百歲人也。少君言上：“祠竈皆可致物，[15]致物而丹沙可化爲黄金，黄金成以爲飲食器則益壽，益壽而海中蓬萊僊者迺可見之，以封禪則不死，黄帝是也。臣嘗游海上，見安期生，[16]安期生食臣棗，大如瓜。[17]安期生僊者，通蓬萊中，合則見人，不合則隱。”[18]於是天子始親祠竈，遣方士入海求蓬萊安期生之屬，而事化丹沙諸藥齊爲黄金矣。[19]久之，少君病死。天子以爲化去不死也，使黄錘史寬舒受其方，[20]而海上燕齊怪迂之方士多更來言神事矣。[21]

［1］【顔注】如淳曰：祠竈可以致福。李奇曰：穀道，辟穀不食之道也。

[2]【顔注】如淳曰：侯家人，主方藥也。【今注】案，《漢書考證》齊召南以爲“深澤侯人”，《史記·封禪書》作“深澤侯舍人”。據本書《高惠高后文功臣表》，武帝初年深澤侯是趙將夕孫胡也。王先謙《漢書補注》引《資治通鑑》胡三省云：“景帝三年，孫脩嗣侯，七年，有罪，耐爲司寇。少君當是爲脩舍人。”以爲胡説是。《史記》卷一二《孝武本紀》作“故深澤侯，入以主方”，“入”爲“人”字之誤；裴駰《集解》引徐廣注：“進納於天子而主方。”作“入”字解。又曰：“一云，侯人主方。”與本《志》文合。

[3]【顔注】師古曰：生長（蔡琪本、殿本無“生”字），謂其郡縣所屬及居止處。

[4]【顔注】如淳曰：物，謂鬼物也。

[5]【顔注】師古曰：更，音工衡反。

[6]【顔注】師古曰：給，足也。

[7]【今注】資好方：周壽昌《漢書注校補》曰：“資，藉也。好方，好爲方也。”楊樹達《漢書窺管》以爲“資”謂資性，今言天資。本書卷五二《竇嬰傳》云：“君侯資性喜善疾惡。”“資性”連言，“資”亦性。本書卷四〇《陳平傳》云：“然大王資侮人”，顔注云：“資謂天性也。”與此文句例正同。“好方”謂好方藥，周説非是。

[8]【顔注】如淳曰：時時發言有所中。師古曰：中，音竹仲反。

[9]【今注】武安侯：田蚡。傳見本書卷五二。

[10]【今注】案，䠶，殿本作“射”。

[11]【顔注】師古曰：識，記也，音式志反。

[12]【今注】案，蔡琪本、殿本無“少君”兩字。

[13]【顔注】臣瓚曰：《晏子書》，柏寢，臺名也。師古曰：以柏木爲寢室於臺之上。

［14］【顔注】師古曰：刻，謂器上所銘記。

［15］【顔注】師古曰：物，亦謂鬼物。

［16］【顔注】服虔曰：古之真人也。師古曰：《列仙傳》云，安期生，琅邪人，賣藥東海邊，時人皆言千歲也。

［17］【顔注】師古曰："食"讀曰"飤"。【今注】臣棗：王先謙《漢書補注》指出《史記·封禪書》及卷一二《孝武本紀》"臣"作"巨"，司馬貞《索隱》引包愷云："'巨'或作'臣'。"王先謙以爲"臣"是。"巨"與"大"意複。"食臣棗"文義較順。《資治通鑑》亦作"臣"。

［18］【顔注】師古曰：合，謂道相合。

［19］【顔注】師古曰：齊，藥之分齊也，音才計反。【今注】案，沙，蔡琪本作"砂"。

［20］【顔注】孟康曰：二人皆方士也。師古曰：錘，音直垂反。【今注】黄錘：王鳴盛《十七史商榷》卷一三以爲《史記·封禪書》徐廣注"錘縣、黄縣皆在東萊"，是。黄、錘之史，其名寬舒。觀下文"寬舒"凡五見，而絶不見所爲"黄錘"者。孟説誤。周壽昌《漢書注校補》以爲王説是。《史記》卷六《秦始皇本紀》"並勃海以東，過黄腄"，本書卷六四上《主父偃傳》載秦始皇"使天下飛芻輓粟，起於黄、腄、琅邪負海之郡"，皆"黄腄"連稱，與"勃海""琅邪"對舉。史臣仍之。錘，本書《地理志》作"腄"。陳直《漢書新證》以爲黄、錘二縣名連稱，爲秦漢人之習俗語，即黄腄間人之義。

［21］【顔注】師古曰：更，音工衡反。

亳人謬忌奏祠泰一方，[1]曰："天神貴者泰一，泰一佐曰五帝。[2]古者天子以春秋祭泰一東南郊，日一太牢，七日，[3]爲壇開八通之鬼道。"於是，天子令太祝立其祠長安城東南郊，[4]常奉祠如忌方。其後，人上書言:“古者天子三年一用太牢祠三一:天一、地一、泰一。”天子許之,令太祝領祠之於忌泰一壇上,如其方。後人復有言:“古天子常以春解祠,祠黄帝用一梟、破鏡;[5]冥羊用羊祠;馬行用一青牡馬;泰一、皋山山君用牛;[6]武夷君用乾魚;[7]陰陽使者以一牛。”[8]令祠官領之如其方,而祠泰一於忌泰一壇旁。[9]後二年,郊雍,獲一角獸,若麃然。[10]有司曰:“陛下肅祗郊祀,上帝報享,錫一角獸,蓋麟云。”於是以薦五畤,畤加一牛以燎。賜諸侯白金,[11]以風符應合于天也。[12]於是濟北王以爲天子且封禪,[13]上書獻泰山及其旁邑,天子以它縣償之。常山王有罪,遷,[14]天子封其弟真定,以續先王祀,而以常山爲郡。然後五嶽皆在天子之郡。

[1]【顔注】如淳曰:亳亦薄也,下所謂“薄忌”也。晉灼曰:濟陰薄縣人也。【今注】亳人謬忌:謬,姓。與“繆”同。朱一新《漢書管見》指出《史記》卷一二《孝武本紀》作“薄誘忌”。薄即亳。“誘”則“謬”之訛。

[2]【顔注】師古曰:謂青帝靈威仰,赤帝赤熛怒,白帝白招矩,黑帝叶光紀,黄帝含樞紐也。一説,蒼帝名靈符,赤帝名文祖,白帝名顯紀,黑帝名玄矩,黄帝名神斗。

[3]【顔注】師古曰:每日以一太牢,凡七日祭也。

[4]【今注】案,太,蔡琪本作“大”。

[5]【顔注】張晏曰:黄帝,五帝之首也,歲之始也。梟,惡逆之鳥。方士虚誕,云以歲始祓除凶災,令神仙之帝食惡逆之物,使天下爲逆者破滅訖竟,無有遺育也。孟康曰:梟,鳥名,食母。破鏡,獸名,食父。黄帝欲絶其類,使百吏祠皆用之。破

鏡如貙而虎眼。如淳曰：漢使東郡送梟，五月五日作梟羹以賜百官。以其惡鳥，故食之也。師古曰：解祠者，謂祠祭以解罪求福。【今注】案，沈欽韓《漢書疏證》引《論衡·解除》補證："祭祀之禮，解除之法，衆多非一，且以一事效其非也。世間繕治宅舍，鑿地掘土，功成作畢，解謝土神，名曰解土。爲土偶人，以象鬼形，令巫祝延以解土神。已祭之後，心快意喜，謂鬼神解謝，殃禍除去。"以爲此即解祠者，祓除之祭。鏡，《述異記》："獍，狀如虎豹而小，始生，還食其母。"禽獸本無父，孟謂"食父"，非。

［6］【今注】皋山山君：朱一新《漢書管見》據《史記·封禪書》作"泰一、澤山君地長用牛"，徐廣云："'澤'，一作'皋'。"司馬貞《索隱》："'澤山'，本紀作'嶧山'。澤山君地長，謂祭地於嶧山。同用太牢，故云'用牛'。"以爲據《索隱》云云，則《史記·孝武本紀》當作"嶧山"，而今本仍作"皋山"，則後人以此《志》改史本文。又此《志》以泰一與皋山君爲二神，《史記·封禪書》司馬貞《索隱》亦以太一與澤山君地長爲二神，蓋謂地長即澤山君。而《孝武本紀》張守節《正義》以太一及嶧山君與地長爲三神，亦誤。楊樹達《漢書窺管》引李慈銘以爲，"皋""澤"二字古書多相亂，此應作"睪山君"，謂睪山之神。與下武夷君同。言太一與睪山君皆用牛也。本《志》及《史記·孝武本紀》山字皆誤重，下卷同。

［7］【今注】武夷君：武夷山神。沈欽韓《漢書疏證》引《太平寰宇記》卷一〇一："武夷山在建州建陽縣北一百二十八里。顧野王謂之地仙之宅。傳云昔有神人武夷君居此，故得名。又《郡國志》漢武好祀天下嶽瀆，此山與祭，故曰漢祀山。"

［8］【顏注】孟康曰：陰陽之神也。

［9］【今注】案，王鳴盛《十七史商榷》卷一三以爲上"泰一"兩字衍。

［10］【顏注】師古曰：麃，鹿屬也，形似麞，牛尾，一角，

音蒲交反。

[11]【今注】白金：銀合金的貨幣。本書卷六《武紀》："收銀錫造白金及皮幣以足用。"

[12]【顔注】晋灼曰：符，瑞也。臣瓚曰：風示諸侯以此符瑞之應也。

[13]【今注】濟北王：濟北成王劉胡。

[14]【顔注】師古曰："卷"與"遷"同也（殿本無"也"字）。【今注】案，王先謙《漢書補注》曰："據紀、表，元鼎三年，常山憲王舜子勃有罪，徙房陵。上更封憲王子平爲真定王。"

明年，齊人少翁以方見上。上有所幸李夫人，[1]夫人卒，少翁以方蓋夜致夫人及竈鬼之貌云，[2]天子自帷中望見焉。迺拜少翁爲文成將軍，賞賜甚多，以客禮禮之。文成言："上即欲與神通，宮室被服非象神，神物不至。"迺作畫雲氣車，及各目勝日[3]駕車辟惡鬼。又作甘泉宮，[4]中爲臺室，畫天地泰一諸鬼神，而置祭具以致天神。居歲餘，其方益衰，神不至。迺帛書以飯牛，[5]陽不知，言此牛腹中有奇。[6]殺視得書，書言甚怪。天子識其手，[7]問之，果爲書。[8]於是誅文成將軍，隱之。其後又作柏梁、銅柱、承露僊人掌之屬矣。[9]

[1]【今注】李夫人：事迹見本書卷九七上《外戚傳上》。沈欽韓《漢書疏證》以爲《史記·封禪書》作"王夫人"，是。李廣利以漢武帝太初元年（前104）爲貳師將軍，若李夫人以武帝元狩三年（前120）卒，距武帝太初元年十五年，廣利不應至此時始進用。又南粤滅在武帝元鼎六年（前111），此《志》有云"既滅南

越，嬖臣李延年以好音見”，而李夫人之進以延年歌“北方有佳人”得召見，又定在延年後，其死不得反在武帝元狩時。考《史記》卷六〇《三王世家》“王夫人者，趙人也，與衛夫人並幸”，計其始進，當在武帝元光時，至武帝元狩二年卒，前後相當。然本書《外戚傳上》漢武實悼李夫人。惟少翁之誅在元狩中，李夫人卒，不得有少翁，此傳誤。《史記》作“王夫人”，又一事而兩傳之誤。又《論衡·自然》：“武帝幸王夫人，王夫人死，思見其形。道士以方術作夫人形，形成，出入宫門。武帝大驚，立而迎之，忽不復見。”

［2］【今注】竈鬼：竈神。

［3］【顏注】服虔曰：甲乙五行相克之日。如淳曰：如火勝金，用丙丁日，不用庚辛也。【今注】案，王先謙《漢書補注》引《史記》司馬貞《索隱》補證：“樂彦云：‘畫以勝日者，謂畫青車以甲乙，畫赤車以丙丁，畫元車以壬癸，畫白車以庚辛，畫黄車以戊己。將有水事則乘黄車，故云駕車辟惡鬼也。’”

［4］【今注】甘泉宫：在今陜西淳化縣西北甘泉山。一名雲陽宫。

［5］【顏注】師古曰：謂雜草以飯牛也，音扶晚反。

［6］【今注】案，蔡琪本、大德本、殿本“奇”下有“書”字。王念孫《讀書雜志·漢書第五》以爲底本是。少翁若言牛腹中有書，則恐人覺其僞，故但言“此牛腹中有奇”，及殺視之，乃得帛書，而其言甚怪，正所以惑人。後人不達，而於“奇”下加“書”字，誤。

［7］【顏注】師古曰：手，謂所書手跡（蔡琪本、殿本句末有“也”字）。【今注】案，朱一新《漢書管見》以爲《史記·封禪書》“手”下有“書”字，是。

［8］【今注】爲：通“僞”。

［9］【顏注】蘇林曰：仙人以手掌擎盤承甘露（仙，殿本作

"僊"，本注下同）。師古曰：《三輔故事》云建章宫承露盤高二十丈，大七圍，以銅爲之，上有仙人掌承露，和玉屑飲之。蓋張衡《西京賦》所云"立修莖之仙掌，承雲表之清露，屑瓊蘂以朝餐（蘂，蔡琪本、殿本作"蘂"），必性命之可度"也。

文成死明年，天子病鼎湖甚，[1]巫醫無所不致。游水發根言上郡有巫，病而鬼下之。[2]上召置祠之甘泉。及病，使人問神君，神君言曰："天子無憂病。病少瘉，强與我會甘泉。"於是上病瘉，遂起，幸甘泉，病良已。[3]大赦，置壽宫神君。[4]神君最貴者曰太一，其佐曰太禁、司命之屬，皆從之。非可得見，聞其言，言與人音等。時去時來，來則風肅然。居室帷中，時晝言，然常以夜。天子祓，然後入。[5]因巫爲主人，關飲食，[6]所欲言，行下。[7]又置壽宫、北宫，張羽旗，設共具，[8]以禮神君。神君所言，上使受書，其名曰"畫法"。[9]其所言，世俗之所知也，無絶殊者，而天子心獨喜。其事秘，世莫知也。[10]

[1]【顔注】晉灼曰：《黄圖》："宫名，在京兆。"《地理志》，湖本在京兆（湖，蔡琪本誤作"胡"），後分屬弘農也。【今注】鼎湖：顧炎武《日知録》卷二七以爲是宫名。"湖"當作"胡"，見本書卷八七《揚雄傳》"武帝廣開上林，南至宜春、鼎胡……"晉灼曰："鼎胡，宫也。"湖縣絶遠，且無行宫。

[2]【顔注】服虔曰：游水，縣名（殿本"縣"下無"名"字）。發根，人姓名（蔡琪本無"姓"字）。晉灼曰：《地理志》，游水，水名，在臨淮淮浦也。師古曰：二説皆非也。游水，姓也。發根，名也。蓋因水爲姓也。本嘗遇病，而鬼下之，故爲巫也。

［3］【顏注】孟康曰：良已（大德本、殿本無“已”字），善已（大德本、殿本“善”前有“謂”字），謂瘉也。

［4］【顏注】孟康曰：更立此宫也。臣瓚曰：壽宫，奉神之宫也。《楚辭》曰“蹇將澹兮壽宫”也。【今注】案，王先謙《漢書補注》指出《史記·封禪書》“置”下有“酒”字。《資治通鑑》以“置酒壽宫”爲句，而删“神君”二字；胡三省注云：“帝置壽宫，以奉神君。”《括地志》：“壽宫在雍州長安縣西北三十里長安故城中。”

［5］【顏注】孟康曰：祟絜自除祓，然後入也。師古曰：祓，音發勿反。

［6］【今注】關：王先謙《漢書補注》以爲猶通也。所欲飲食，巫關白之。

［7］【顏注】李奇曰：神所欲言，上輒爲下之也。晉灼曰：神君所言行下於巫。師古曰：晉説是也。

［8］【顏注】師古曰：“共”讀曰“供”，音居用反。

［9］【顏注】孟康曰：策畫之法也。【今注】畫法：王先謙《漢書補注》指出《史記·封禪書》及卷一二《孝武本紀》“畫”作“書”；裴駰《集解》引孟注作“或云，策書之法也”，似孟所見本作“書”；張守節《正義》：“書，音畫。案，畫一之法。”但“書”無音“畫”之理，張解未當，但可推知所見《漢書》本作“畫”。

［10］【顏注】師古曰：“喜”讀曰“喜”（蔡琪本、大德本、殿本前“喜”作“憙”）。喜，好也（蔡琪本“好”前有“志”字），音許吏反。【今注】案，蔡琪本、大德本、殿本“喜”作“憙”。王念孫《讀書雜志·漢書第五》以爲底本是。喜，樂也，音許里反。憙，好也，音許吏反。獨憙，獨好也。而底本作“喜”爲借字。顏注當作“‘喜’讀曰‘憙’”。王先謙《漢書補注》引蘇輿以爲“天子心獨憙”當句絶，與本書卷一《高紀》“高祖乃心

獨喜”同一句例。“其事祕，世莫知也”，對“世俗所知”言之。言其所言淺近，皆世所知；至其事詭祕，非世所知。是言所受之書不可信，頗致微詞，此司馬遷語，而班因之。又案，秘，蔡琪本、大德本、殿本作“祕”。

後三年，[1]言：[2]“元宜以天瑞，不宜以一二數。[3]一元曰建，[4]二元以長星曰光，[5]今郊得一角獸曰狩云。”[6]其明年，天子郊雍，曰：“今上帝朕親郊，而后土無祀，則禮不荅也。”[7]有司與太史令談、祠官寬舒議：[8]“天地牲，角繭栗。[9]今陛下親祠后土，后土宜於澤中圜丘爲五壇，壇一黃犢牢具。已祠盡瘞，而從祠衣上黃。”[10]於是天子東幸汾陰。汾陰男子公孫滂洋等見汾旁有光如絳，[11]上遂立后土祠於汾陰脽上，[12]如寬舒等議。上親望拜，如上帝禮。禮畢，天子遂至熒陽。[13]還過雒陽，下詔封周後，令奉其祀。詔在《武紀》。[14]上始巡幸郡縣，寖尋於泰山矣。[15]

[1]【今注】案，王先謙《漢書補注》以爲，承上文成死明年爲漢武帝元狩五年（前118）言之，則後三年爲元鼎二年（前115），而下云“今郊得一角獸曰狩”，必非元鼎年中。“後三年”疑是“後一年”之誤。荀悦諸人皆知“後三年”之不可通，故《漢紀》即書於獲麟之下，云“由是改元朔爲元狩”；《資治通鑑》亦於獲麟下書“久之，有司又言‘元宜以天瑞命’”云云，不能定爲何年事。《史記·封禪書》、卷一二《孝武本紀》並作“後三年”，班固承用之。

[2]【今注】案，言，蔡琪本、大德本、殿本作“有司言”。

[3]【顏注】蘇林曰：得諸瑞以名年（蔡琪本、殿本句末有

"耳" 字)。

[4]【顏注】蘇林曰:建元元年是。

[5]【顏注】蘇林曰:以有長星之光,故曰元光元年(蔡琪本、殿本句末有"也"字)。

[6]【顏注】如淳曰:改元狩元年。【今注】案,王先謙《漢書補注》引朱一新指出《史記·封禪書》《孝武本紀》"今"作"三元"。元光下尚有元朔年號,則元狩不得謂之"二元"。王先謙以爲,此專舉天瑞,故略元朔不言。武帝於元狩中追改建元、元光、元朔、元狩,於元封追改元鼎,係兩次追改。

[7]【顏注】師古曰:荅,對也。郊天而不祀地,失對偶之義。一曰,闕地祇之祀,故不爲神所荅應也。【今注】荅:楊樹達《漢書窺管》以爲顔二説皆於文義難通。"荅"當讀爲"合",禮不荅謂於禮不合。"荅"字本從合聲,故可假爲"合"。《左傳》宣公二年"既合而來奔"即既答而來奔,乃借"合"爲"答"。

[8]【顏注】師古曰:談,即司馬談也。【今注】太史令:漢九卿之一太常屬官。掌天文曆法,記録瑞應、灾異。

[9]【顏注】師古曰:牛角之形或如繭,或如栗,言其小。

[10]【顏注】師古曰:侍祠之人皆著黄衣也。

[11]【顏注】師古曰:滂,音普郎反。洋,音羊也。

[12]【顏注】師古曰:脽,音誰。解在《武紀》。

[13]【今注】案,熒,蔡琪本、殿本作"滎"。

[14]【今注】案,詔,蔡琪本、大德本、殿本作"語"。

[15]【顏注】鄭玄曰:尋,用也。晉灼曰:尋,遂往之意也。師古曰:二説皆非也。寖,漸也。尋,就也。【今注】尋:王先謙《漢書補注》引《史記·孝武本紀》司馬貞《索隱》:"侵尋即浸淫,故晉灼云'遂往之意也'","'尋''淫'聲相近假借用耳"。

其春，樂成侯登上書言欒大。[1]欒大，膠東宮人，[2]故嘗與文成將軍同師，已而爲膠東王尚方。[3]而樂成侯姊爲康王后，[4]無子。王死，它姬子立爲王，而康后有淫行，與王不相中，相危以法。[5]康后聞文成死，而欲自媚於上，乃遣欒大人，因樂成侯求見言方。[6]天子既誅文成，[7]後悔其方不盡，及見欒大，大説。[8]大爲人長美言，[9]多方略，而敢爲大言，處之不疑。大言曰："臣常往來海中，[10]見安期、羨門之屬，顧以臣爲賤，不信臣。[11]又以爲康王諸侯耳，不足與方。臣數以言康王，康王又不用臣。臣之師曰：'黄金可成，而河決可塞，不死之藥可得，僊人可致也。'然臣恐效文成，則方士皆掩口，惡敢言方哉！"[12]上曰："文成食馬肝死耳。[13]子誠能修其方，我何愛乎！"大曰："臣師非有求人，人者求之。陛下必欲致之，則貴其使者，令爲親屬，以客禮待之，勿卑，使各佩其印，[14]迺可使通言於神人。神人尚肯邪不邪，[15]尊其使然後可致也。"於是上使驗小方，鬭棊，[16]棊自相觸擊。

[1]【今注】樂成侯登：《漢書考證》齊召南引司馬光《通鑑考異》云："按《史記》《漢書》功臣表，當爲丁義。"胡三省云："義，高祖功臣丁禮之曾孫也。"王先謙《漢書補注》以爲"登"字蓋衍。

[2]【顔注】服虔曰：王家人。

[3]【顔注】師古曰：主方藥。【今注】膠東王：膠東康王劉寄。

[4]【顔注】孟康曰：膠東王后也（殿本此注在"無子"後）。

[5]【顔注】師古曰：不相可也。相危以法，謂以罪法相欲傾危也。中，音竹仲反。

[6]【顔注】師古曰：言神仙之方。

[7]【今注】案，蔡琪本"誅"後有"之"字。

[8]【顔注】師古曰："説"讀曰"悦"。

[9]【顔注】師古曰：善爲甘美之言也。【今注】案，楊樹達《漢書窺管》以爲顔以"大爲人長美言"爲句，非。武億《經讀考異》以爲當以"大爲人長美"爲句，言字連下"多方略"爲句，於義自明，是。

[10]【今注】案，常，殿本作"嘗"。

[11]【顔注】師古曰：顧，念也。

[12]【顔注】師古曰：惡，音烏，謂於何也。

[13]【今注】案，沈欽韓《漢書疏證》引司馬貞《史記索隱》："《論衡》云：'氣勃而毒盛，故食走馬肝殺人。'《儒林傳》'食肉無食馬肝'是也。"

[14]【今注】案，蔡琪本、大德本、殿本"印"前有"信"字。

[15]【今注】尚：王先謙《漢書補注》以爲是未敢定之詞。

[16]【今注】鬬棊：殿本《漢書考證》云："'棊'，《通鑑》作'旗'。《考異》云：'《封禪書》《郊祀志》俱作棊，獨《史記·孝武紀》作旗。案，《漢武故事》云：'欒大嘗於殿前樹旍數百枚，令旍自相擊，繙繙竟庭中，去地十餘丈，觀者皆駭。'然則作旗字者是也。"

是時，上方憂河決而黄金不就，[1]迺拜大爲五利將軍。居月餘，得四印；[2]得天士將軍、地士將軍、大通將軍印。制詔御史："昔禹疏九河，決四瀆。間者，河溢皋陸，隄繇不息。[3]朕臨天下二十有八年，天若遺朕士而大通焉。《乾》稱‘飛龍’，‘鴻漸于般’，[4]朕意庶幾與焉。[5]其以二千户封地士將軍大爲樂通侯。”賜列侯甲弟，[6]童千人。乘輿斥車馬帷帳器物以充其家。[7]又以衞長公主妻之，[8]齎金十萬斤，更名其邑曰當利公主。天子親如五利之弟，使者存問共給，相屬於道。[9]自大主將相以下，皆置酒其家，[10]獻遺之。天子又刻玉印曰“天道將軍”，使使衣羽衣，夜立白茅上，五利將軍亦衣羽衣，立白茅上受印，以視不臣也。[11]而佩“天道”者，且爲天子道天神也。[12]於是五利常夜祠其家，欲以下神。後裝治行，東入海求其師云。大見數月，佩六印，貴震天下，而海上燕齊之間，莫不搤掔[13]而自言有禁方能神僊矣。[14]

[1]【顔注】師古曰：鑄黄金不成。

[2]【今注】案，《漢書考證》齊召南以爲“得”字當依《史記·封禪書》作“佩”，以下文“大見數月，佩六印”證之可知。

[3]【顔注】師古曰：皋，水旁地。廣平曰陸。言水汎溢，自皋及陸，而築作隄防，傜役甚多，不暇休息。

[4]【顔注】孟康曰：般，水涯堆也。漸，進也。武帝云得欒大如鴻進於般，一舉千里（舉，蔡琪本、大德本、殿本作“舉”，是）。得道若飛龍在天。師古曰：飛龍在天，《乾卦》九五爻辭也。鴻漸于般，《漸卦》六二爻辭也。般，山石之安者。【今注】般：錢大昭《漢書辨疑》指出今本《周易》作“磐”。案，《易·屯》初九“磐桓，利居貞”，洪适《隸釋》載《仲秋下旬碑》作“般桓”，知“磐”字古作“般”。

[5]【顔注】師古曰：“與”讀曰“豫”。

[6]【今注】案，弟，蔡琪本、大德本、殿本作“第”，下同

不注。

[7]【顏注】師古曰：斥，不用者也。

[8]【顏注】孟康曰：衞太子妹。如淳曰：衞太子姊也。師古曰：《外戚傳》云，子夫生三女，元朔三年生男據。是則太子之姊也。孟説非也。【今注】衛長公主：周壽昌《漢書注校補》據司馬貞《史記索隱》"衛后長女，故曰長公主，非如帝姊曰長公主之例"，以爲本書卷四三《婁敬傳》長公主是魯元公主，本書卷九七《外戚傳》館陶長公主是文帝女嫖，一在高帝時，一在文帝時，皆是此例。

[9]【顏注】師古曰："共"讀曰"供"。屬，及也，音之欲反。

[10]【顏注】韋昭曰：大主，武帝姑，竇太后之女也（太，殿本作"大"）。

[11]【顏注】師古曰：羽衣，以鳥羽爲衣，取其神仙飛翔之意也（仙，殿本作"僊"）。"視"讀曰"示"也（蔡琪本、大德本、殿本無"也"字）。

[12]【顏注】師古曰：爲，音于僞反。"道天神"，"道"讀曰"導"。

[13]【顏注】師古曰：搤，捉持也。掔，古手腕之字也。搤，音戹（殿本此注位於"而自言有禁方能神僊矣"後）。

[14]【今注】案，僊，蔡琪本作"仙"。

其夏六月，汾陰巫錦[1]爲民祠魏脽后土營旁，[2]見地如鉤狀，掊視得鼎。[3]鼎大異於衆鼎，文鏤無款識，[4]怪之，言吏。吏告河東太守勝，[5]勝以聞。天子使驗問巫得鼎無姦詐，迺以禮祠，迎鼎至甘泉，從上行，薦之。[6]至中山，晏温，[7]有黄雲焉。[8]有鹿過，[9]上自射之，因之以祭云。至長安，公卿大夫皆議尊寶鼎。天子曰："間者河溢，歲數不登，故巡祭后土，祈爲百姓育穀。今年豐楙未報，鼎曷爲出哉！"[10]有司皆言："聞昔泰帝興神鼎一，[11]一者一統，天地萬物所繫象也。[12]黄帝作寶鼎三，象天地人。禹收九牧之金，[13]鑄九鼎，象九州。皆嘗鬺享上帝鬼神。[14]其空足曰鬲，[15]以象三德，[16]饗承天祜。[17]夏德衰，鼎遷于殷；殷德衰，鼎遷于周；周德衰，鼎遷于秦；秦德衰，宋之社亡，鼎迺淪伏而不見。《周頌》曰：'自堂徂基，自羊徂牛，鼐鼎及鼒；不吴不敖，胡考之休。'[18]今鼎至甘泉，以光潤龍變，承休無疆。合兹中山，有黄白雲降，[19]蓋若獸之爲符，[20]路弓乘矢，集獲壇下，[21]報祠大亨。唯受命而帝者心知其意而合德焉。[22]鼎宜視宗禰廟，臧於帝庭，以合明應。"[23]制曰："可。"入海求蓬萊者，言蓬萊不遠，而不能至者，殆不見其氣。上迺遣望氣佐候其氣云。

[1]【顔注】應劭曰：錦，巫名。

[2]【顔注】應劭曰：魏，故魏國也。師古曰：汾脽本魏地之境，故云"魏脽"也。誉，謂祠之兆域也。

[3]【顔注】師古曰：掊，謂手杷土也，音蒲溝反。杷，音蒲巴反，其字從木。

[4]【顔注】韋昭曰：款，刻也。師古曰：識，記也，音式志反。其下美陽鼎亦同也。

[5]【今注】河東：郡名。治安邑（今山西夏縣西北）。

[6]【顔注】如淳曰：以鼎從行上甘泉，將薦之於天。師古曰：上，音時掌反。【今注】案，王先謙《漢書補注》據《史記·

封禪書》作“行上”，以爲如淳注似亦作“行上”。

[7]【顔注】如淳曰：《三輔》謂日出清濟爲晏。晏而温，乃有黄雲，故爲異也。師古曰：“中”讀曰“仲”。即今雲陽之中山也。下云“合兹中山”，亦同也。【今注】晏温：天氣晴暖。

[8]【今注】案，王先謙《漢書補注》據《史記·封禪書》“雲”下有“蓋”字。以爲《史記》是，此脱。

[9]【今注】案，王先謙《漢書補注》謂《史記·封禪書》“鹿”作“麃”。

[10]【顔注】師古曰：楙，美也。言稼嗇美也（嗇，蔡琪本、大德本、殿本作“穡”，是）。未報者，獲年豐而未報賽也。一曰，雖祈穀而未獲年豐之報也。其下張敞引此詔文云“穀嗛未報”，嗛者，少也。

[11]【顔注】師古曰：泰帝者，即泰昊伏羲氏也。【今注】泰帝：王先謙《漢書補注》以爲泰昊無得鼎事，泰帝即黄帝也。顔説誤。

[12]【今注】案，王先謙《漢書補注》謂《史記·封禪書》“象”作“終”。

[13]【顔注】師古曰：九牧，九州之牧也。

[14]【顔注】服虔曰：以享祀上帝也。師古曰：鬺烹也（烹，蔡琪本、大德本、殿本作“亨一”）。鬺享，烹而祀也。《韓詩·采蘋》曰：“于以鬺之，唯錡及釜。”亨，音普庚反。【今注】鬺（shāng）享：何焯《義門讀書記》卷一六以爲“鬺”是古“烹飪”之“烹”；“享”乃古“享祀”之“享”字。案，蔡琪本、大德本、殿本“享”作“亨”。

[15]【顔注】蘇林曰：鬲，音歷。是中空不實者（是，蔡琪本、大德本、殿本作“足”，是），名曰鬲也。

[16]【顔注】如淳曰：鼎有三及故也（及，蔡琪本、大德本、殿本作“足”，是）。三德，三正之德。師古曰：如説非也。

三德，一曰正直，二曰剛克，三曰柔克。事見《周書·洪範》。

［17］【顏注】師古曰：祜（蔡琪本、大德本、殿本作“祜”，當據改），福也，音怙。

［18］【顏注】師古曰：《周頌·絲衣》之詩。基，門塾之基（蔡琪本、大德本、殿本句末有“也”字）。鼎絶大者謂之鼐，圜弇上謂之鼒。吴，讙譁也。敖，慢也。考，壽也。休，美也。言執祭事者，或升堂室，或之門塾，視羊牛之牲（羊牛，大德本、殿本作“牛羊”），及舉大小之鼎，告其致絜，神降之福，故獲壽考之美，曰何壽之美！何壽之美者，歎之言也（歎之言，蔡琪本、大德本、殿本作“歎之之言”）。鼐，音乃代反。鼒，音兹。“敖”讀曰“傲”。【今注】不吴不敖：王先謙《漢書補注》引朱一新指出《史記·封禪書》“敖”作“驁”。《史記》卷一二《武帝本紀》“吴”作“虞”，司馬貞《索隱》引何承天謂“虞”當作“吴”。“虞”與“吴”聲相近，故假借；或者本文借此“虞”爲“娛”字。　胡考之休：周壽昌《漢書注校補》據《毛詩·載芟》“胡考之寧”，《毛傳》：“胡，壽也。”《周書·謚法》：“彌年壽考曰胡。”“胡考”之“胡”，不得如顏師古訓“何”。

［19］【顏注】師古曰：言鼎至甘泉之後，光潤變見，若龍之神，能幽明（蔡琪本、大德本、殿本“明”前有“能”字），能小大（蔡琪本、大德本、殿本“大”前有“能”字），乘此休福，無窮竟也。有黄白雲降，與初至仲山黄雲之瑞相合也（仲，蔡琪本、大德本、殿本作“中”）。

［20］【顏注】服虔曰：雲若獸在車蓋也。晉灼曰：蓋，辭也。符，謂鹿也。師古曰：二説非也。蓋，發語辭也。言甘泉之雲又若獸形，以爲符瑞也。【今注】案，王先謙《漢書補注》曰：“蓋者，雲如車蓋。若，及也。獸，即謂鹿也。言有雲降如車蓋，及鹿爲符瑞。”又案，蔡琪本、大德本、殿本無“之”字。

［21］【顏注】李奇曰：宜言盧弓。韋昭曰：路，大也。四矢

曰乘。師古曰：韋説是也。又於壇下獲弓矢之應。【今注】案，《漢書考正》劉奉世曰：“指謂鹿也。言以大弓四矢而後獲之於壇下也，義甚通。”

［22］【顔注】服虔曰：高祖受命知之，宜見鼎於其廟也。師古曰：合德，謂與天合德。

［23］【顔注】師古曰：“視”讀曰“示”。宗，謂先帝有德可尊者也。禰（禰，蔡琪本作“祢”），父廟也。帝庭，甘泉天神之庭。

其秋，上雍，且郊。[1]或曰“五帝，泰一之佐也，宜立泰一而上親郊之”。上疑未定。齊人公孫卿曰：“今年得寶鼎，其冬辛巳朔旦冬至，與黄帝時等。”[2]卿有札書[3]曰：“黄帝得寶鼎冕侯，[4]問於鬼臾區，[5]鬼臾區對曰：‘黄帝得寶鼎神策，是歲己酉朔旦冬至，得天之紀，終而復始。’於是黄帝迎日推策，[6]後率二十歲復朔旦冬至，凡二十推，三百八十年，黄帝僊登于天。”[7]卿因所忠欲奏之。[8]所忠視其書不經，[9]疑其妄言，謝曰：“寶鼎事已決矣。尚何以爲！”[10]卿因嬖人奏之。上大説，[11]迺召問卿。對曰：“受此書申公，申公已死。”上曰：“申公何人也？”卿曰：“齊人，與安期生通，受黄帝言，無書，獨有此鼎書。曰：‘漢興復當黄帝之時。’曰：‘漢之聖者，在高祖之孫且曾孫也。寶鼎出而與神通，封禪。封禪七十二王，唯黄帝得上泰山封。’申公曰：‘漢帝亦當上封，上封則能僊登天矣。[12]黄帝萬諸侯，而神靈之封君七千。[13]天下名山八，而三在蠻夷，五在中國。中國華山、首山、大室山、泰山、東萊山，[14]此五山黄帝之所常游，與神會。黄帝且戰且學僊，患百姓非其道，迺斷斬非鬼神者。百餘歲然後得與神通。黄帝郊雍上帝，宿三月。鬼臾區號大鴻，死葬雍，故鴻冢是也。[15]其後黄帝接萬靈明庭。明庭者，甘泉也。所謂寒門者，谷口也。[16]黄帝采首山銅，鑄鼎於荆山下。[17]鼎既成，有龍垂胡頿下迎黄帝。[18]黄帝上騎，群臣後宫從上龍七十餘人，龍迺上去。餘小臣不得上，迺悉持龍頿，龍頿拔，墮，墮黄帝之弓。百姓印望[19]黄帝既上天，乃抱其弓與龍頿號，故後世因名其處曰鼎湖，其弓曰烏號。'"於是天子曰："嗟乎！誠得如黄帝，吾視去妻子如脱屣耳。"[20]拜卿爲郎，使東候神於太室。

[1]【顔注】師古曰：雍地形高，故云"上"也，音時掌反。【今注】上雍：王念孫《讀書雜志·漢書第五》以爲當從《史記·封禪書》等作"上幸雍"。"上"謂武帝也。"且郊"者，上將郊。下文云"上遂郊雍"即其證。本書言"幸雍"者多，此文偶脱"幸"字。顔師古遂望文生義而爲之説，《史記》司馬貞《索隱》本從師古作"上雍"，皆非。

[2]【顔注】師古曰：等，同也。

[3]【顔注】師古曰：札，木簡之薄小者也。

[4]【今注】冕侯：王念孫《讀書雜志·漢書第五》："'冕侯'，《封禪書》作'宛朐'，《續孝武紀》作'宛侯'。案，'冕侯'當爲'冤句'，濟陰之縣也。《地理志》《郡國志》並作'冤句'。《水經·濟水篇》作'冤朐'，《王子侯表》《楚元王傳》並作'宛朐'。今作'冕侯'者，'冤''冕'形近而誤，'句''侯'聲近而通。故《續孝武紀》作'宛侯'也。"冤句，治所在今山東

曹縣西北。

［5］【顔注】師古曰：鬼臾區，黄帝臣也。《藝文志》"鬼容區"（藝，蔡琪本、大德本作"蓺"，蔡琪本、殿本"鬼"前有"云"字），而此志作"臾區"，"臾""容"聲相近，蓋一也。今流俗書本"臾"字作"申"，非也。

［6］【顔注】晉灼曰：迎，數之也。臣瓚曰：日月朔望未來而推之，故曰迎日。【今注】迎日推策：沈欽韓《漢書疏證》引《素問·天元紀大論》補證："黄帝問曰：'願聞五運之主時也，何如？'鬼臾區曰：'臣積考《太始天元册文》曰：太虚廖廓，肇基化元。萬物資始，五運終天。布氣真靈，總統坤元。九星懸朗，七曜周旋。曰陰曰陽，曰柔曰剛。幽顯既位，寒暑弛張。生生化化，品物咸章。臣斯十世，此之謂也。'又曰：'天以六爲節，地以五爲制。周天氣者，六期爲一備；終地紀者，五歲爲一周。君火以明，相火以位。五六相合，而七百二十氣爲一紀，凡三十歲。千四百四十氣，凡六十歲，而爲一周。'"以爲此即"迎日推策"。

［7］【今注】案，僊，蔡琪本作"仙"。

［8］【顔注】師古曰：所忠，人姓名也。解在《食貨志》。

［9］【顔注】師古曰：不合經典也。

［10］【顔注】師古曰：謂不須更言之。

［11］【顔注】師古曰："説"讀曰"悦"。

［12］【今注】案，蔡琪本、大德本、殿本作"漢帝亦當上封禪，封禪則能僊登天矣"。王念孫《讀書雜志·漢書第五》以爲底本是。

［13］【顔注】應劭曰：黄帝時，諸侯會封禪者七千人也。李奇曰：説仙道得封者七千國也（仙，殿本作"僊"）。張晏曰：神靈之封，謂山川之守也。師古曰：張説是也。山川之守，謂尊山川之神令主祭礼也（礼，蔡琪本、大德本、殿本作"祀"，是），即《國語》所云"汪芒氏之君守封嵎之山"也。【今注】封

君：何焯《義門讀書記》卷一六以爲李奇説是。此方士自爲地，又慮有斥其妄者，故下文又有“斷斬”之説。王念孫《讀書雜志·漢書第五》以爲，“君”當依《史記·封禪書》作“居”，言黄帝時有萬諸侯，而神靈之封居七千。今本“居”作“君”，則義不可通。“居”“君”字形相似，又涉注文“汪芒氏之君”而誤。

［14］【今注】首山：在今河南襄城縣南。　大室山：在今河南登封市北。爲嵩山之東部。案，大，大德本、殿本作“太”。

［15］【顔注】蘇林曰：今雍有鴻冢。

［16］【顔注】服虔曰：黄帝升仙之處也（仙，殿本作“僊”）。師古曰：谷口，仲山之谷口也（蔡琪本無“口”字），漢時爲縣，今呼之治谷是也。以仲山之北寒涼，故謂此谷爲寒門也。【今注】谷口：縣名。治所在今陝西禮泉縣東北。沈欽韓《漢書疏證》引《長安志》卷二〇補證：“《雲陽宫記》曰：‘治谷去雲陽宫八十里，《封禪書》所謂谷口也。其山出鐵，有冶鑄之利。入谷便洪潦沸騰，飛泉激射，兩岸皆峭壁孤豎，横盤坑谷，凛然凝沍，常如八九月中。朱明盛暑，當晝暫暄，凛秋晚候，緼袍不煖，所謂寒門者也。’”

［17］【顔注】晋灼曰：《地理志》首山屬河東蒲反（反，蔡琪本作“坂”，大德本、殿本作“阪”），荆山在馮翊懷德縣也。

［18］【顔注】師古曰：胡，謂頸下垂肉也。䫇，其毛也，音人占反。【今注】䫇：同“髯”。

［19］【顔注】師古曰：“卬”讀曰“仰”也（蔡琪本、大德本、殿本無“也”字）。

［20］【顔注】師古曰：屣，小履。脱屣者，言其便易，無所顧也。屣，音山爾反。

上遂郊雍，至隴西，登空桐，[1]幸甘泉。令祠官寬舒等具泰一祠壇，祠壇放亳忌泰一壇，三陔。[2]五帝壇環居其下，各如其方。黄帝西南，除八通鬼道。[3]泰一所用，如雍一畤物，而加醴棗脯之屬，殺一犛牛[4]以爲俎豆牢具。而五帝獨有俎豆醴進。[5]其下四方地，爲腏，食群神從者及北斗云。[6]已祠，胙餘皆燎之。[7]其牛色白，白鹿居其中，彘在鹿中，鹿中水而酒之。[8]祭日以牛，祭月以羊彘特。[9]泰一祝宰則衣紫及繡。五帝各如其色，日赤，月白。

[1]【今注】空桐：亦作"崆峒山"。即今寧夏固原市西之六盤山。

[2]【顔注】師古曰：陔，重也。三陔，三重壇也。音該。

[3]【顔注】服虔曰：坤位在未，黄帝從土位。

[4]【顔注】李奇曰：音貍。師古曰：西南夷長尾髦之牛也。一音茅（殿本此注在"以爲俎豆牢具"後）。

[5]【顔注】師古曰：具俎豆酒醴而進之。一曰，進，謂雜物之具，所以加禮也。

[6]【顔注】師古曰："腏"字與"餟"同（餟，蔡琪本、殿本作"綴"），謂聯續而祭也（聯，殿本作"連"），音竹芮反。"食"讀曰"飤"。【今注】爲腏：沈欽韓《漢書疏證》以爲《周禮·神仕》鄭注云"圖天神人鬼地祇之坐者，謂布祭衆寡與其居句"，即此之腏。"腏"與"綴"同。亦與"蕝""蕞""啜"義相通。

[7]【顔注】師古曰：胙，謂祭餘酒肉也。

[8]【顔注】服虔曰：水，玄酒（酒，殿本誤作"湮"）；酒，真酒也。晉灼曰：此言合牲物而燎之也。師古曰：言以白鹿内牛中，以彘内鹿中，又以水及酒合内鹿中。

[9]【顔注】師古曰：若牛，若羊，若彘，止一牲也。

十一月辛巳朔旦冬至，昒爽，[1]天子始郊拜泰一。朝朝日，夕夕月，[2]則揖；而見泰一如雍郊禮。其贊饗曰："天始以寶鼎神策授皇帝，朔而又朔，終而復始，皇帝敬拜見焉。"[3]而衣上黄。其祠列火滿壇，壇旁亨炊具。有司云"祠上有光"。公卿言："皇帝始郊見泰一雲陽，有司奉瑄玉[4]嘉牲薦饗，[5]是夜有美光，及晝，黄氣上屬天。"[6]大史令談、祠官寬舒等曰：[7]"神靈之休，祐福兆祥，宜因此地光域立泰畤壇以明應。[8]令大祝領，秋及臘間祠。三歲天子壹郊見。"

[1]【顔注】師古曰：昒爽，謂日尚冥，蓋未明之時也。昒，音忽。

[2]【顔注】師古曰：以朝旦拜日爲朝。下"朝"，音丈昭反。

[3]【顔注】師古曰：贊饗，謂祝辭。【今注】案，沈欽韓《漢書疏證》以爲董仲舒《春秋繁露·郊祀》所載郊祝曰"皇皇上帝，照臨下土，集地之靈，降甘風雨。庶物群生，各得其所。靡今靡古，惟予一人，某敬拜皇天之祜"爲古祝辭，是漢所用；今以得寶鼎，故别爲辭。

[4]【顔注】孟康曰：璧大六寸謂之瑄。

[5]【顔注】師古曰：《漢舊儀》云祭天養牛五歲，至三千斤也。

[6]【顔注】師古曰：屬，音之欲反。

[7]【今注】案，大，蔡琪本、大德本、殿本作"太"。下"大祝"之"大"同。

[8]【顔注】師古曰：明著美光及黄氣之祥應。

其秋，爲伐南越，告禱泰一，以牡荆畫幡日月北斗登龍，以象大一三星，爲泰一鏠，[1]命曰“靈旗”。爲兵禱，則大史奉以指所伐國。[2]而五利將軍使不敢入海，之泰山祠。上使人隨驗，實無所見。五利妄言見其師，其方盡，多不讎。[3]上迺誅五利。其冬，[4]公孫卿候神河南，[5]言見僊人迹緱氏城上，[6]有物如雉，往來城上。天子親幸緱氏視迹，問卿："得毋效文成、五利乎?"卿曰："僊者非有求人主，人主者求之。其道非少寬暇，[7]神不來。言神事，如迂誕，[8]積以歲，迺可致。"於是郡國各除道，繕治宮館名山神祠所，以望幸矣。

［1］【顔注】李奇曰：牡荆作幡柄也。如淳曰：牡荆，荆之無子者，皆絜齋之道。晉灼曰：牡，節間不相當也，月量刻之爲券以畏病者（量，蔡琪本、大德本、殿本作“暈”，是）。《天文志》："天極星，其一明者，大一也（大，蔡琪本、大德本、殿本作“太”）；旁三星，三公也。"畫一星在後，三星在前，爲泰一鏠也（鏠也，蔡琪本作“鏠旗”，大德本、殿本作“鏠旗也”）。師古曰：李、晉二説是也。以牡荆爲幡竿，而畫幡爲日月龍及星。【今注】大一三星：王先謙《漢書補注》指出《史記》卷一二《孝武本紀》“太一”作“天一”。“天一”是。太一無三星。“天”“太”形近。又此《志》頻見“太一”，故致誤。本書《天文志》“前列直斗口三星，隨北耑鋭，若見若不見，曰陰德，或曰天一”，即所謂“天一三星”。又在紫微垣前，故爲泰一之鋒，猶如言前鋒。三星二在垣内，一在垣外，後世以二星爲陰德，一星爲天一，而天一遂無三星。晉灼所引象三公之三星，乃北極五星之三，與此無涉。案，大，殿本作“太”。案，蔡琪本、大德本、殿本“鏠”下

有“旗”字。《漢書考正》宋祁指出，淳化本作“泰一絳旗”，注同；越本止云“泰一絳”，無“旗”字；新本云“泰一鏠”，亦無“旗”。王念孫《讀書雜志·漢書第五》以爲底本是。“旗”字爲後人以意加之。鏠，同“鋒”。此謂畫日月北斗登龍於幡上，又畫三星於大一之前，爲泰一鏠，命之曰“靈旗”，不得謂之“泰一鏠旗”。

[2]【今注】案，大，蔡琪本、大德本、殿本作“太”。

[3]【顔注】師古曰：讎，應當也。不讎，無驗也。

[4]【今注】其冬：王先謙《漢書補注》據本書卷六《武紀》，事在武帝元鼎六年（前111）冬。當云“明年冬”，“其”字誤。

[5]【今注】河南：郡名。治洛陽縣（今河南洛陽市東北）。

[6]【今注】緱氏：縣名。治所在今河南偃師市東南。

[7]【今注】案，王先謙《漢書補注》謂《史記·封禪書》“暇”作“假”，是。

[8]【顔注】師古曰：迂，回遠也。誕，大言也。

其春，既滅南越，嬖臣李延年以好音見。[1]上善之，下公卿議，曰：“民間祠有鼓舞樂，今郊祀而無樂，豈稱乎？”公卿曰：“古者祠天地皆有樂，而神祇可得而禮。”或曰：“泰帝使素女鼓五十絃瑟，悲，帝禁不止，[2]故破其瑟爲二十五絃。”於是塞南越，禱祠泰一、后土，始用樂舞。益召歌兒，[3]作二十五絃及坎侯瑟自此起。[4]其來年冬，上議曰：“古者先振兵釋旅，然後封禪。”迺遂北巡朔方，勒兵十餘萬騎，[5]還祭黄帝冢橋山，釋兵涼如。[6]上曰：“吾聞黄帝不死，有冢，何也？”或對曰：“黄帝以僊上天，群臣葬其衣冠。”既至甘泉，爲且用事泰山，先類祠泰一。[7]

［1］【今注】李延年：傳見本書卷九三。

［2］【顔注】師古曰：泰帝，亦謂泰昊也。不止，謂不能自止也。【今注】泰帝：沈欽韓《漢書疏證》引《韓非子·十過》："黄帝合鬼神於泰山之上，作爲清角。"《淮南子·覽冥訓》"昔者師曠奏《白雪》之音，而神物爲之下降"，高誘注："《白雪》，太乙五十絃瑟樂名也。"《抱朴子·極言》："黄帝論道養，則質玄、素二女。"以爲此云"使素女鼓之"，則"泰帝"指黄帝。王先謙《漢書補注》引《世本》："庖羲瑟五十絃，黄帝損之，爲二十五絃。"又王嘉《拾遺記》："黄帝使素女鼓庖羲之瑟，滿席悲不能已，後破爲七尺二寸二十五絃。"以爲是黄帝不疑。顔説誤。案，絃，殿本作"弦"，本段下同。

［3］【顔注】師古曰：益，多也。

［4］【顔注】蘇林曰：作空侯與瑟。【今注】案，坎侯，蔡琪本、大德本、殿本作"空侯"。王念孫《讀書雜志·漢書第五》以爲底本是。坎侯即空侯。但應劭《風俗通義》曰："謹案，《漢書》孝武皇帝命樂人侯調依琴作坎侯之樂，言其坎坎應節奏也。侯以姓冠章耳。或説，空侯，取其空中。琴瑟皆空，何獨坎侯邪？斯論是也。《詩》云'坎坎鼓我'，是其文也。"據此，則應所見《漢書》正作"坎侯"。蘇林曰"作空侯與瑟"，此是以空侯釋坎侯，非正文本作"空侯"。他本作"空侯"者，後人誤以蘇注改之。

［5］【今注】案，勒，蔡琪本誤作"勤"。

［6］【顔注】李奇曰：地名也。

［7］【顔注】師古曰：且猶將也。類祠，謂以事類而祭之。【今注】類：周壽昌《漢書注校補》指出"類"亦祭名，即《尚書》"肆類於上帝"是也。《爾雅》"類"作"禷"。《説文解字·示部》："禷，以事類祭天神。"

自得寶鼎，上與公卿諸生議封禪。封禪用希曠絶，莫知其儀體，[1]而群儒采封禪《尚書》《周官》《王制》之望祀射牛事。[2]齊人丁公年九十餘，曰："封禪者，古不死之名也。秦始皇不得上封。陛下必欲上，稍上[3]即無風雨，遂上封矣。"上於是迺令諸儒習射牛，草封禪儀。數年，至且行。天子既聞公孫卿及方士之言，黄帝以上封禪皆致怪物與神通，欲放黄帝[4]以接神人蓬萊高世，比德於九皇，[5]而頗采儒術以文之。群儒既已不能辯明封禪事，又拘於《詩》《書》古文而不敢聘。[6]上爲封祠器視群儒，[7]群儒或曰"不與古同"，徐偃又曰"大常諸生行禮不如魯善"，[8]周霸屬圖封事，[9]於是上黜偃、霸，而盡罷諸儒弗用。

[1]【今注】案，王先謙《漢書補注》謂《史記·封禪書》等"體"作"禮"。

[2]【顔注】師古曰：天子有事宗廟，必自射牲，示親殺也（蔡琪本、大德本、殿本"示"前有"蓋"字）。事見《國語》也（殿本無"也"字）。

[3]【顔注】師古曰：稍，漸也。

[4]【顔注】師古曰：放，依也，音甫往反。

[5]【顔注】張晏曰：三皇之前有人皇，九首。韋昭曰：上古有人皇者九人。師古曰：韋説是也。【今注】九皇：九皇氏。傳説中上古帝王。或以爲人皇兄弟九人。《漢書考正》劉敞以爲董仲舒"周人推神農爲九皇"，即此是。沈欽韓《漢書疏證》以爲如《史記》所載："九皇氏没，六十四民興。六十四民没，三皇興。"若董仲舒《春秋繁露·三代》之義，殷建白統，與夏、虞爲三代，而退唐於五帝之末，與高辛、高陽、黄帝、神農爲五帝，推庖犧爲九皇，恐非此義。

[6]【今注】案，聘，蔡琪本、大德本、殿本作“騁”，是。

[7]【顔注】師古曰：“視”讀曰“示”。

[8]【顔注】師古曰：徐偃，博士姓名。【今注】案，大，蔡琪本、大德本、殿本作“太”。

[9]【顔注】服虔曰：屬，會也，會諸儒圖封事也。師古曰：周霸，亦人姓名也。屬，音之欲反。

三月，[1]迺東幸緱氏，禮登中嶽太室。從官在山上聞若有言“萬歲”云。問上，上不言；問下，下不言。[2]迺令祠官加增太室祠，禁毋伐其山木，以山下户凡二百封崈高，爲之奉邑，[3]獨給祠，復無有所與。[4]上因東上泰山，[5]泰山草木未生，[6]迺令人上石立之泰山顛。[7]上遂東巡海上，行禮祠八神。齊人之上疏言神怪奇方者以萬數，迺益發，船令言海中神山者數千人求蓬萊神人。[8]公孫卿持節常先行候名山，至東萊，言夜見大人，[9]長數丈，就之則不見，見其迹甚大，類禽獸云。群臣有言見一老父牽狗，言“吾欲見鉅公”，[10]已忽不見。上既見大迹，未信，及群臣又言老父，則大以爲僊人也。宿留海上，[11]與方士傳車[12]及閒使求神僊人以千數。[13]

[1]【今注】案，三月，《漢書考正》宋祁曰：本書卷六《武紀》作“正月”。

[2]【今注】案，王先謙《漢書補注》曰：“山上下人皆未言，是以神之。”

[3]【顔注】師古曰：崈，古“崇”字耳。以崇奉嵩高之山，故謂之崈高奉邑。奉，音扶用反。【今注】案，二，蔡琪本、大德

本、殿本作“三”。

［4］【顔注】師古曰：復，音方目反。“與”讀曰“豫”（豫，殿本作“預”）。

［5］【顔注】如淳曰：言易上也（上，殿本作“土”）。泰山從南面直上，步道三十里，車道百里。

［6］【今注】案，王先謙《漢書補注》以爲《史記·封禪書》“木”下有“葉”字，是。

［7］【顔注】師古曰：從山下轉石而上也（蔡琪本、殿本無“也”字）。

［8］【今注】案，船，蔡琪本作“舩”。

［9］【今注】案，大人，殿本誤作“人人”。

［10］【顔注】鄭氏曰：天子也。張晏曰：天子爲天下父，故曰鉅公也。師古曰：鉅，大也。

［11］【顔注】師古曰：宿留，謂有所須待也。宿，音先就反（就，大德本、殿本作“欲”）。留，音力就反。它皆類此。

［12］【顔注】師古曰：傳，音張戀反。

［13］【顔注】師古曰：間，微也，隨閒隙而行也。

四月，還至奉高。[1]上念諸儒及方士言封禪人殊，不經，難施行。[2]天子至梁父，禮祠地主。至乙卯，令侍中儒者皮弁縉紳，[3]射牛行事。封泰山下東方，如郊祠泰一之禮。封廣丈二尺，高九尺，其下則有玉牒書，書祕。禮畢，天子獨與侍中奉車子侯上泰山，[4]亦有封。其事皆禁。明日，下陰道。丙辰，禪泰山下阯東北肅然山，[5]如祭后土禮。天子皆親拜見，衣上黄而盡用樂焉。江淮間一茅三脊爲神藉。[6]五色土益雜封。縱遠方奇獸飛禽及白雉諸物，頗以加祠。兕牛象犀之屬不用。皆至泰山，然後去。封禪祠，其夜若有光，晝有白雲出封中。[7]

[1]【今注】奉高：縣名。治所在今山東泰安市東。

[2]【顔注】師古曰：人人殊異，又不合經，故難以施行。

[3]【今注】皮弁：古冠。爲朝服。用白鹿皮製成。 縉紳：插笏於紳帶間。

[4]【顔注】服虔曰：子侯，霍去病子也。【今注】奉車：漢武帝始置，職掌皇帝車輿，入侍左右，多由皇帝親信充任。秩比二千石。 子侯：沈欽韓《漢書疏證》以爲"子侯"亦云小侯。《太平御覽》卷六六三："有稷邱公者，太山下道士也。漢武帝東巡，狩至泰山，稷丘公乃冠章甫，衣黄，擁琴，來迎上，曰：'陛下勿上也，恐傷足。'帝必欲上，及數里，果如言，但諱之。故但祠而還，爲稷丘公立祠，復百户。'" 《梁書》卷四〇《許懋傳》云"丘子侯暴卒，厥足用傷"，指此事。周壽昌《漢書注校補》以爲霍去病子名嬗，字子侯，以奉車都尉從駕。《志》不書姓名而官且字之，承用《史記》文。

[5]【顔注】師古曰：阯者，山之基足，音止。【今注】肅然山：在今山東萊蕪市西北。

[6]【今注】藉：王先謙《漢書補注》引《資治通鑑》胡三省注云："藉，薦也。"

[7]【顔注】師古曰：雲出於所封之中（殿本"雲"前有"白"字）。

天子從禪還，坐明堂，群臣更上壽。[1]下詔改元封元年。[2]語在《武紀》。又曰："古者天子五載一巡狩，用事泰山，諸侯有朝宿地。[3]其令諸侯各治邸泰山下。"天子既已封泰山，無風雨，而方士更言蓬萊諸神[4]若將可得，於是上欣然庶幾遇之，復東至海上望焉。奉車子侯暴病，一日死。上迺遂去，並海上，[5]北至碣石，巡自遼西，[6]歷北邊至九原。[7]五月，迺至甘泉，周萬八千里云。

[1]【顏注】師古曰：更，互也，音工衡反。【今注】上壽：謂向人敬酒，祝頌長壽。

[2]【今注】案，大德本作"改元爲元封"，殿本作"改元爲元封元"。王念孫《讀書雜志·漢書第五》以爲底本是。又，沈欽韓《漢書疏證》曰："自此以前，皆是從後追稱；至此，始真改元有號也。後世因之。"

[3]【今注】朝宿地：謂供諸侯朝見天子時住宿。《公羊傳》桓公元年："許田者何？魯朝宿之邑也。諸侯時朝乎天子，天子之郊，諸侯皆有朝宿之邑焉。"

[4]【顏注】師古曰：更，音工衡反。

[5]【顏注】師古曰：並，音步浪反。上，音時掌反。

[6]【今注】遼西：郡名。治且慮縣（今遼寧義縣北）。

[7]【今注】九原：縣名。治所在今内蒙古包頭市九原區。

其秋，有星孛于東井。後十餘日，有星孛于三能。[1]望氣王朔言："候獨見填星出如瓜，[2]食頃，復入。"有司皆曰："陛下建漢家封禪，天其報德星云。"[3]其來年冬，郊雍五帝。還，拜祝祠泰一。[4]贊饗曰："德星昭衍，厥維休祥。[5]壽星仍出，淵燿光明。信星昭見，[6]皇帝敬拜泰祝之享。"其春，公孫卿言見神人東萊山，若云"欲見天子"。天子於是幸緱氏城，拜卿爲中大夫。遂至東萊，宿，[7]留之數日，毋所見，見大人迹云。復遣方士求神人采藥以千數。是歲旱。天子既出亡名，迺禱萬里沙，[8]過祠泰山。[9]還至瓠子，自臨塞決河，留二日，湛祠而去。[10]

［1］【顔注】師古曰："能"讀曰"台"。【今注】三能：三台。星名。《晉書·天文志上》："在人曰三公，在天曰三台，主開德宣符也。西近文昌二星曰上台，爲司命，主壽。次二星曰中台，爲司中，主宗室。東二星曰下台，爲司禄，主兵，所以昭德塞違也。"

［2］【今注】案，候，蔡琪本、殿本作"後"。

［3］【顔注】師古曰：德星，即填星也。言天以德星報於帝。【今注】德星：張文虎《舒藝室隨筆》卷五以爲"填星"，土星。公孫臣説漢以土德王，文帝以來用之，故謂填星爲德星。《史記》作"旗"字，誤。司馬貞《索隱》以爲歲星，非。王先謙《漢書補注》引本書《天文志》補證："景星者，德星也，其狀無常，常出於有道之國。"

［4］【顔注】師古曰：拜而祠之，加祝辭。

［5］【顔注】師古曰：昭，明；衍，大；休，美也。

［6］【今注】信星：土星，又名鎮星。

［7］【今注】案，蔡琪本、殿本"宿"前有"東萊"二字。

［8］【顔注】應劭曰：萬里沙，神祠也，在東萊曲城。如淳曰：故禱萬里沙以爲名也。

［9］【顔注】鄭氏曰：泰山東自復有小泰山。臣瓚曰：即今之泰山也。師古曰：瓚説是也。

［10］【顔注】師古曰："湛"讀曰"沈"。謂沈祭具於水中也。《爾雅》曰："祭川曰浮沈。"

漢書　卷二五下

郊祀志第五下

是時既滅兩粤,[1]粤人勇之乃言:"粤人俗鬼,[2]而其祠皆見鬼,數有效。昔東甌王敬鬼,壽百六十歲。後世怠嫚,故衰耗。"[3]迺命粤巫立粤祝祠,[4]安臺無壇,亦祠天神帝百鬼,[5]而以雞卜。[6]上信之,粤祠雞卜自此始用。[7]公孫卿曰:"僊人可見,上往常遽,以故不見。[8]今陛下可爲館如緱氏城,[9]置脯棗,神人宜可致。且僊人好樓居。"於是令長安則作飛廉、桂館,[10]甘泉則作益壽、延壽館,[11]使卿持節設具而候神人。迺作通天臺,[12]置祠具其下,將招來神僊之屬。於是甘泉更置前殿,始廣諸宮室。夏,有芝生甘泉殿房内中。天子爲塞河,興通天,若有光云,[13]迺下詔甘泉房中生芝九莖赦天下,毋令復作。[14]

[1]【今注】兩粤:指南粤、閩粤。傳見本書卷九五。

[2]【顔注】師古曰:勇之,越人名也。俗鬼,言其土俗尚鬼神之事。

[3]【顔注】師古曰:耗,減也,音火到反。

[4]【今注】案,王先謙《漢書補注》曰:"《地理志》馮翊雲

陽有越巫䑣鄭祠三所。”

［5］【顏注】師古曰：天帝之神及百鬼。

［6］【顏注】李奇曰：持雞骨卜，如鼠卜。【今注】雞卜：以雞骨或雞卵占吉凶禍福。《史記》卷一二《孝武本紀》：“乃令越巫立越祝祠，安臺無壇，亦祠天神上帝百鬼，而以雞卜。上信之，越祠雞卜始用焉。”張守節《正義》：“雞卜法，用雞一，狗一，生，祝願訖，即殺雞狗煮熟，又祭，獨取雞兩眼，骨上自有孔裂，似人物形則吉，不足則凶。今嶺南猶此法也。”王先謙《漢書補注》引《資治通鑑》胡三省注引范成大《桂海虞衡志》：“雞卜，南人占法，以雄雞雛執其兩足，焚香禱所占，撲雞殺之，拔兩股骨，净洗，綫束之，以竹筳插束處，使兩骨相背於筳端，執竹再祝。左骨爲儂。儂，我也。右骨爲人。人，所占事也。視兩骨之側所有細竅，以細竹筳長寸餘徧插之，斜直偏正，各隨竅之自然，以定吉凶。其法有十八變，大抵直而正或近骨者多，吉；曲而斜或遠骨者多，凶。亦有用雞卵卜者，握卵以卜，書墨於殼，記其四維；煑熟横截，視當墨處，辨殼中白之厚薄以定儂、人吉凶。”

［7］【顏注】師古曰：言國家始用。

［8］【顏注】師古曰：遽，速也，音其庶反。

［9］【顏注】師古曰：依其制度也。

［10］【顏注】師古曰：飛廉館及桂館二名也。

［11］【顏注】師古曰：益壽、延壽，亦二館（亦二館，蔡琪本、大德本作“亦二館名”，殿本作“二館名”）。【今注】益壽延壽館：《漢書考證》齊召南曰：“館”字，《史記·封禪書》俱作“觀”。王鳴盛《十七史商榷》卷一三引黄長睿《東觀餘論》云：“《史記》作‘益延壽館’。而近歲雍耀閒耕夫得古瓦首作‘益延壽’三字，瓦徑尺，字畫奇古，即此館當時瓦也。《括地志》‘延壽觀在雍州雲陽縣西北八十一里，通天臺西八十步’，正今耀州地也。然則當以《史記》爲正。《志》誤衍一‘壽’字。顏云‘二

館'，非。"陳直《漢書新證》引黄伯思《東觀餘論》卷二云："武帝因公孫卿言仙人好樓居，於是令長安作飛廉桂觀，甘泉作益壽延壽館。顔師古注，'益壽延壽二館也'。《史記》作益延壽觀，而近年雍耀間耕夫，有得古瓦，其首作"益延壽"三字，字畫奇古，即此觀當時瓦也。"《史記·封禪書》作"益延壽觀"，司馬貞《索隱》引《漢武故事》云："作延壽觀，高三十丈。"《三輔黄圖》並同，以瓦文證之，《史記》原文最正確，《漢書》則衍"壽"字，《故事》及《黄圖》則脱"益"字。《漢書》衍"壽"字，唐時已然。又，益延壽瓦，乾隆時曾出一面，翁方綱著録於《兩漢金石記》。光緒初吴清卿在秦中又得一面，著録於《愙齋磚瓦録》。又有"益延壽宫瓦"，蓋觀、館、宫三字名異實同。又見有益延壽大方磚，旁分四虎畫像，亦極雄偉。

［12］【顔注】師古曰：《漢舊儀》云，臺高三十丈，望見長安城。【今注】通天臺：《漢書考證》齊召南指出，《史記·封禪書》作"通天莖臺"。

［13］【顔注】師古曰：爲塞河及造通天臺而有神光之應，欲赦天下也。

［14］【今注】案，毋，蔡琪本、殿本作"無"，又大德本此二句作"迺下詔赦天下"。《漢書考正》宋祁曰："南本'云迺下詔'字下無十二字。"《漢書考證》云："案，監本及别本'乃下詔'之下無'甘泉房中生芝九莖'八字，'赦天下'之下無'無令復作'四字，今從宋本補。"

其明年，伐朝鮮。[1]夏，旱。公孫卿曰："黄帝時封則天旱，乾封三年。"[2]上迺下詔："天旱，意乾封乎？[3]其令天下尊祠靈星焉。"明年，上郊雍五畤，通回中道，遂北出蕭關，[4]歷獨鹿、鳴澤，[5]自西河歸，[6]幸河東祠后土。明年冬，上巡南郡，[7]至江陵而東。登禮灊之天柱山，號曰南嶽。[8]浮江，自潯陽出樅陽，[9]過彭蠡，禮其名山川。北至琅邪，並海上。[10]四月，至奉高修封焉。

[1]【今注】朝鮮：傳見本書卷九五。

[2]【顔注】師古曰：三歲不雨，暴所封之土令乾也。

[3]【顔注】鄭氏曰：言適新封則致天旱（天旱，蔡琪本、大德本、殿本作“旱天”），欲乾我所封乎？

[4]【今注】蕭關：在今寧夏固原市東南。

[5]【顔注】師古曰：解並在《武紀》。

[6]【今注】西河：郡名。治平定（今内蒙古准格爾旗西南）。

[7]【今注】南郡：治江陵（今湖北江陵縣）。

[8]【顔注】師古曰：灊，盧江縣也（殿本無“也”字），天柱山在焉。武帝以天柱山爲南嶽。灊，音潛。【今注】天柱山：又名霍山，在今安徽霍山縣南。

[9]【顔注】師古曰：樅，音千庸反。【今注】潯陽：長江一段，在今江西九江市北。　樅陽：縣名。治所在今安徽樅陽縣。

[10]【顔注】師古曰：並，音步浪反。上，音時掌反。

初，天子封泰山，泰山東北阯古時有明堂處，[1]處險不敞。[2]上欲治明堂奉高旁，未曉其制度。濟南人公玉帶上黃帝時明堂圖。[3]明堂中有一殿，[4]四面無壁，以茅蓋，通水，水圜宮垣，[5]爲復道，上有樓，從西南入，[6]名曰昆侖，[7]天子從之入，以拜祀上帝焉。於是上令奉高作明堂汶上，如帶圖。[8]及是歲修封，則祠泰一、五帝於明堂上坐，[9]合高皇帝祠坐對之。[10]祠后土於下房，以二十太牢。天子從昆侖道入，始拜明堂如郊禮。畢，尞堂下。而上[11]又上泰山，自有祕祠其顛。而泰山下祠五帝，各如其方，黄帝并赤帝所，[12]有司侍祠焉。山上舉火，下悉應之。還幸甘泉，郊泰畤。春幸汾陰，[13]祠后土。

[1]【今注】案，王鳴盛《十七史商榷》卷一三引《孟子》補證“齊宣王問曰‘人皆謂我毁明堂’”，趙岐注：“泰山下明堂，周天子東巡狩朝諸侯之處。齊侵地而得有之。”

[2]【顔注】師古曰：言其阻陒不顯敞。

[3]【顔注】師古曰：公玉，姓也。帶，名也。《吕氏春秋》齊有公玉丹，此蓋其舊族。而説者讀公玉爲宿，非也。單姓玉者，後漢司徒玉況，自音宿耳。【今注】濟南：郡名。治東平陵（今山東濟南市章丘區）。

[4]【今注】案，王念孫《讀書雜志·漢書第五》以爲“明堂中有一殿”，“明堂”下亦當有“圖”字。此“圖”字統下九句而言。今本脱則文義不明。《太平御覽·禮儀部》引此已脱“圖”字。《初學記·禮部上》引作“《明堂圖》中有一殿”，《史記·封禪書》、卷一二《孝武本紀》並同。《續漢書·祭祀志》劉昭注、《藝文類聚·禮部》、《初學記·居處部》引作“圖中有一殿”。

[5]【顔注】師古曰：圜，繞也。

[6]【顔注】師古曰：“復”讀曰“複”也（殿本無“也”字）。

[7]【今注】昆侖：汶上明堂的通道。《史記·孝武本紀》司馬貞《索隱》：“名其道曰崑崙。言其似崑崙山之五城十二樓。”

[8]【顔注】師古曰：汶，水名也，出琅邪朱虚。作明堂於汶水之上也。帶圖，公玉帶所上明堂圖。汶，音問。【今注】汶：《漢書考證》齊召南以爲顔注“汶水”，非。《資治通鑑》卷二一《漢紀》孝武皇帝元封二年胡三省注云：“余據班《志》，明堂在泰

山奉高縣西南四里；又《禹貢》，‘浮于汶達于濟’；此明堂當在濟之汶上。琅邪之汶入于濰，而濰入于海，其地僻遠，非立明堂處。”

[9]【顔注】師古曰：坐，音才卧反。

[10]【顔注】服虔曰：漢是時未以高祖配天（蔡琪本、殿本“高祖”後有“時”字），故言“對”。光武以來乃配之。

[11]【顔注】師古曰：尞，古“燎”字也（蔡琪本、大德本、殿本無“也”字）。

[12]【顔注】師古曰：與赤帝同處。

[13]【今注】案，《漢書考正》宋祁曰：姚本“春”字上有“明年”二字。王先謙《漢書補注》以爲與本書卷六《武紀》校，當有“明年”二字，各本脱。

明年，幸泰山，以十一月甲子朔旦冬至日祀上帝於明堂，毋修封。[1]其贊饗曰：“天增授皇帝泰元神策，周而復始。皇帝敬拜泰一。”[2]東至海上，考入海及方士求神者，莫驗，然益遣，幾遇之。[3]乙酉，柏梁災。十二月甲午朔，上親禪高里，[4]祠后土。臨勃海，將吕望祀蓬萊之屬，幾至殊庭焉。[5]上還，以柏梁災故，受計甘泉。[6]公孫卿曰：“黄帝就青靈臺，十二日燒，[7]黄帝乃治明庭。明庭，甘泉也。”方士多言古帝王有都甘泉者。其後天子又朝諸侯甘泉，甘泉作諸侯邸。勇之迺曰：“粤俗有火灾，復起屋，必以大，用勝服之。”於是作建章宫，[8]度爲千門萬户。前殿度高未央。[9]其東則鳳闕，高二十餘丈。[10]其西則商中，數十里虎圈。[11]其北治大池，漸臺高二十餘丈，名曰泰液，[12]池中有蓬萊、方丈、瀛州、壺梁，象海中神山龜魚之屬。[13]其南有玉堂璧門大鳥之屬。[14]立神明臺、井幹樓，高五十丈，輦道相屬焉。[15]夏，漢改歷，以正月爲歲首，而色上黄，官更印章以五字，[16]因爲太初元年。是歲，西伐大宛，[17]蝗大起。丁夫人、雒陽虞初等[18]以方祠詛匈奴、大宛焉。

[1]【今注】毋修封：蔡琪本、大德本、殿本作“後每修封”。王先謙《漢書補注》以爲《史記·封禪書》作“毋修封禪”，則“毋”字是。

[2]【顔注】師古曰：自此以上，贊祝者辭。

[3]【顔注】師古曰：益，多也。“幾”讀曰“冀”。言更遣人求之，冀必遇也。

[4]【顔注】師古曰：高里，山名。解在《武紀》也（蔡琪本、大德本、殿本無“也”字）。【今注】高里：又名高禪山。在今山東泰安市西南。

[5]【顔注】師古曰：殊庭，蓬萊中仙人庭也（仙，殿本作“僊”）。“幾”讀曰“冀”。

[6]【今注】案，王先謙《漢書補注》引張守節《史記正義》引顧胤云：“柏梁被燒，故受計獻之物於甘泉也。”

[7]【顔注】師古曰：就，成也，造臺適成，經十二日即遇火燒。

[8]【今注】建章宫：在今陜西西安市西北二十里，漢長安故城西。

[9]【顔注】師古曰：度，並音大各反。

[10]【顔注】師古曰：《三輔故事》云其闕圜上有銅鳳凰。【今注】鳳闕：沈欽韓《漢書疏證》引《三輔黄圖》補證：“鳳皇闕高七十丈五尺，亦名别鳳闕。又云，嶕嶢闕在圓闕門内二百步。繁欽《建章序》云：‘秦漢規模，廓然泯毁，惟建章鳳闕聳然獨存，雖非象魏之制，亦一代之巨觀。’古歌云：‘長安城西有雙闕，上有

雙銅雀，一鳴五穀成，再鳴五穀熟。’案，銅雀即銅鳳皇也。楊震《關輔古語》云：‘長安民俗謂鳳皇闕爲貞女樓。’”

[11]【顔注】如淳曰：商中，商庭也。師古曰：商，金也。於序在秋，故謂西方之庭爲商庭，言廣數十里。於菟亦西方之獸，故於此置其圈也。【今注】商中：王念孫《讀書雜志·漢書第五》以爲“商中”本作“唐中”，如注本作“唐中，唐，庭也”。《史記·封禪書》等均作“唐中”，司馬貞《史記索隱》：“如淳云：‘唐，庭也。’《詩》云‘中唐有甓’。鄭元曰：‘唐，堂塗也。’《爾雅》以廟中路謂之唐。《西京賦》曰‘前開唐中，彌望廣象’是也。”班固《西都賦》“前唐中而後太液”，《後漢書》注、《文選》注引《漢書》均作“唐中”，又引如注云：“唐，庭也。”是唐初所見本並作“唐中”。

[12]【顔注】師古曰：漸，浸也。臺在池中，爲水所浸，故曰漸臺。一音子廉反。《三輔黄圖》或爲“瀸”字，瀸亦浸耳。

[13]【顔注】師古曰：《三輔故事》云，池北岸有石魚，長三丈，高五尺，西岸有石鼈三枚（鼈，蔡琪本、殿本作“龜”），長六尺。

[14]【顔注】師古曰：立大鳥象也。

[15]【顔注】師古曰：《漢宫閣疏》云，神明臺高五十丈，上有九室，恒置九天道士百人。然則神明、井幹俱高五十丈也。井幹樓積木而高，爲樓若井幹之形也。井幹者，井上木欄也，其形或四角，或八角。張衡《西京賦》云“井幹疊而百層”，即謂此樓也。“幹”或作“韓”（韓，蔡琪本、殿本作“翰”），其義並同。

[16]【顔注】師古曰：解在《武紀》也。

[17]【今注】大宛：傳見本書卷九六上。

[18]【顔注】應劭曰：丁夫人，其先丁復，本越人，封陽都侯。夫人其後，以詛軍爲功。韋昭曰：丁，姓；夫人，名也。

明年，有司言雍五畤無牢孰具，芬芳不備。迺令祠官進畤犢牢具，色食所勝，[1]而以木寓馬代駒云。[2]及諸名山川用駒者，悉以木寓馬代。獨行過親祠，迺用駒，它禮如故。明年，東巡海上，考神僊之屬，未有驗者。方士有言黄帝時爲五城十二樓，[3]以候神人於執期，[4]名曰迎年。[5]上許作之如方，名曰明年。[6]上親禮祠，上犢黄焉。公玉帶曰："黄帝時雖封泰山，然風后、封鉅、岐伯令黄帝封東泰山，[7]禪几山，[8]合符，然後不死。"天子既令設祠具，至東泰山，卑小，不稱其聲，迺令祠官禮之，而不封焉。其後令帶奉祠候神物。復還泰山，修五年之禮如前，而加禪祠石閭。石閭者，在泰山下阯南方，[9]方士言僊人閭也，故上親禪焉。

[1]【顔注】孟康曰：若火勝金，則祠赤帝以白牲也。

[2]【今注】案，沈欽韓《漢書疏證》以爲伐宛馬少，故以木偶代替。

[3]【顔注】應劭曰：《昆侖玄圃》："五城十二樓，仙人之所常居（仙，殿本作"僊"）。"

[4]【顔注】鄭氏曰：地名也。

[5]【顔注】師古曰：迎年，若云祈年。

[6]【顔注】師古曰：言明其得延年也。【今注】明年：王先謙《漢書補注》指出下文又兩作"延年"，則似"延年"是。然《史記·封禪書》亦作"命曰明年"。命即名。《史記》卷一二《孝武本紀》無"命曰"二字，以"明年"二字屬下讀，當是後人妄删。下"諸明年"三字，《史記》並同。顔本注又作"明年"解。是明年即延年而有二名。

［7］【顔注】韋昭曰：風后、封鉅、岐伯皆黄帝臣也。臣瓚曰：東泰山在琅邪朱虚界，中有小泰山是。

［8］【顔注】師古曰：几山在朱虚縣（几，蔡琪本、殿本作“凡”），見《地理志》也。【今注】几山：當作“凡山”，在今山東昌樂縣西南。一作“丸山”。案，几，蔡琪本、殿本作“凡”。錢大昭《漢書辨疑》據《史記》卷一《五帝本紀》：“東至于海，登丸山。”裴駰《集解》徐廣曰：“‘丸’一作‘凡’。”《集解》：“《地理志》曰丸山在琅邪朱虚縣。”司馬貞《索隱》：“作‘凡’，凡音扶嚴反。”張守節《正義》：“音桓。《括地志》云：‘丸山即丹山，在青州臨朐縣界朱虚故縣西北二十里。’”以爲丸、凡即是一山。其字當爲“丸”。

［9］【顔注】師古曰：下基之南面。

其後五年，[1]復至泰山修封，還過祭恒山。自封泰山後，十三歲而周徧於五嶽、四瀆矣。後五年，[2]復至泰山修封。東幸琅邪，禮日成山，登之罘，浮大海，用事八神延年。[3]又祠神人於交門宫，若有鄉坐拜者云。[4]後五年，[5]上復修封于泰山。東游東萊，臨大海。是歲，雍縣無雲如靁者三，[6]或如虹氣蒼黄，若飛鳥集棫陽宫南，[7]聲聞四百里。隕石二，黑如黳，[8]有司以爲美祥，以薦宗廟。而方士之候神入海求蓬萊者終無驗，公孫卿猶目大人之迹爲解。[9]天子猶羈縻不絶，[10]幾遇其真。[11]諸所興，如薄忌泰一及三一、冥羊、馬行、赤星、五牀、寬舒之祠宫，[12]以歲時致禮。凡六祠，皆大祝領之。至如八神，諸明年、几山它名祠，[13]行過則祠，去則已。方士所興祠，各自主，其人終則已，祠官不主。它祠皆如故。甘泉泰一、汾陰后土，三年親郊祠，而泰山五年一修封。武帝凡五修封。昭帝即位，富於春秋，未嘗親巡祭云。

［1］【今注】案，王先謙《漢書補注》以爲，本書卷六《武紀》此事在武帝天漢三年（前98）。太初止四年，“後五年”者，併太初三年計算。

［2］【今注】案，王先謙《漢書補注》以爲此事，本書《武紀》在武帝太始三年（前94）。天漢止四年，“後五年”者，亦併天漢三年計算。

［3］【顔注】師古曰：解並在《武紀》。延年，即上所謂迎年者。

［4］【顔注】師古曰：如有神人景象嚮祠坐而拜也。事具在《武紀》。“鄉”讀曰“嚮”同（曰，蔡琪本、大德本、殿本作“與”）。

［5］【今注】案，王先謙《漢書補注》以爲，本書《武紀》此事在武帝征和四年（前89）。此“後五年”，亦併太始四年計。

［6］【顔注】師古曰：靁，古“雷”字也（殿本無“也”字）。空有雷聲也。

［7］【顔注】師古曰：棫，音域。【今注】棫陽宫：宫殿名。在秦雍城遺址南郊，亦即今陝西鳳翔縣城南（見馬振智、焦南峰《蘄年、棫陽、年宫考》，《陝西省考古學會第一届年會論文集》）。秦昭襄王時始建。秦始皇曾遷其母於此宫。

［8］【今注】黳（yī）：黑色玉石。案，蔡琪本、大德本作“磬”。

［9］【顔注】師古曰：言見大人之跡（蔡琪本無“言”字），以自解説也。

［10］【顔注】師古曰：羈縻，繫聯之意。馬絡頭曰羈也。牛靷曰縻。

[11]【顔注】師古曰："幾"讀曰"冀"。

[12]【顔注】李奇曰：皆祠名。【今注】五牀：王先謙《漢書補注》指出《史記·封禪書》《孝武本紀》無"牀"字，司馬貞《索隱》注《紀》云："赤星即上靈星祠。靈星，龍左角，赤，故曰赤星。五者，泰一也，三一也，冥羊也，馬行也，赤星也，凡五，并令祠官寬舒領之。五者之外有正泰一后土祠，故云六也。"又注《封禪書》云："《郊祀志》云'祠官寬舒議祠后土爲五壇'，故謂之'五寬舒祠官'也。"前後互異，當以《本紀》注爲正。"牀"字疑後人緣下文"五牀山"誤加，以合下六祠之數。《封禪書》《孝武紀》"宫"作"官"，是。此誤。

[13]【今注】案，几，蔡琪本、大德本、殿本作"凡"。

宣帝即位，由武帝正統興，故立三年，尊孝武廟爲世宗，行所巡狩郡國皆立廟。告祠世宗廟日，有白鶴集後庭。以立世宗廟告祠孝昭寢，有鴈五色集殿前。西河築世宗廟，神光興于殿旁，有鳥如白鶴，前赤後青。神光又興于房中，如燭狀。廣川國世宗廟殿上有鍾音，[1]門户大開，夜有光，殿上盡明。上迺下詔赦天下。時，大將軍霍光輔政，[2]上共己正南面，[3]非宗廟之祀不出。[4]十二年，迺下詔曰："蓋聞天子尊事天地，修祀山川，古今通禮也。閒者，上帝之祠闕而不親十有餘年，朕甚懼焉。朕親飭躬齊戒，親奉祀，爲百姓蒙嘉氣，獲豐年焉。"

[1]【今注】廣川國：治信都縣（今河北衡水市冀州區）。

[2]【今注】霍光：傳見本書卷六八。

[3]【顔注】師古曰："共"讀曰"恭"。

[4]【今注】案，祀，蔡琪本、殿本作“祠”。

明年正月，上始幸甘泉，郊見泰畤，數有美祥。修武帝故事，盛車服，敬齊祠之禮，頗作詩歌。其三月，幸河東，祠后土，有神爵集，改元爲神爵。[1]制詔太常：“夫江海，百川之大者也，今闕焉無祠。其令祠官以禮爲歲事，[2]以四時祠江海雒水，[3]祈爲天下豐年焉。”自是五嶽、四瀆皆有常禮。東嶽泰山於博，[4]中嶽泰室於嵩高，[5]南嶽灊山於灊，[6]西嶽華山於華陰，[7]北嶽常山於上曲陽，[8]河於臨晉，[9]江於江都，[10]淮於平氏，[11]濟於臨邑界中，[12]皆使者持節侍祠。唯泰山與河歲五祠，江水四，餘皆一禱而三祠云。

[1]【今注】神爵：漢宣帝年號（前61—前58）。

[2]【顔注】師古曰：言每歲常祠之。

[3]【今注】案，王先謙《漢書補注》引本書《地理志》：“東萊臨朐有海水祠。臨淮海陵有江海會祠。”

[4]【今注】博：縣名。治所在今山東泰安市東南。

[5]【今注】嵩高：又作“崈高”，縣名。治所在今河南登封市。

[6]【顔注】師古曰：“灊”與“潛”同也。【今注】灊：縣名。治所在今安徽霍山縣東北。《漢書考證》齊召南指出，南嶽爲衡山。自漢武帝元封五年（前106）巡南郡，至江陵，而東登禮灊之天柱山，號曰南嶽，於是南嶽之名移於灊山，而長沙湘南之衡山自古稱南嶽者，反無祠。

[7]【今注】華陰：縣名。治所在今陝西華陰市東。因在華山之北，故得名。

[8]【顏注】師古曰：上曲陽，常山郡之縣也。【今注】上曲陽：縣名。治所在今河北曲陽縣西。

[9]【顏注】師古曰：馮翊之縣也，臨河西岸。

[10]【顏注】師古曰：廣陵之縣也。【今注】江都：縣名。治所在今江蘇揚州市邗江區西南。

[11]【顏注】師古曰：南陽之縣也。【今注】平氏：縣名。治所在今河南桐柏縣平氏鎮。

[12]【顏注】師古曰：東郡之縣也。【今注】臨邑：縣名。治所在今山東東阿縣。

時，南郡獲白虎，獻其皮牙爪，上爲立祠。又㠯方士言，爲隨侯、劍寶、玉寶璧、周康寶鼎立四祠於未央宫中。[1]又祠太室山於即墨，三户山於下密，[2]祠天封苑火井於鴻門。[3]又立歲星、辰星、太白、熒惑、南斗祠於長安城旁。又祠參山八神於曲城，[4]蓬山石社石鼓於臨朐，[5]之罘山於腄，成山於不夜，萊山於黄。[6]成山祠日，萊山祠月。又祠四時於琅邪，蚩尤於壽良。[7]京師近縣鄠，[8]則有勞谷、五牀山、日月、五帝、僊人、玉女祠。[9]雲陽有徑路神祠，祭休屠王也。[10]又立五龍山僊人祠及黄帝、天神、帝原水，凡四祠於膚施。[11]或言益州有金馬碧雞之神，[12]可醮祭而致，於是遣諫大夫王襃使持節而求之。[13]大夫劉更生獻淮南枕中洪寶苑祕之方，[14]令尚方鑄作。[15]事不驗，更生坐論。京兆尹張敞上疏諫曰：[16]“願明主時忘車馬之好，斥遠方士之虚語，[17]游心帝王之術，太平庶幾可興也。”後尚方待詔皆罷。

[1]【今注】四祠：《漢書考正》劉敞曰："四祠：隨侯珠，一也；劍寶，即斬蛇劍，二也；玉寶璧，即受命寶和氏璧，三也。三物皆漢天子世傳者，并周康寶鼎爲四。周康寶鼎，似汾上所獲鼎也。"《漢書考證》齊召南以爲劉敞解珠、劍、璧三物是，惟汾上鼎可疑。上文言汾陰寶鼎明曰"鼎大異於衆鼎，文鏤無款識"，故云"寶鼎"，不云"周康寶鼎"。且四物祠未央宫中，是宫中寶物。若寶鼎，已迎至甘泉宫祀天處，不得於宫中立祠。

[2]【顔注】師古曰：即墨、下密皆膠東之縣也。【今注】即墨：縣名。治所在今山東平度市東南。 下密：縣名。治所在今山東昌邑市東。案，《漢書考證》齊召南以爲"太室山"名同中嶽嵩高，"三户山"名同三户津。山川有同名異地者，但以本書《地理志》證之，此二山名俱誤。"膠東國即墨有天室山祠"，非太室山。"下密有三石山祠"，非三户山。據顔注云"即墨、下密皆膠東之縣"，則唐初本必猶未訛。沈欽韓《漢書疏證》以爲《太平寰宇記》載萊州即墨縣天室山，引本《志》作"天室"。《一統志》"在即墨縣西南三十里"，亦作"天室"。顧祖禹《讀史方輿紀要》載："三固山在萊州府平度州西七十里，一名三户山。下密城在濰縣西三十里。"《一統志》："漢縣，在今萊州府昌邑縣東界。濰縣界有二下密，乃隋所置。"

[3]【顔注】如淳曰：《地理志》："西河鴻門縣有天封苑火井祠，火從地中出。"【今注】鴻門：縣名。治所在今陝西榆林市横山區東。

[4]【顔注】師古曰：東萊之縣也。【今注】曲城：又作"曲成"，縣名。治所在今山東招遠市西北。

[5]【顔注】師古曰：臨朐，齊郡縣也。朐，音劬。《地理志》"蓬山"作"逢山"也。【今注】臨朐：縣名。治所在今山東臨朐縣。

[6]【顔注】應劭曰：腄，音甀。晋灼曰：腄、不夜、黄縣

皆屬東萊。師古曰：腄，音丈瑞反。【今注】腄：又作“錘”，縣名。治所在今山東烟臺市西南。　不夜：縣名。治所在今山東榮成市北。　黄：縣名。治所在今山東龍口市東。

［7］【顔注】師古曰：東郡之縣也。【今注】壽良：縣名。治所在今山東東平縣西南。

［8］【今注】鄠：縣名。治所在今陝西西安市鄠邑區北。

［9］【今注】案，沈欽韓《漢書疏證》據酈道元《水經注·渭水》：“甘水又東得澇水口。水出南山澇谷。”《上林賦》作“潦”，李善注：“潦水即澇水。”以爲“澇水”亦作“潦谷”。又補證引《長安志》：“五牀山在鄠縣境。”《真誥》：“明星玉女者，居華山，服玉漿。”許慎《説文解字》引《甘氏星經》云：“太白上公妻曰女媊，居南斗，食厲，天下祭之，曰明星。”

［10］【顔注】師古曰：休屠，匈奴王號也。徑路神，本匈奴之祠也。休，音許虯反。屠，音除。

［11］【顔注】師古曰：膚施，上郡之縣也。

［12］【顔注】如淳曰：金形似馬，碧形似雞。

［13］【今注】諫大夫：漢武帝置，掌諫争、顧問應對，議論朝政，無定員，秩比八百石。　王褒：傳見本書卷六四下。

［14］【顔注】師古曰：洪，大也。苑祕者，言祕術之苑囿也。

［15］【今注】尚方：秦置，漢沿置，屬少府，掌上等技工製作御用刀劍諸物和刻玉爲器等。又王先謙《漢書補注》引《資治通鑑》胡三省注云：“此尚方，非作器物之尚方。尚，主也。主方藥也。司馬相如《大人賦》‘詔岐伯使尚方’即是也。”

［16］【今注】京兆尹：漢武帝時改右内史置，掌治京師，又得參與朝政。位列九卿，秩中二千石。　張敞：傳見本書卷七六。

［17］【顔注】師古曰：遠，音于萬反。

是時，美陽得鼎，獻之。[1]下有司議，多以爲宜薦見宗廟，如元鼎時故事。張敞好古文字，桉鼎銘勒而上議曰："臣聞周祖始乎后稷，后稷封于斄，[2]公劉發迹於豳，[3]大王建國於郊梁，[4]文武興於酆鎬。[5]由此言之，則郊梁豐鎬之間周舊居也，固宜有宗廟壇場祭祀之臧。[6]今鼎出于郊東，中有刻書曰：'王命尸臣："官此栒邑，[7]賜爾旂鸞黼黻琱戈。"[8]尸臣拜手稽首曰："敢對揚天子丕顯休命。"'[9]臣愚不足以迹古文，[10]竊以傳記言之，此鼎殆周之所以褒賜大臣，大臣子孫刻銘其先功，臧之于宫廟也。昔寶鼎之出於汾脽也，河東太守以聞，詔曰：'朕巡祭后土，祈爲百姓蒙豐年，[11]今穀嗛未報，[12]鼎焉爲出哉？'博問耆老，意舊臧與？[13]誠欲考得事實也。有司驗脽上非舊臧處，鼎大八尺一寸，高三尺六寸，殊異於衆鼎。今此鼎細小，又有款識，[14]不宜薦見於宗廟。"制曰："京兆尹議是。"

[1]【顔注】師古曰：美陽，扶風之縣也。【今注】美陽：縣名。治所在今陝西扶風縣東南。

[2]【顔注】師古曰："斄"讀與"邰"同，今武功故城是。【今注】斄（tái）：縣名。治所在今陝西武功縣楊陵鎮。其地原爲古邰國，秦時置縣。

[3]【顔注】師古曰：今豳州是也。【今注】公劉：周族領袖。率周人遷居於豳，定居農耕，周族由此興盛。　豳：亦作"邠"。古邑名。在今陝西旬邑縣西。

[4]【顔注】師古曰：梁山在岐山之東，九嵕之西，非夏陽

之梁山也。郊，古“岐”字。【今注】大王：“大”同“太”。上古周人領袖。即古公亶父。文王姬昌祖父，武王時追尊爲太王。案，大，蔡琪本作“太”。

[5]【顏注】師古曰：酆，今長安城西豐水上也。鎬，在昆明池北。

[6]【今注】案，祀，殿本作“祠”。

[7]【顏注】師古曰：尸臣，主事之臣也。栒邑，即豳地是也。栒，音荀。【今注】尸臣：楊樹達《漢書窺管》以爲以鼎彝銘文通例言之，此“尸臣”是人名。

[8]【顏注】師古曰：交龍爲旂。鸞，謂有鸞之車也。黼黻，冕服也。琱戈，刻鏤之戈也。“琱”與“凋”同。

[9]【顏注】師古曰：拜手，首至於手也。

[10]【顏注】師古曰：尋其文迹。

[11]【顏注】師古曰：爲，音于僞反。

[12]【顏注】師古曰：嗛，少意也。言穀稼尚少，未獲豐年也。嗛，音苦簟反。

[13]【顏注】服虔曰：言鼎豈舊臧於此地。師古曰：“與”讀曰“歟”也（蔡琪本、大德本、殿本無“也”字）。【今注】意：同“抑”。

[14]【顏注】師古曰：款，刻也。識，記也，音式志反。

上自幸河東之明年正月，鳳皇集祋祤，[1]於所集處得玉寶，起步壽宮，[2]迺下詔赦天下。後間歲，鳳皇神爵甘露降集京師，[3]赦天下。其冬，鳳皇集上林，迺作鳳皇殿，目荅嘉瑞。[4]明年正月，復幸甘泉，郊泰畤，改元曰五鳳。明年，幸雍祠五畤。其明年春，幸河東，祠后土，赦天下。後間歲，改元爲甘露。正月，上幸甘泉，郊泰畤。其夏，黄龍見新豐。建章、未央、長樂宫鍾虡銅人皆生毛，長一寸所，[5]時以爲美祥。後間歲正月，上郊泰畤，因朝單于於甘泉宫。後間歲，改元黄龍。[6]正月，復幸甘泉，郊泰畤，又朝單于於甘泉宫。至冬而崩。鳳皇下郡國凡五十餘所。

［1］【顔注】師古曰：祋祤，馮翊之縣也。祋，音丁活反，又丁外反。祤，音況矩反。【今注】案，皇，蔡琪本、殿本作"凰"。本段"皇"，蔡琪本多作"凰"，下不出校。　祋祤：縣名。治所在今陝西銅川市耀州區。

［2］【今注】步壽宫：在今陝西銅川市耀州區東北。沈欽韓《漢書疏證》補證引《三輔黄圖》："秦步壽宫在新豐縣步高宫西。今案，其地與秦異，秦漢各有步壽宫耳。"宋敏求《長安志》："華原縣本漢祋祤之地，漢步壽宫在縣東北三里。"

［3］【顔注】師古曰：間歲，隔一歲也。

［4］【顔注】師古曰：荅，應也。

［5］【顔注】師古曰：虡，神獸名也，縣鍾之木刻飾爲之，因名曰虡也。【今注】虡（jù）：懸掛鐘、磬架子兩旁的柱子。

［6］【今注】案，蔡琪本、大德本、殿本"改元"後有"爲"字。　黄龍：漢宣帝年號（前49）。

元帝即位，遵舊儀，間歲正月，一幸甘泉郊泰畤，又東至河東祠后土，西至雍祠五畤。凡五奉泰畤、后土之祠。亦施恩澤，時所過毋出田租，賜百户牛酒，[1]或賜爵，赦罪人。元帝好儒，貢禹、韋玄成、匡衡等相繼爲公卿。[2]禹建言漢家宗廟祭祀多不應古禮，上是其言。後韋玄成爲丞相，議罷郡國廟，自泰上皇、孝惠諸園寢廟皆罷。[3]後元帝寢疾，夢神靈譴罷諸廟祠，上遂復焉。後或罷或復，至哀、平不定。語在《韋玄成傳》。

［1］【顏注】師古曰：言有時如此，不常然也。

［2］【今注】貢禹：傳見本書卷七二。　韋玄成：傳見本書卷七三。

［3］【今注】案，泰，蔡琪本、大德本、殿本作“太”；蔡琪本、大德本、殿本“孝惠”後有“帝”字。

成帝初即位，丞相衡、御史大夫譚[1]奏言：“帝王之事莫大乎承天之序，承天之序莫重於郊祀，故聖王盡心極慮以建其制。祭天於南郊，就陽之義也；瘞地於北郊，即陰之象也。[2]天之於天子也，因其所都而各饗焉。往者，孝武皇帝居甘泉宫，[3]即於雲陽立泰畤，祭於宫南。今行常幸長安，郊見皇天反北之泰陰，祠后土反東之少陽，事與古制殊。又至雲陽，行谿谷中，阸陜且百里，[4]汾陰則渡大川，有風波舟楫之危，[5]皆非聖主所宜數乘。郡縣治道共張，吏民困苦，[6]百官煩費。勞所保之民，行危險之地，[7]難以奉神靈而祈福佑，殆未合於承天子民之意。昔者周文、武郊於豐、鄗，成王郊于雒邑。由此觀之，天隨王者所居而饗之，可見也。甘泉泰畤、河東后土之祠宜可徙置長安，合於古帝王。願與群臣議定。”奏可。大司馬車騎將軍許嘉等八人以爲所從來久遠，宜如故。右將軍王商、博士師丹、議郎翟方進等五十人以爲《禮記》曰“燔柴於太壇，[8]祭天也；瘞薶於大折，祭地也”。[9]兆於南郊，所以定天位也。[10]祭地於大折，在北郊，就陰位也。郊處各在聖王所都之南北。《書》曰：“越三日丁巳，用牲于郊，牛二。”[11]周公加牲，告徙新邑，定郊禮於雒。明王聖主，事天明，事地察。天地明察，神明章矣。天地以王者爲主，故聖王制祭天地之禮必於國郊。長安，聖主之居，皇天所觀視也。甘泉、河東之祠非神靈所饗，宜徙就正陽大陰之處。違俗復古，循聖制，定天位，如禮便。於是衡、譚奏議曰：“陛下聖德，忽明上通，[12]承天之大，典覽群下，[13]使各悉心盡慮，議郊祀之處，天下幸甚。臣聞廣謀從衆，則合於天心，故《洪範》曰‘三人占，則從二人言’，[14]言少從多之義也。論當往古，宜於萬民，則依而從之；[15]違道寡與，則廢而不行。今議者五十八人，其五十人言當從之義，皆著於經傳，同於上世，便於吏民；八人不案經藝，[16]考古制，而以爲不宜，無法之議，難以定吉凶。《太誓》曰：‘正稽古立功立事，可以永年，丕天之大律。’[17]《詩》曰‘毋曰高高在上，陟降厥士，日監在兹’，[18]言天之日監王者之處也。又曰‘迺眷西顧，此維予宅’，[19]言天以文王之都爲居也。宜於長安定南北郊，爲萬世基。”天子從之。

[1]【顔注】師古曰：衡，匡衡。譚，張譚。

[2]【顔注】師古曰：祭地曰瘞薶，故云瘞地也。即，就也。

[3]【今注】案，皇，殿本誤作“黄”。

[4]【今注】陒陝：周壽昌《漢書注校補》以爲“陝”應作

“陋”，誤脱去兩劃。

［5］【顔注】師古曰：楫，音集。其字從木。

［6］【顔注】師古曰：“共”讀曰“供”，音居用反。張，音竹亮反。下皆類此。

［7］【顔注】師古曰：保，養也。

［8］【今注】右將軍：漢朝重號將軍之一。典掌禁兵，戍衛京師，或任征伐。與前、左、後將軍並爲上卿，次於大將軍、驃騎將軍、車騎將軍、衛將軍。　王商：字子夏，西漢東平陵（今山東濟南市東）人。元帝皇后王政君弟。以外戚於成帝時封成都侯。位特進，領城門兵。後代王音爲大司馬衛將軍輔政。驕奢淫逸，争爲奢侈。病死，子況嗣。　師丹：傳見本書卷八六。　議郎：西漢置。高級郎官，職掌顧問應對，參與議政，不入直宿衛。隸光禄勳，秩比六百石。　翟方進：傳見本書卷八四。

［9］【顔注】韋昭曰：大折（大，蔡琪本、殿本作“太”），謂爲壇於昭晰地也。師古曰：折，曲也。言方澤之形，四曲折也。【今注】案，大，蔡琪本、殿本作“太”。本段下同。

［10］【顔注】鄧展曰：除地爲營埒，有形兆也。

［11］【顔注】師古曰：《周書·洛誥》之辭。

［12］【顔注】師古曰：“悤”與“聰”同。

［13］【今注】案，周壽昌《漢書注校補》以爲各家讀“德”字、“通”字、“典”字斷句；何焯讀“明”字、“典”字斷句；方世舉讀“德”字、“通”字、“大”字斷句，“典覽群下”作一句。

［14］【顔注】師古曰：《洪範》，《周書》也。

［15］【顔注】師古曰：論，議也，音來頓反（音，蔡琪本誤作“行”）。

［16］【今注】案，桉，殿本作“按”；蓺，蔡琪本作“藝”。

［17］【顔注】師古曰：今文《泰誓》，《周書》也。稽，考也。永，長也。丞，奉也。律，法也。言正考古道而立事，則可

長年享有天下，是則奉天之大法也。

[18]【顔注】師古曰：《詩·周頌·敬之》詩也。陟，升也。士，事也。言無謂天之高而又高，遠在上而不加敬，天乃上下升降，日日監觀於此，視人之所爲者耳。

[19]【顔注】師古曰：《大雅·皇矣》之詩也。宅，居也。言天眷然西顧，以周國爲居也。紂在東（蔡琪本、大德本、殿本“紂”前有“商”字），謂周爲西也（蔡琪本、大德本、殿本“謂”前有“故”字）。

既定，衡言：“甘泉泰畤紫壇，八觚宣通象八方。[1]五帝壇周環其下，又有群神之壇。以《尚書》禋六宗、望山川、徧群神之義，紫壇有文章采鏤黼黻之飾及玉、女樂，[2]石壇、僊人祠，瘞鸞路、騂駒、寓龍馬，不能得其象於古。臣聞郊柴饗帝之義，[3]埽地而祭，上質也。歌大吕舞《雲門》以竢天神，歌大蔟舞《咸池》以竢地祇，[4]其牲用犢，其席稾秸，其器陶匏，[5]皆因天地之性，貴誠上質，不敢修其文也。以爲神祇功德至大，雖修精微而備庶物，猶不足以報功，唯至誠爲可，故上質不飾，以章天德。紫壇僞飾女樂、鸞路、騂駒、龍馬、石壇之屬，宜皆勿修。”衡又言：“王者各以其禮制事天地，非因異世所立而繼之。[6]今郊雍鄜、密、上下畤，[7]本秦侯各以其意所立，非禮之所載術也。漢興之初，儀制未及定，即且因秦故祠，[8]復立北畤。今既稽古，建定天地之大禮，郊見上帝，青赤白黄黑五方之帝皆畢陳，各有位饌，祭祀備具。諸侯所妄造，王者不當長遵。及北畤，未定時所立，[9]

不宜復修。”天子皆從焉。及陳寶祠，由是皆罷。

[1]【顔注】服虔曰：八觚，如今社壇也。師古曰：觚，角也。

[2]【顔注】師古曰：《漢舊儀》云，祭天用六綵綺席六重，用玉几玉飾器凡七十。女樂，即《禮樂志》所云“使童男童女俱歌”也。

[3]【今注】案，蔡琪本“柴”作“紫壇”，誤。王先謙《漢書補注》引何焯云：“監本作‘紫壇’，宋本同。以文義求之，作‘柴’爲是，亦不當有‘壇’字。更考善本，宋有‘壇’字。”並指出《漢紀》正作“郊柴饗帝之義”。

[4]【顔注】師古曰：此《周禮》也。大吕合於黄鍾。黄鍾，陽聲之首也。《雲門》，黄帝樂也。大蔟（大，蔡琪本、大德本、殿本作“太”），陽聲次二者也。《咸池》，堯樂也。【今注】咸池：《漢書考證》齊召南以爲顔注誤。本書《禮樂志》明曰“黄帝作《咸池》”，不得云“堯樂”。案，大，蔡琪本、大德本、殿本作“太”。又，沈欽韓《漢書疏證》以爲此律吕相和爲二調也。又引《隋書·音樂志》補證：“牛弘曰：‘奏黄鍾，歌大吕。黄鍾所以宣六氣也，耀魄天神，最爲尊極，故奏黄鍾以祀之。奏太蔟，歌應鍾。太蔟所以贊陽出滯，崑崙厚載之重，故奏太蔟以祀之。”

[5]【顔注】師古曰：陶，瓦器；匏，瓠也。秸，音戛。

[6]【顔注】師古曰：異時（時，蔡琪本、大德本、殿本作“世”，是），謂前代。

[7]【顔注】晉灼曰：秦文公、宣公所立畤也。【今注】案，蔡琪本、大德本、殿本無“郊”字。

[8]【今注】案，秦，蔡琪本誤作“奉”。

[9]【顔注】師古曰：謂高祖之初，禮儀未定。

明年，上始祀南郊，赦奉郊之縣及中都官耐罪囚徒。[1]是歲衡、譚復條奏："長安厨官縣官給祠郡國候神方士使者所祠，[2]凡六百八十三所，其二百八所應禮，及疑無明文，可奉祠如故。其餘四百七十五所不應禮，或復重，[3]請皆罷。"奏可。本雍舊祠二百三所，[4]唯山川諸星十五所爲應禮云。若諸布、諸嚴、諸逐，皆罷。杜主有五祠，置其一。又罷高祖所立梁、晉、秦、荆巫、九天、南山、萊中之屬，[5]及孝文渭陽、孝武薄忌泰一、三一、黄帝、冥羊、馬行、泰一、皋山山君、武夷、夏后啓母石、萬里沙、八神、延年之屬，[6]及孝宣泰山、蓬山、之罘、成山、萊山、四時、蚩尤、勞谷、五牀、僊人、玉女、徑路、黄帝、天神、原水之屬，[7]皆罷。候神方士使者副佐、本草待詔七十餘人皆歸家。[8]

[1]【顔注】師古曰：中都官，京師諸官府也。

[2]【今注】長安厨官：陳直《漢書新證》據本書《百官公卿表》指出，京兆尹屬官有長安厨令，或稱爲長安共厨，見薛氏《鐘鼎款識》卷一八，孝成廟鼎。本文稱長安厨官，三者名異實同。

[3]【顔注】師古曰：復，音扶目反（目，殿本誤作"旦"）。重，音丈庸反。

[4]【今注】案，《漢書考證》齊召南據本書《地理志》："右扶風雍有五畤，太昊、黄帝以下祠三百三所。"以爲"三百""二百"，未知孰誤。

[5]【今注】萊中：《漢書考證》齊召南以爲"萊中"應作"秦中"。上文"高祖時，南山巫祠南山、秦中。秦中者，二世皇帝也"，注"張晏曰'成帝時匡衡奏罷之'"，正指此文。

[6]【今注】薄忌泰一：王先謙《漢書補注》以爲因薄人謬忌

所奏祠，故名。　案，蔡琪本、殿本“萬里沙”前復有“萬”字。

［7］【今注】案，泰，蔡琪本、大德本、殿本作“参”。《漢書考正》宋祁以爲，據孝宣祠參山八神於曲城，蓬山於臨朐，與此相應。但太山自在五嶽，不可罷。

［8］【顔注】師古曰：本草待詔，謂以方藥本草而待詔者。

明年，匡衡坐事免官爵。衆庶多言不當變動祭祀者。又初罷甘泉泰畤作南郊日，大風壞甘泉竹宫，[1]折拔畤中樹木十圍以上百餘。天子異之，以問劉向。對曰：“家人尚不欲絶種祠，[2]況於國之神寶舊畤！且甘泉、汾陰及雍五畤始立，皆有神祇感應，然後營之，非苟而已也。武、宣之世，奉此三神，禮敬敕備，[3]神光尤著。祖宗所立神祇舊位，誠未易動。及陳寶祠，自秦文公至今七百餘歲矣，漢興世世常來，光色赤黄，長四五丈，直祠而息，音聲砰隱，野雞皆雊。[4]每見雍太祝祠以太牢，遣候者乘傳馳詣行在所，[5]以爲福祥。高祖時五來，文帝二十六來，武帝七十五來，宣帝二十五來，初元元年以來亦二十來，此陽氣舊祠也。及漢宗廟之禮，不得擅議，皆祖宗之君與賢臣所共定。古今異制，經無明文，至尊至重，難以疑説正也。前始納貢禹之議，後人相因，多所動揺。《易大傳》曰：‘誣神者殃及三世。’恐其咎不獨止禹等。”上意恨之。[6]後上以無繼嗣故，令皇太后詔有司曰：“蓋聞王者承事天地，交接泰一，尊莫著於祭祀。孝武皇帝大聖通明，始建上下之祀，[7]營泰畤于甘泉，定后土于汾陰，而神祇安之，饗國長久，子孫蕃滋，[8]累世遵業，福流于今。今皇帝寬仁孝順，奉循聖緒，靡有大愆，而久無繼嗣。思其咎職，殆在徙南北郊，[9]違先帝之制，改神祇舊位，失天地之心，以妨繼嗣之福。春秋六十，未見皇孫，[10]食不甘味，寢不安席，朕甚悼焉。春秋大復古，善順祀。[11]其復甘泉泰畤、汾陰后土如故，及雍五畤、陳寶祠在陳倉者。”天子復親郊禮如前。又復長安、雍及郡國祠著明者且半。

[1]【今注】竹宫：本書《禮樂志》韋昭注曰：“以竹爲宫，天子居中。”

[2]【顔注】師古曰：家人，謂庶人之家也。種祠，繼嗣所傳祠也。

[3]【顔注】師古曰：敕，整也。

[4]【顔注】師古曰：直，當也。息，止也。當祠處而止也。砰，音普萌反。

[5]【顔注】師古曰：報神之來也。傳，音張戀反（張，蔡琪本、殿本誤作“丁”）。【今注】案，蔡琪本、大德本“乘”後有“一乘”二字。

[6]【顔注】師古曰：恨，悔也。

[7]【顔注】師古曰：上下，謂天地。

[8]【顔注】師古曰：蕃，音扶元反。

[9]【顔注】師古曰：職，主也。咎過主於此也（殿本此注在“思其咎職”後）。

[10]【顔注】師古曰：皇大后自謂(大,蔡琪本、殿本作“太”)。

[11]【顔注】師古曰：以復古爲大，以順祀爲善也。

成帝末年頗好鬼神，亦以無繼嗣故，多上書言祭祀方術者，皆得待詔，祠祭上林苑中長安城旁，[1]費用甚多，然無大貴盛者。谷永説上曰："臣聞明於天地之性，不可或以神怪；[2]知萬物之情，不可罔以非類。[3]諸背仁義之正道，不遵五經之法言，而盛稱奇怪鬼神，廣崇祭祀之方，求報無福之祠，及言世有僊人，服食不終之藥，[4]遙興輕舉，[5]登遐倒景，[6]覽觀縣圃，浮游蓬萊，[7]耕耘五德，朝種暮穫，[8]與山石無極，[9]黄冶變化，[10]堅冰淖溺，[11]化色五倉之術者，[12]皆姦人或衆，[13]挾左道，懷詐僞，以欺罔世主。[14]聽其言，洋洋滿耳，若將可遇；[15]求之，盪盪如係風捕景，終不可得。[16]是以明王距而不聽，聖人絶而不語。[17]昔周史萇弘欲以鬼神之術輔尊靈王會朝諸侯，而周愈微，[18]諸侯愈叛。楚懷王隆祭祀，事鬼神，欲以獲福助，卻秦師，[19]而兵挫地削，身辱國危。秦始皇初并天下，甘心於神僊之道，遣徐福、韓終之屬多齎童男童女入海求神采藥，[20]因逃不還，天下怨恨。漢興，新垣平、齊人少翁、公孫卿、欒大等，皆以僊人黄冶祭祠事鬼使物入海求神采藥貴幸，[21]賞賜累千金。大尤尊盛，至妻公主，爵位重絫，震動海内。[22]元鼎、元封之際，燕齊之間方士瞋目扼腕，言有神僊祭祀致福之術者以萬數。[23]其平等皆以術窮詐得，誅夷伏辜。[24]至初元中，有天淵玉女、鉅鹿神人、轑陽侯師張宗之姦，紛紛復起。[25]夫周秦之末，三五之隆，[26]已嘗專意散財，厚爵禄，竦精神，舉天下以求之矣。曠日經年，靡有毫氂之驗，足以揆今。經曰：'享多儀，儀不及物，惟曰不享。'[27]《論語》説曰：'子不語怪神。'[28]唯陛下距絶此類，毋令姦人有以窺朝者。"上善其言。

[1]【今注】案，祠，蔡琪本作“祀”。

[2]【今注】或：古“惑”字。案，蔡琪本、大德本、殿本作“惑”。

[3]【顔注】師古曰：罔猶蔽。【今注】罔：王先謙《漢書補注》引《資治通鑑》胡三省云：“余謂，罔，欺也，欺人以所無曰罔。”

[4]【今注】不終：周壽昌《漢書注校補》以爲猶言不死。

[5]【顔注】如淳曰：遙，遠也。興，舉也。師古曰：遙，古“遥”字也。興，起也。謂起而遠起去也。

[6]【顔注】如淳曰：在日月之上，反從下照，故其景倒。師古曰：遐亦遠也。

[7]【顔注】李奇曰：昆侖九成（昆，殿本作“崑”），上有縣圃，縣圃即閶闔天門（蔡琪本、大德本、殿本“縣圃”後有“之上”二字）。

[8]【顔注】晉灼曰：翼氏《風角》，五德東方甲，南方丙，西方庚，北方壬，中央戊。種五色禾於此地而耕耘也。

[9]【顔注】師古曰：言獲長壽，比於山石無窮也。

[10]【顔注】晉灼曰：黄者，鑄黄金也。道家言冶丹沙令變化（沙，殿本作“砂”），可鑄作黄金也。

[11]【顔注】晉灼曰：方士詐以藥石若陷冰丸投之冰上，冰即消液，因假爲神仙道使然也。或曰，謂冶金令可餌也。師古曰：或説非也。淖，濡甚也，音女教反。

[12]【顔注】李奇曰：思身中有五色，腹中有五倉神；五色存則不死，五倉存則不飢。

［13］【今注】案，或，蔡琪本、殿本作“惑”。

［14］【顔注】師古曰：左道，邪僻之道，非正義也。

［15］【顔注】師古曰：洋洋，美盛之皃也（皃，蔡琪本、殿本作“貌”，本段下同）。洋，音羊，又音祥。

［16］【顔注】師古曰：盪盪，空曠之皃也。盪，音蕩。

［17］【顔注】師古曰：謂孔子不語怪神。

［18］【今注】案，蔡琪本、大德本、殿本“周”後有“室”字。

［19］【顔注】師古曰：卻，退，音丘略反。

［20］【今注】韓終：又作“韓衆”。沈欽韓《漢書疏證》引《抱朴子·仙藥》：“韓衆服菖蒲三年，身生毛，日視，書萬言，皆能誦之，冬極不寒。”“衆”“終”同字。

［21］【今注】案，神，蔡琪本、殿本作“僊”。

［22］【顔注】師古曰：絫，古“累”字也（蔡琪本、大德本、殿本無“也”字）。

［23］【今注】案，祀，殿本作“祠”。

［24］【顔注】師古曰：詐得，謂主上得其詐僞之情。【今注】案，蔡琪本、大德本、殿本“其”後有“後”字。

［25］【顔注】師古曰：轑陽侯，江仁也，元帝時坐使家丞上印綬隨宗學仙免官。轑，音遼。

［26］【顔注】師古曰：三，謂三皇；五，謂五帝也。【今注】三五：《漢書考正》劉奉世以爲，“周秦之末，三五之隆”，語有害而理未通，疑有誤。三五似指三世、五世而言，謂文、武之時也。尋上文可見。《漢書考正》宋祁以爲，顔注“三五之隆”疑誤。“五”字當作“主”，指漢三主。新垣平事，則文帝時；元鼎、元封，則武帝時；初元，則元帝時。指異代則曰“周秦之末”；於今世則曰“三主之隆”，文意較然明。《漢書考證》齊召南以爲宋説亦非。元帝無求仙事，未若劉奉世謂三世文帝、五世武帝爲確實。

［27］【顔注】師古曰：《周書·洛誥》之好也（好，蔡琪本、

大德本、殿本作“辭”）。言祭享之道，唯以絜誠，若多其容儀，而不及名粉（名粉，蔡琪本、大德本、殿本作“禮物”），則不爲神所享也。

［28］【顔注】師古曰：説，謂《論語》之説也。

後成都侯王商爲大司馬衛將軍輔政，杜鄴説商曰：“‘東鄰殺牛，不如西鄰之瀹祭’，[1]言奉天之道，貴以誠質大得民心也。行穢祀豐，猶不蒙祐；德修薦薄，吉必大來。古者壇場有常處，尞禋有常用，[2]贊見有常禮；犧牲玉帛雖備而財不匱，車輿臣役雖動而用不勞。是故每舉其禮，助者歡説，[3]大路所歷，黎元不知。[4]今甘泉、河東天地郊祀，咸失方位，違陰陽之宜。及雍五畤皆曠遠，奉尊之役休而復起，繕治共張無解已時，皇天著象殆可略知。前上甘泉，先敺失道；[5]禮月之夕，奉引復迷。[6]祠后土還，臨河當渡，疾風起波，船不可御。又雍大雨，壞平陽宫垣。[7]迺三月甲子，震電災林光宫門。[8]祥瑞未著，咎徵仍臻。迹三郡所奏，皆有變故。[9]不荅不饗，何以甚此！[10]《詩》曰‘率由舊章’，[11]舊章，先王法度，[12]文王以之，交神于祀，子孫千億。宜如異時公卿之議，復還長安南北郊。”後數年，成帝崩，皇大后詔有司曰：[13]“皇帝即位，思順天心，遵經義，定郊禮，天下説憙。[14]懼未有皇孫，故復甘泉泰畤、汾陰后土，庶幾獲福。皇帝恨難之，卒未得其祐。其復南北郊長安如故，以順皇帝之意也。”

［1］【顔注】師古曰：此《易·既濟》九五爻辭也。東鄰，謂商紂也。西鄰，周文王也。瀹祭（瀹，蔡琪本、殿本作“禴”，此注下同），謂瀹煑新菜以祭。言祭祀之道莫盛修德，故紂之牛牲，不如文王之蘋藻也。瀹，音籥。【今注】案，瀹，蔡琪本、殿本作“禴”。

［2］【顔注】師古曰：尞，古“燎”字也（蔡琪本、大德本、殿本無“也”字）。

［3］【顔注】師古曰：助，謂助祭也。“説”讀曰“悦”。

［4］【顔注】師古曰：大路，天子祭天所乘之車也。黎元不知，言無傜費，不勞於下也。

［5］【顔注】師古曰：“敺”與“驅”字同。

［6］【顔注】韋昭曰：奉引，前導引車。

［7］【今注】平陽宫：又作“平陽封宫”。春秋時秦築，在今陝西寶雞市東。沈欽韓《漢書疏證》引《三輔黄圖》：“平陽封宫，武公二年伐彭戲氏，至於華山下，居於平陽封宫。”又張守節《史記正義》：“《帝王世紀》云秦寧公都平陽。按，岐山縣有陽平鄉，鄉内有平陽聚。《括地志》云：‘平陽故城在岐州岐山縣西四十六里，秦寧公徙都之處。’”以爲據酈道元《水經注·渭水》：“汧水東南歷慈山東南逕郁夷縣平陽故城南。《史記》秦寧公二年，徙平陽。徐廣曰：‘故郿之平陽亭也。’”核以本《志》，則在岐山縣者是。

［8］【顔注】孟康曰：甘泉一名林光。師古曰：林光，秦離宫名也。漢又於其旁起甘泉宫，非一名也。【今注】林光宫：沈欽韓《漢書疏證》補證引《三輔黄圖》：“林光宫，胡亥所造，從廣各五里，在雲陽縣界。”又引《元和郡縣志》：“雲陽宫，即秦之林光宫，漢甘泉宫，在雲陽縣西北八十里。”

［9］【顔注】師古曰：迹，謂觀其事迹也。

［10］【顔注】師古曰：不荅，不當天意。不饗，不爲天所

饗也。

[11]【顔注】師古曰：《大雅·假樂》之詩也。率，循也。由，用也。循用舊典之文章也。

[12]【今注】案，王，大德本誤作"三"。

[13]【今注】案，大，蔡琪本、大德本、殿本作"太"。

[14]【顔注】師古曰："説"讀曰"悦"。

哀帝即位，寢疾，[1]博徵方術士，京師諸縣皆有侍祠使者，盡復前世所常興諸神祠官，凡七百餘所，一歲三萬七千祠云。明年，復令太皇太后詔有司曰："皇帝孝順，奉承聖業，靡有解怠，[2]而久疾未瘳。夙夜唯思，殆繼體之君不宜改作。其復甘泉泰畤、汾陰后土祠如故。"上亦不能親至，遣有司行事而禮祠焉。後三年，哀帝崩。

[1]【今注】寢疾：卧病。

[2]【顔注】師古曰："解"讀曰"懈"。

平帝元始五年，大司馬王莽奏言："王者父事天，故爵稱天子。孔子曰：'人之行莫大於孝，孝莫大於嚴父，嚴父莫大於配天。'[1]王者尊其考，欲以配天，緣考之意，欲尊祖，推而上之，遂及始祖。是以周公郊祀后稷以配天，宗祀文王於明堂以配上帝。《禮記》天子祭天地及山川，歲徧。《春秋穀梁傳》以十二月下辛卜，正月上辛郊。[2]高皇帝受命，因雍四畤起北畤，而備五帝，未共天地之祀。[3]孝文十六年用新垣平，初起渭陽五帝廟，祭泰一、地祇，以太祖高皇帝配。日冬至祠泰一，夏至祠地祇，皆并祠五帝，而共一特，[4]上親郊拜。後平伏誅，迺不復自親，而使有司行事。孝武皇帝祠雍，曰：'今上帝朕親郊，而后土無祠，則禮不荅也。'於是元鼎四年十一月甲子始立后土祠於汾陰。[5]或曰，五帝，泰一之佐，宜立泰一。五年十一月癸未始立泰一祠於甘泉，二歲一郊，[6]與雍更祠，[7]亦以高祖配，不歲事天，皆未應古制。建始元年，徙甘泉泰畤、河東后土於長安南北郊。永始元年三月，[8]吕未有皇孫，復甘泉、河東祠。綏和二年，吕卒不獲祐，復長安南北郊。建平三年，懼孝哀皇帝之疾未瘳，復甘泉、汾陰祠，竟復無福。臣謹與太師孔光、長樂少府平晏、大司農左咸、中壘校尉劉歆、太中大夫朱陽、博士薛順、議郎國由等六十七人議，[9]皆曰宜如建始時丞相衡等議，復長安南北郊如故。"

[1]【顏注】師古曰：《孝經》載孔子之言。

[2]【顏注】師古曰：豫卜郊之日。

[3]【顏注】師古曰："共"讀曰"恭"。

[4]【今注】案，特，大德本、殿本作"牲"。

[5]【今注】案，甲，殿本作"丙"。

[6]【今注】案，二歲一郊，蔡琪本、殿本"二"作"三"，是。

[7]【顏注】師古曰：更，音工衡反。

[8]【今注】案，王先謙《漢書補注》以爲"元年三月"誤，當作"三年十月"。

[9]【今注】孔光：傳見本書卷八一。　長樂少府：長信少府。漢景帝時更名長信詹事置，掌皇太后宫中事務，秩二千石。　大司農：西漢武帝改大農令置。掌管全國租賦收入和國家財政開支。秩中二千石，列位九卿。　左咸：洪亮吉《四史發伏》卷四據本書《百官公卿表》以爲當時大司農爲尹咸，"左"當作"尹"。　中壘校尉：漢武帝置，掌北軍壘門内，外掌西域。秩二千石。　太中大夫：秦始置。侍從皇帝左右，掌顧問應對，參謀議政，奉詔出使，多以寵臣貴戚充任。秩比千石，無員額。案，太，殿本作"大"。

莽又頗改其祭禮，曰："《周官》天墬之祀，[1]樂有别有合。其合樂曰'吕六律、六鐘、五聲、八音、六舞大合樂'，祀天神，祭墬祇，祀四望，祭山川，享先妣先祖。[2]凡六樂，奏六歌，而天墬神祇之物皆至。[3]四望，蓋謂日月星海也。三光高而不可得親，海廣大無限界，故其樂同。祀天則天文從。祭墬則墬理從。三光，天文也。山川，地理也。天地合祭，先祖配天，先妣配墬，其誼一也。天墬合精，夫婦判合。祭天南郊，則吕墬配，一體之誼也。天墬位皆南鄉，同席，[4]墬在東，共牢而食。高帝、高后配于壇上，西鄉，后在北，亦同席共牢。牲用繭栗，[5]玄酒陶匏。《禮記》曰天子籍田千畮吕事天墬，[6]繇是言之，宜有黍稷。[7]天地用牲一，燔尞瘞薶用牲一，高帝、高后用牲一。天用牲左，及黍稷燔尞南郊；墬用牲右，及黍稷瘞于北郊。其旦，東鄉再拜朝日；其夕，西鄉再拜夕月。然後孝弟之道備，而神祇嘉享，萬福降輯。[8]此天墬合祀，㠯祖妣配者也。其樂曰‘冬日至，於墬上之圜丘奏樂六變，則天神皆降；夏日至，於澤中之方丘奏樂八變，則墬祇皆出。’[9]天墬有常位，不得常合，此其各特祀者也。陰陽之別於日冬夏至，其會也㠯孟春正月上辛若丁。天子親合祀天墬于南郊，㠯高帝、高后配。陰陽有離合，《易》曰‘分陰分陽，迭用柔剛’。[10]以日冬至使有司奉祠南郊，高帝配而望群陽，日夏至使有司奉祭北郊，高后配而望群陰，皆㠯助致微氣，通道幽弱。[11]當此之時，后不省方，[12]故天子不親而遣有司，所㠯正承順天地，[13]復聖王之制，顯大祖之功也。[14]渭陽祠勿復修。群望未悉定，定復奏。”奏可。三十餘年間，天墬之祠五徙焉。

[1]【顔注】師古曰：墬，古“地”字也。下皆類此。

[2]【顔注】師古曰：“此《周禮·春官·大司樂》之職也。六律，合陽聲者。六鍾，以六律六鍾之均也。五聲，宫、商、角、徵、羽。八音，金、石、絲、竹、匏、土、革、木。六舞，《雲門》《咸池》《大韶》《大夏》《大護》《大武》也（殿本“護”作“濩”）。大合樂者，徧作之也。先妣，姜嫄也。先祖，大王也（大王也，蔡琪本、大德本、殿本作“先王先公也”）。

[3]【顔注】師古曰：謂一變而致羽物及川澤之祇，再變而致蠃物及山林之祇（再，蔡琪本、殿本作“二”），三變而致鱗物及丘陵之祇，四變而致毛物及墳衍之祇，五變而致介物及地祇，六變而致象物及天神。

[4]【顔注】師古曰：“鄉”讀曰“嚮”。其下並同。

[5]【顔注】師古曰：謂牛角如蠒及栗者，牛之小也。

[6]【顔注】師古曰：晦，古“畝”字也（蔡琪本、大德本、

殿本無“也”字)。

[7]【顏注】師古曰:“繇”讀曰“由”同(曰,殿本作“與”)。

[8]【顏注】師古曰:“輯”與“集”同。

[9]【顏注】師古曰:此亦《春官·大司樂》之職也。天神之樂:圜鍾爲宫,黄鍾爲角,大蔟爲徵(大,蔡琪本、大德本、殿本作“太”,此注下同),姑洗爲羽,雷鼓雷鼗,孤竹之管,雲和之琴瑟,《雲門》之舞。地祇之樂,函鐘爲宫(函,蔡琪本作“南”),大蔟爲角,姑洗爲徵,南吕爲羽,靈鼓靈鼗,孫竹之管,空桑之琴瑟,《咸池》之舞,先奏是樂,以致其神,禮之以玉,然後合樂而祭。【今注】案,其樂,大德本、殿本作“其别樂”。

[10]【顏注】師古曰:《易·説卦》之辭也。陽爲剛,陰爲柔,陰陽既分,則剛柔迭用也。迭,互也,音大結反。

[11]【顏注】師古曰:“道”讀曰“導”也(蔡琪本、大德本、殿本無“也”字)。

[12]【顏注】師古曰:謂冬夏日至之時。后,君也。方,常也。不視常務。【今注】后不省方:王先謙《漢書補注》引蘇輿指出《周易·復卦》之象辭:“先王以至日閉關,商旅不行,后不省方。”李鼎祚《周易集解》虞翻云:“至日,冬至之日。《姤》象曰‘后以施命誥四方’,今隱復下,故后不省方。”宋衷亦云:“自天子至公侯,不省四方之事。”是古義並以方爲四方之事。本《志》此語正用《易》義。又下文云“天子不親而遣有司”,即不省四方之明驗。顏訓方爲常,誤。

[13]【今注】案,順天,蔡琪本、大德本、殿本作“天順”。

[14]【今注】案,大,蔡琪本、大德本、殿本作“太”。

後莽又奏言:“《書》曰‘類於上帝,禋于六宗’。[1]歐陽、大小夏侯三家説六宗，[2]皆曰上不及天，下不及墬，旁不及四方，在六者之間，助陰陽變化，實一而名六，名實不相應。《禮記》祀典，功施於民則祀之。天文日月星辰，所昭仰也；地理山川海澤，所生殖也。《易》有八卦，《乾》《坤》六子，水火不相逮，靁風不相誖，山澤通氣，然後能變化，既成萬物也。[3]臣前奏徙甘泉泰畤、汾陰后土皆復于南北郊。謹桉《周官》‘兆五帝于四郊’，山川各因其方，[4]今五帝兆居在雍五畤，不合於古。又日月靁風山澤，《易》卦六子之尊氣，所謂六宗也。星辰水火溝瀆，皆六宗之屬也。今或未特祀，或無兆居。謹與大師光、大司徒宮、羲和歆等八十九人議，皆曰天子父事天，母事墬，[5]今稱天神曰皇天上帝，泰一兆曰泰畤，而稱墬祇曰后土，與中央黄靈同，又兆北郊未有尊稱。宜令墬祇稱皇墬后祇，兆曰廣畤。《易》曰‘方㠯類聚，物以群分’。[6]分群神㠯類相從爲五部，兆天墬之別神：中央帝黄靈后土畤及日廟、北辰、北斗、填星、中宿中宫于長安城之未墬兆；東方帝太昊青靈句芒畤及靁公、風伯廟、歲星、東宿東宫于東郊兆；南方炎帝赤靈祝融畤及熒惑星、南宿南宫于南郊兆；西方帝少皞白靈蓐收畤及太白星、西宿西宫于西郊兆；北方帝顓頊黑靈玄冥畤及月廟、雨師廟、辰星、北宿北宫于北郊兆。”[7]奏可。於是長安旁諸廟兆畤甚盛矣。

[1]【顔注】師古曰：《虞書·舜典》也。並已解於上。

［2］【今注】歐陽：歐陽生。傳見本書卷八八。　大小夏侯：即夏侯勝、夏侯建。傳見本書卷七五。

［3］【顔注】師古曰：《乾》爲父，《坤》爲母。《震》爲長男，《巽》爲長女，《坎》爲中男，《離》爲中女，《艮》爲少男，《兑》爲少女，故云"六子"也。水火，《坎》《離》也。靁風，《震》《巽》也。山澤，《艮》《兑》也。逮，及。誖，亂也。既，盡也。靁，古"雷"字也。誖，音布内反。

［4］【顔注】師古曰：《春官·小宗伯》之職也。兆，謂爲壇之營域也。五帝於四郊，謂青帝於東郊，赤帝及黄帝于南郊，白帝於西郊，黑帝於北郊也。各因其方，謂順其所在也。【今注】案，桉，殿本作"按"。

［5］【今注】案，墬，蔡琪本作"地"，同。

［6］【顔注】師古曰：《易·上繫》之辭也。方，謂所向之地。

［7］【今注】案，《漢書考證》引劉敞以爲"兆"字衍文。錢大昭《漢書辨疑》據《周禮·小宗伯》"兆五帝於四郊"鄭注云："兆爲壇之營域。"又許慎《説文解字》："垗，畔也。爲四時界，祭其中。"言月廟、雨師廟之屬皆在北郊營域之中，與上文"未墬兆""東郊兆""西郊兆""南郊兆"同，皆於"兆"字斷句。劉氏乃於"郊"字斷句，而謂"兆"字衍文，誤。

莽又言："帝王建立社稷，百王不易。社者，土也。宗廟，王者所居。稷者，百穀之主，所㠯奉宗廟，共粢盛，[1]人所食㠯生活也。王者莫不尊重親祭，自爲之主，禮如宗廟。《詩》曰'乃立冢土'。[2]又曰'㠯御田祖，㠯祈甘雨'。[3]《禮記》曰'唯祭宗廟社稷，爲越紼而行事'。[4]聖漢興，禮儀稍定，已有官社，未立官稷。"[5]遂於官社後立官稷，㠯夏禹配食官社，后稷配食官稷。稷種穀樹。[6]徐州牧歲貢五色土各一斗。[7]

［1］【顔注】師古曰："共"讀與"供"同。

［2］【顔注】師古曰：《大雅·緜》之詩也。冢，大也。土，土神，謂大社也。

［3］【顔注】師古曰：《小雅·甫田》之詩也。田祖，稷神也。言設樂以御祭於神，爲農求甘雨也。

［4］【顔注】李奇曰：引棺車謂之紼。當祭天地五祀，則越紼而行事，不以私喪廢公祀。師古曰：紼，引車索也。音弗。

［5］【顔注】臣瓚曰：高帝除秦社稷，立漢社稷，禮所謂大社也（大，大德本、殿本作"太"）。時又立官社，配以夏禹，所謂王社也。見《漢祀令》。而未立官稷，至此始立之。世祖中興，不立官稷，相承至今也。【今注】案，沈欽韓《漢書疏證》補證引《晉書·禮志》："前漢但置官社而無官稷，王莽置官稷，後復省。故漢至魏但太社有稷，而官社無稷。"又引《通典》："社者，五土之神。稷者，於五土之中，特指原隰之祇。"

［6］【顔注】師古曰：穀樹，楮樹也。其子類穀，故於稷種。

［7］【今注】徐州：漢武帝所置十三刺史部之一。轄境相當今山東東南部和江蘇長江以北地區。　牧：西漢武帝時分全國爲十三州部，各置刺史監察諸郡，秩六百石。成帝時更名州牧，秩二千石。

莽篡位二年，興神僊事，以方士蘇樂言，起八風臺於宫中。臺成萬金，[1]作樂其上，順風作液湯。[2]又種五梁禾於殿中，[3]各順色置其方面，先鬻鶴髓、毒冒、犀玉二十餘物漬種，[4]計粟斛成一金，言此黄帝穀僊之術也。㠯樂爲黄門郎，令主之。莽遂㝷鬼神淫祀，[5]至其末年，自天地六宗㠯下至諸小鬼神，凡千七百所，用三牲鳥獸三千餘種。後不能備，迺㠯雞當鶩鴈，犬當麋鹿。數下詔自㠯當僊，語在其傳。

[1]【顔注】師古曰：費直萬金也。

[2]【顔注】如淳曰：《藝文志》有《液湯經》，其義未聞也。【今注】液湯：周壽昌《漢書注校補》指出本書《藝文志》經方家有《液湯經法》三十二卷，以爲或是服食之法。

[3]【顔注】師古曰：五色禾也，谷永所謂"耕耘五德"也。

[4]【顔注】師古曰：鬻，古"煑"字也。髗，古"髓"字也。謂鬻取汁以漬穀子也。毒，音代。冒，音莫内反。【今注】毒冒：玳瑁。

[5]【顔注】師古曰：㝷，古"崇"字。

贊曰：漢興之初，庶事草創，唯一叔孫生略定朝廷之儀。[1]若迺正朔服色郊望之事，數世猶未章焉。至于孝文，始㠯夏郊，而張倉據水德，[2]公孫臣、賈誼更以爲土德，卒不能明。孝武之世，文章爲盛，大初改制，[3]而兒寬、司馬遷等猶從臣、誼之言，[4]服色數度，遂順黄德。彼以五德之傳從所不勝，[5]秦在水德，故謂漢據土而克之。劉向父子㠯爲帝出于震，故包羲氏始受木德，[6]其後㠯母傳子，[7]終則復始，[8]自神農、黄帝下歷唐虞三代而漢得火焉。故高祖始起，神母夜號，著赤帝之符，旗章遂赤，自得天統矣。[9]昔共工氏㠯水德間于木火，[10]與秦同運，皆非其次序，[11]故皆不永。由是言之，祖宗之制蓋有自然之應，順時宜矣。究觀方士祠官之變，谷永之言，不亦正乎！不亦正乎！

[1]【今注】叔孫生：即叔孫通。傳見本書卷四三。

[2]【今注】張倉：傳見本書卷四二。

[3]【今注】案，大，蔡琪本、大德本、殿本作“太”。

[4]【顔注】李奇曰：公孫臣、賈誼。【今注】兒寬：傳見本書卷五八。

[5]【顔注】服虔曰：音“亭傳”之“傳”（殿本“音”前有“傳”字）。五帝相承代，常以金木水火相勝之法，若火滅金，便以火代金。師古曰：傳，音張戀反。

[6]【顔注】師古曰：“包”讀曰“庖”也（蔡琪本、大德本、殿本無“也”字）。

[7]【今注】且母傳子：周壽昌《漢書注校補》謂木生火。

[8]【今注】案，則，蔡琪本、大德本、殿本作“而”。

[9]【顔注】鄧展曰：向父子雖有此議，時不施行，至光武建武二年乃用火德，色尚赤耳。

[10]【顔注】師古曰：“共”讀曰“龔”。閒，音工莧反。

[11]【今注】案，蔡琪本、大德本、殿本無“皆”字。

漢書　卷二六

天文志第六[1]

［1］【今注】案，正史《天文志》是記述天文現象、知識的專文。“天文”一詞的描述及含義，早見於《周易》《淮南子·天文訓》等典籍中。《天文訓》説：“文者，象也。”故“天文”就是天空中發生的現象。天象可以分爲兩大類，一是關於日月星辰的“星象”；另一類則是地球大氣層内所發生的“氣象”。中國古代的天文學，實際是包括星象與氣象兩大方面（到近代，氣象學纔從天文學中分出，成爲一門獨立的科學。天文學的研究對象則包括天體的位置；天體的運動；支配天體運動的規律；天體表面的情況，如形狀、大小、質量以及它們的變化；天體的構造和物理狀態；天體相互間的作用及影響；天體的起源和演化；以及利用天文知識爲人類服務等）。中國古代的正史《天文志》，則具體記載日月星辰等天體在宇宙間的分布和運動等現象，也包括風、雲、雨、霧、霜、雪等地文現象在内，並且在其中夾雜着很多占星、望氣、候歲美惡之類的占卜術。更着重記載了許多異常天象的出現時間和地點及對人類社會的影響，如日食、月食、彗星、流星、隕石等。《漢書·天文志》是班固對《史記·天官書》的改寫、增補，並無多少創新。具體來説：一、介紹全天星座，幾乎全部抄自《天官書》，僅在開頭增加了近二百字的説明。二、關於五星的占文，與《天官書》大同小異，但其中歲星紀年的資料，單獨抽出置於其後。由於《三統曆》中已介紹了五星的運動周期，删除了有關五星出没周期的内

容。三、全部引載《天官書》天文地理分野占文，但《天官書》將地區分野、國家分野、十月占分野分置三處，本《志》則將三種分野文字合併。四、客星、妖星占，全部録自《天官書》。五、太陽、月亮及其運動的占文，部分引自《天官書》，但由於司馬遷至班固間，漢代對於日月運動的研究有所進展，本《志》補充了日行黄道、月行九道等新知。由於《三統曆》已載推算月食之文，故本《志》删除了《天官書》有關月食周期的内容。六、候雲氣占，照録《天官書》。七、候歲美惡占，照録《天官書》。八、西漢二百年異常天象與災異，均由馬續獨自增補。《史記·天官書》確有天人感應的思想，認爲天變影響到人間政治和社會治亂，但僅用簡短的文字論及彗星四起，秦滅六國；枉矢西流，諸侯反秦；五星聚於東井，而漢有天下等。馬續系統地將其擴充到整個西漢二百年，將天變與人間治亂，配以各種占語，一一對應。由於有經學典籍爲依據，歷史事實爲印證，星占幾乎是時人確信的“科學”，成爲歷代《天文志》《五行志》的先導。總而言之，本《志》對《天官書》的改編、整理和擴充，還是比較成熟的。注者曾爲《史記·天官書》作注，在《今注本史記》中，内容與本《志》相互補充，可參照閲讀。

凡天文在圖籍昭昭可知者，[1]經星常宿中外官，[2]凡百一十八名，積數七百八十三星，[3]皆有州國官宫物類之象。[4]其伏見蚤晚，邪正存亡，虚實闊陿，[5]及五星所行，合散犯守，陵歷鬬食，[6]彗孛飛流，日月薄食，[7]暈適背穴，抱珥虹蜺，[8]迅雷風袄，[9]怪雲變氣：此皆陰陽之精，其本在地，[10]而上發于天者也。政失於此，則變見於彼，猶景之象形，鄉之應聲。[11]是以明君覩之而寤，飭身正事，思其咎謝，[12]則禍除而福至，自然之符也。[13]

［1］【今注】圖籍：文籍圖書。　昭昭：清楚，明白。

［2］【今注】經星：恒星。　常宿：經常在位不變。　中外官：中官，指中宫，北極附近的星座，包括紫微垣、太微垣、天市垣三垣；外官，包括二十八宿及黄道南北二十八宿以外諸星。所謂中外官，實際包括星空中所見的一切恒星。張衡《靈憲》曰：“中外之官，常明者百有二十，可名者三百二十，爲星二千五百，微星之數，蓋萬有一千五百二十。”《晉書·天文志》有《天文經星》欄，包括中宫、二十八舍和星官在二十八宿之外者。

［3］【今注】凡百一十八名積數七百八十三星：星座數和星數。從上引張衡《靈憲》文可見，當時各家所述星座數和星數不同。三國時陳卓總三家星官，纔逐漸形成一個較爲統一的標準。

［4］【今注】皆有州國官宫物類之象：星座有各種不同的名稱，有的爲州名，有的爲國名，有的爲官職名，有的爲宫殿名稱，有的爲物品、動物的名稱和形象。

［5］【顔注】孟康曰：伏見早晚（早，殿本作“蚤”），謂五星也。日月五星下道爲邪。存謂列宿不虧也，亡謂恒星不見。虚實，若天牢星實則囚多，虚則開出之屬也。闊陿，若三台星相去遠近也。【今注】伏見蚤晚：隱伏和出現的早晚，此天象主要是指行星。蚤，同“早”。　邪正存亡：邪，偏離了正常軌道。正，在下沉運行。存，見到、存在。亡，不見、隱没。均指行星的運動狀態。　虚實闊陿：虚實，指某個星座中星數出現的多少。闊陿，即闊狹。指幻覺上發現某個星座星與星之間位置發生的寬窄位置的變化。此是指星座在星占上的狀態。

［6］【顔注】孟康曰：合，同舍也。散，五星有變則其精散爲祆星也。犯，七寸已内光芒相及也。凌，相冒過也。食，星月相凌，不見者則所蝕也。韋昭曰：自下往觸之曰犯，居其宿曰守，

經之爲歷，突掩爲凌，星相擊爲鬭也。【今注】五星所行合散犯守陵歷鬭食：爲五星之間或五星與恒星之間發生的接近或掩蓋狀態的術語。合，聚會，接近。大致出現在同一個星座就可稱爲合。散，分散，離去。犯，兩星相距一度之内。但一定是光耀自下而上，若光耀自上而下，則稱爲“侵”。又以大迫小謂之“侵”，以小逼大謂之“凌”，陵即“凌”。歷，兩星相靠近直到掩蓋而過。二體復合、往返稱爲“鬭”。鬭，争鬭。食，指五星或月亮掩蓋其他星體的現象。

［7］【顔注】張晏曰：彗所以除舊布新也。孛氣似彗。飛流謂飛星流星也。孟康曰：飛，絶迹而去也。流，光迹相連也。日月無光曰薄。京房《易傳》曰，日月赤黄爲薄。或曰不交而食曰薄。韋昭曰：氣往迫之爲薄，虧毁曰食也。【今注】彗孛飛流：彗孛，均指彗星。孛通常指無尾彗星。飛流，均指流星，向上行爲飛，向下行爲流。　日月薄食：指日食和月食。薄食者，淺薄之食。

［8］【顔注】孟康曰：暈，日旁氣也。適，日之將食先有黑之變也。背，形如背字也。穴多作鐍，其形如玉鐍也。抱，氣向日也。珥，形點黑也。如淳曰：暈讀曰運。虹或作虹。蜺讀曰齧。螮蝀謂之虹，表云雄爲虹，雌爲蜺。凡氣在日上爲冠爲戴，在旁直對爲珥，在旁如半鐶向日爲抱（鐶，大德本、殿本作“環”，同），向外爲背。有氣刺日爲鐍。鐍，抉傷也。【今注】暈適背穴抱珥虹蜺：暈，指日暈。適，通“謫”。日食前日面發黑的現象。背，指日暈時兩側由内向外出現的光氣現象。穴，指日暈時上部如半環向外的光氣現象。抱，環抱朝向太陽的雲氣。珥，出現在太陽表面兩旁的雲氣。虹，同“虹”。日光經過地球表面水氣時呈現的圓弧形彩帶，彩帶有雌雄，雄者爲虹，雌者爲霓。前六種爲太陽表面爆發時出現的各種雲氣，後兩種則是日光通過地球大氣時出現的現象，但均與太陽有關，古人歸爲一類。

［9］【今注】迅雷風祅：迅猛的雷電和暴風。風祅，即妖風。古人稱由妖怪的作用形成的怪風，如龍卷風等。

［10］【今注】其本在地：天上出現的這些怪象，它們的本源都在地上，即天地是相通的。

［11］【顔注】師古曰：鄉讀曰響。【今注】案，“政失於此”至“鄉之應聲”，意爲地上國政有錯誤，則星象就發生變化，就如事物形象所投下的影子、響聲所返回的回聲。失，錯誤。景，同“影”。鄉，通“響”。回聲。

［12］【今注】明君覩之而寤飭身正事思其咎謝：聰明的君主見到這些天象，就悟出了自己執政所産生的過失，便修養自己的品德行爲，改正行政中的失誤，思慮悔改，並向人民謝罪。寤，通“悟”。

［13］【今注】禍除而福至自然之符也：明君采取了改正措施之後，便禍除福來，天上也會顯現出祥和的景象。

中宮天極星，[1]其一明者，泰一之常居也，[2]旁三星三公，或曰子屬。後句四星，末大星正妃，餘三星後宮之屬也。環之匡衞十二星，藩臣。[3]皆曰紫宮。[4]

［1］【今注】中宮：中國古代天文學家把全天星座分爲五個天區，稱爲東、南、西、北、中宮。古人從目視觀測中發現，衆星都圍繞北極星旋轉，故將北極看作天的中央，稱北極附近的天區爲中宮。　天極星：即北極星。古人經目視觀測，發現它位於北天極，一年四季及每日早晚，其位置都不發生移動。所以最爲尊貴，其餘衆星，都環繞它運轉，故曰衆星拱之。

［2］【今注】其一明者泰一之常居也：在北極附近，其中有一顆明亮的星叫作泰一星，即天極星。泰一，也寫作“太乙”，相當於《周易》中的太極。太是至高無上之意，一是絶對唯一之意。常

居，即經常位於北極而不移動。這句話源於《天官書》，是司馬遷依據古代的傳説而寫。可見太一星在遠古時曾作過北極星。但在漢代時的北極，已經不在太一星的位置，而是在樞星即紐星的位置。

［3］【今注】環之匡衛十二星藩臣：環繞輔助保衛的十二顆星。藩臣即保衛帝王的諸侯和大臣。這十二星是指紫微垣垣墻諸星，後世稱爲十五星。

［4］【今注】紫宫：即中宫。

前列直斗口三星，[1]隨北耑鋭，[2]若見若不見，[3]曰陰德，或曰天一。[4]紫宫左三星曰天槍，右四星曰天棓。[5]後十七星絶漢抵營室，曰閣道。[6]

［1］【今注】前列直斗口：北斗星斗口前陳列的三顆星。

［2］【今注】隨北耑鋭：從北下垂，前端尖鋭。耑鋭，《天官書》作"耑兑"。耑，通"端"。

［3］【今注】若見若不見：好像能看到又看不到，形容星的暗弱。

［4］【今注】曰陰德或曰天一：這三顆星叫作陰德，又名天一。後世星圖，將天一與陰德分爲兩個星座，天一一星在太乙星下方，陰德二星則在紫微垣内尚書星旁。

［5］【顔注】蘇林曰：音棓打之棓。師古曰：棓音白講反。【今注】棓：音 bàng。

［6］【今注】後十七星絶漢抵營室曰閣道：絶漢，越過銀河。營室，即室宿和壁宿。閣道，天槍、天棓星下方十七星，通過銀河，抵達營室星座。後世星圖中閣道爲六星，輦道爲五星。本《志》和《天官書》所言之方位，此閣道似爲輦道之誤。本《志》無輦道星名。

北斗七星，所謂“旋、璣、玉衡，以齊七政”。[1]杓攜龍角，[2]衡殷南斗，魁枕參首。[3]用昏建者杓；杓，自華以西南。[4]夜半建者衡；衡，殷中州河、濟之間。[5]平旦建者魁；魁，海岱以東北也。[6]斗爲帝車，運于中央，臨制四海。分陰陽，建四時，均五行，移節度，定諸紀，皆繫於斗。

[1]【今注】北斗七星所謂旋璣玉衡以齊七政：北斗星，稱爲旋璣玉衡，利用它可以確定日月五星的運行。北斗七星，是紫微垣中組成斗杓形狀的最爲明亮的星座。其中的每顆星又都有專名：天樞、天璿、天璣、天權，組成四方的斗魁狀，如渾天儀的圓環，故曰璿璣；玉衡、開陽、摇光似斗把，或叫作斗柄，如渾儀中的横筒，故曰玉衡。齊七政，指推算日月五星的行度。

[2]【顔注】孟康曰：杓，斗柄也。龍角，東方宿也。攜，連也。【今注】杓：音 biāo。

[3]【顔注】晉灼曰：衡，斗之中央。殷，中也。

[4]【顔注】孟康曰：《傳》曰“斗弟七星法太白，主杓，斗之尾也”。尾爲陰，又其用昏，昏陰，位在西方，故主西南。

[5]【顔注】孟康曰：假令杓昏建寅，衡夜半亦建寅也。

[6]【顔注】孟康曰：《傳》曰“斗魁第一星法爲日，主齊”。魁，斗之首；首，陽也，又其用在明，陽與明，德在東方，故主東北方。【今注】案，“杓攜龍角”至“魁海岱以東北也”意爲斗柄連接着蒼龍星的角（大角星和角宿），玉衡星正當着南斗星即斗宿，斗魁四星枕在參宿的頭部，即參宿的左右肩。這是建立斗建的三種不同方式，以斗柄指向定季節爲昏建，以衡星指向定季節爲夜半建，以魁星指向定季節爲平旦建。其中“杓自華以西南”“衡殷中州河濟之間”“魁海岱以東北”，爲北斗分野的用語。（見圖1）

斗魁戴筐六星，曰文昌宮：[1]一曰上將，二曰次將，三曰貴相，四曰司命，五曰司禄，六曰司灾。在魁中，貴人之牢。[2]魁下六星兩兩而比者，曰三能。[3]三能色齊，[4]君臣和；不齊，爲乖戾。柄輔星，[5]明近，輔臣親彊；斥小，疏弱。[6]杓端有兩星：[7]一内爲矛，招摇；[8]一外爲盾，天蠭。[9]有句圜十五星，屬杓，曰賤人之牢。[10]牢中星實則囚多，虚則開出。天一、槍、棓、矛、盾動摇，角大，兵起。[11]

[1]【顔注】晋灼曰：似筐，故曰戴筐。【今注】斗魁戴筐六星：斗魁四星上方的六顆星，如魁戴着的筐帽。

[2]【顔注】孟康曰：《傳》曰"天理四星在斗魁中"。貴人牢名曰天理也。【今注】在魁中貴人之牢：在斗魁四星的中間，是貴人的牢獄。牢獄，指斗魁中的天理四星。

[3]【顔注】蘇林曰：能音台。

[4]【今注】案，齊，蔡琪本、大德本、殿本作"亝"，同。下文"不齊"同。

[5]【顔注】孟康曰：在北斗第六星旁。【今注】柄輔星：斗柄旁的輔星。具體指開陽星旁的輔星。

[6]【顔注】蘇林曰：斥，遠也。

[7]【今注】杓端有兩星：在斗柄的端點外，有兩顆名叫招摇和天鋒的星。

[8]【顔注】孟康曰：近北斗者招摇，招摇爲天矛（蔡琪本無"招摇"二字）。晋灼曰：梗河三星，天矛、鋒、招摇，一星耳。

[9]【顔注】晋灼曰：外，遠北斗也。在招摇南，一名天蠭。【今注】天蠭：蠭，同"蜂"。《天官書》作"鋒"。既然天鋒爲盾，

當爲戰鬬中的防禦武器，不是蜜蜂，故此處的“䗬”當爲誤字。

［10］【今注】有句圜十五星屬杓曰賤人之牢：句圜，爲鉤環狀的星座。賤人之牢星座與前面所論及的貴人之牢天理星是相對應的。後世的星圖中無賤人之牢星座。《春秋緯》曰：“貫索，賤人之牢。中星實，則囚多，虛則開出。”貫索也成勾環狀，爲九星，可見本《志》與《天官書》之賤人之牢即後世之貫索。（見圖2）

［11］【顔注】李奇曰：角，芒角。

東宮蒼龍，[1]房、心。[2]心爲明堂，大星天王，前後星子屬。不欲直；直，王失計。房爲天府，曰天駟。[3]其陰，右驂。[4]旁有兩星曰衿。衿北一星曰𨐈。[5]東北曲十二星曰旗。旗中四星曰天市。[6]天市中星衆者實，其中虛則秏。[7]房南衆星曰騎官。左角，理；右角，將。大角者，[8]天王帝坐廷。其兩旁各有三星，鼎足句之，曰攝提。[9]攝提者，直斗杓所指，以建時節，故曰“攝提格”。[10]亢爲宗廟，主疾。[11]其南北兩大星，曰南門。氐爲天根，主疫。尾爲九子，曰君臣；斥絶，不和。箕爲敖客，后妃之府，曰口舌。[12]火犯守角，則有戰。房、心，王者惡之。[13]

［1］【今注】蒼龍：又作“青龍”。爲黄道帶四方星之一，與朱鳥、白虎、玄武合爲四方星。黄道帶四方對應於四季和四色，故曰蒼龍。蒼，青色。

［2］【今注】房心：房宿和心宿，爲東方蒼龍七宿中的主星。故在東宫中首先予以介紹。

［3］【今注】房爲天府曰天駟：房爲明堂，天子布政之宫，故曰天府。房又爲天駟。天駟者，天上之駟馬，也可釋作四馬拉

的車。

［4］【今注】其陰右驂：它的北面爲右驂。後世星圖中没有右驂這個星座。《晉書·天文志》曰：房四星“亦曰天駟，爲天馬，主車駕。南星曰左驂，次左服，次右服，次右驂”。按《晉書·天文志》的解釋，房宿四星中最北一星曰右驂星。

［5］【顔注】晉灼曰：舝，古轄字也（蔡琪本、大德本、殿本無“也”字）。【今注】旁有兩星曰衿衿北一星曰舝（xiá）：房宿旁邊有顆星叫作鉤鈐，鉤鈐的北面一顆星叫作轄星。鉤鈐爲馬車主開閉即鑰匙星。轄星爲固定車輪與車架的鐵釘。

［6］【今注】東北曲十二星曰旗旗中四星曰天市：漢代以後的星座還發生很大的變化，與《天官書》星座已經不能完全對應。此處的旗十二星，可能就是指河鼓兩邊的左旗和右旗。但文中所述天市四星，便難以找到對應的星，因爲後世的天市垣不是四星，而是多達十九個星座。

［7］【今注】星衆者實其中虚則耗：天市中星多，則市場繁榮；星少，則市場蕭條。

［8］【今注】大角：大角與角宿均源於蒼龍的角。原本大角星與角宿一爲龍的兩隻角，以後改以角宿一、二爲角宿兩星。大角星成爲單獨的一個星座。

［9］【顔注】晉灼曰：如鼎足之句曲也。

［10］【今注】案，攝提，正對着斗柄所指示的方向，它與斗柄同樣起到建立時節的作用，所以説，攝提星黄昏時指向寅位，就是一歲的開始。

［11］【今注】案，主，蔡琪本作“王”。

［12］【今注】箕爲敖客后妃之府曰口舌：箕宿象徵撥弄是非的人，又是后妃的府第，它是主管口角争吵的星。

［13］【今注】火犯守角則有戰房心王者惡之：熒惑星凌犯和守衛停留在角宿之時，將有戰事發生；熒惑星凌犯和守衛房宿、心

宿之時，將有於王者不利的事發生。

南宫朱鳥，[1]權、衡。[2]衡、大微，三光之廷。[3]筐衛十二星，藩臣：西，將；東，相；南四星，執法；中，端門；左右，掖門。[4]掖門内六星，諸侯。[5]其内五星，五帝坐。[6]後聚十五星，曰哀烏郎位；[7]旁一大星，將位也。[8]月、五星順入軌道，[9]司其出，[10]所守，天子所誅也。其逆入，若不軌道，以所犯名之；中坐，成形，[11]皆群下不從謀也。[12]金、火尤甚。[13]廷藩西有隨星四，名曰少微，士大夫。[14]權，軒轅，黄龍體。[15]前大星，女主象；旁小星，御者後宫屬。[16]月、五星守犯者，如衡占。[17]東井爲水事。火入之，一星居其左右，天子且以火爲敗。東井西曲星曰戉；[18]北，北河；南，南河；兩河、天闕間爲關梁。[19]輿鬼，鬼祠事；中白者爲質。[20]火守南北河，兵起，穀不登。故德成衡，觀成潢，[21]傷成戉，[22]禍成井，[23]誅成質。[24]柳爲鳥喙，[25]主木草。七星，頸，爲員宫，主急事。[26]張，嗉，爲厨，主觴客。[27]翼爲羽翮，主遠客。[28]軫爲車，主風。[29]其旁有一小星，曰長沙，星星不欲明；明與四星等，若五星入軫中，兵大起。軫南衆星曰天庫，庫有五車。車星角，若益衆，及不具，亡處車馬。[30]

[1]【今注】朱鳥：又作“朱雀”。爲黄道帶四方星之一，與蒼龍、白虎、玄武合爲四方星。雀即是鳥，黄道帶的四方對應於四季和四色，故又稱朱鳥。朱，赤色。

［2］【顔注】孟康曰：軒轅爲權，太歲爲戰也（太，大德本作“大”；歲，蔡琪本、大德本、殿本作“微”；戰，大德本、蔡琪本、殿本作“衡”）。【今注】權衡：爲南方朱鳥七宿中的主星，故在南宫中首先予以介紹，以後纔逐漸將南宫主星轉移爲柳、星、張三宿。

［3］【今注】衡大微三光之廷：衡，又稱爲太微垣，是日月星三光的廷府。廷府者，居住之所。它是日月五星必經之所。自此以下直至“士大夫”，均是介紹衡即太微垣中各個星座的。案，大，大德本、蔡琪本、殿本作“太”。

［4］【今注】案，此處之筐衛十二星，與紫宫的匡衛十二星類似，爲太微垣的垣墻。後世星圖中的太微垣衹有十星，左垣爲：上將、次將、次相、上相、左執法；右垣爲：上相、次相、次將、上將、右執法。這裹所述之端門和掖門均不是星座。端門，指垣墻南端的空缺處，掖門是兩垣墻中的邊門。

［5］【今注】掖門内六星諸侯：後世星圖太微垣中的諸侯星稱爲五諸侯，僅爲五星，在西上將的上方。

［6］【今注】五帝坐：以五帝命名的五個方位的帝座，均爲帝王或天帝於不同季節的座位。五帝座五星位於太微垣内正中間，其中間的主星，爲太微垣中最明亮的一顆星。

［7］【今注】哀烏：爲“蔚然”之誤寫。《天官書》作“蔚然”，蔚然者，茂盛地積聚。“哀烏”二字無解。　郎位：五帝座後面（北面）的十五星，郎位即郎官之位，爲漢代宫廷中的侍衛官。

［8］【今注】將位：即後世位於郎位星東的郎將星。

［9］【今注】月五星順入軌道：月亮和五星順着軌道進入太微垣。

［10］【今注】司其出：觀察它的出行狀態。

［11］【顔注】晉灼曰：中坐，犯帝坐也。成形，禍福之

形見。

［12］【今注】案，五星進入太微垣之後，總是要順行向東出太微的。但在太微垣中的行程，可以是順行，也可以是逆行和留，並且不沿着軌道運動。所以要細心觀察。所守，停留不動。天子所誅，天子命令加以討伐。討伐的對象爲所守星座的分野地區。逆入若不軌道以所犯名之，如果星逆向運動，進入所犯的星座，並且不沿着軌道運動，那麽，其顯示出的行爲依所犯星名來確定其人的罪行。中坐成形皆群下不從謀，帝座必成其刑戮，都是諸臣下相從而謀上所致。

［13］【今注】金火尤甚：以上占語對五星均適用，衹是對金星和火星而言更爲厲害。

［14］【今注】有隨星四名曰少微士大夫：在宫廷和藩臣的西面有下垂的星四顆，名叫少微星，它們象徵士大夫。士大夫象徵着處士，即在野的賢士。

［15］【顔注】孟康曰：形如騰龍。【今注】權軒轅黄龍體：權，又稱爲軒轅星，軒轅爲遠古最偉大的古帝黄帝的號。這個星座又稱爲黄龍之體，即軒轅星又名爲黄龍。在中國古代，既有將一年分爲春、夏、秋、冬四季，又有分爲春、夏、季夏、秋、冬五季的。四季在黄道上的對應星爲蒼龍、朱鳥、白虎、玄武，五季的對應星則爲蒼龍、朱鳥、黄龍、白虎、玄武。所以，黄龍軒轅這個星座雖僅爲一座，但其地位十分特殊且很重要。

［16］【今注】案，星占家將軒轅星看作後宫的形象，並與各女主相對應。

［17］【今注】五星守犯者如衡占：五星凌犯了軒轅星，與衡星各占相同。

［18］【今注】案，戍，大德本誤作“戊”。

［19］【今注】兩河天闕間爲關梁：南河戍星、北河戍星與闕邱星之間爲銀河上的通道。關梁，指關卡和橋梁。

［20］【顏注】晉灼曰：輿鬼五星，其中白者爲質。【今注】輿鬼鬼祠事中白者爲質：輿鬼星即鬼宿，爲敬事鬼神之事，鬼宿中見到的白色星點就是質星。古人所觀測到的這團鬼宿星氣，後人稱之爲鬼星團。

［21］【顏注】晉灼曰：日、月、五星不軌道也。衡，大微廷也（大，蔡琪本、殿本作“太”）。觀，占也。潢，五潢，五帝車舍也。

［22］【顏注】晉灼曰：賊傷之占，先成形於戉（戉，蔡琪本、殿本作“戉”）。【今注】案，戉，殿本作“戉”。

［23］【顏注】晉灼曰：東井主水事，火入，一星居其旁，天子且以火敗，故曰禍也。

［24］【顏注】晉灼曰：熒惑入輿鬼天質，占曰大臣有誅。【今注】案，“故德成衡”至“誅成質”意爲，所以，帝王施行了德政，就能從衡星表現出徵兆，衡是平準之器，表示着對一切事物持公平的態度；王者外出游觀，就從天潢星表現出來，天潢星爲天帝車舍，由此可以看出帝王的行踪；帝王做了敗德之事，就能從鉞星中顯示出來，鉞星即本段第二句“其西曲星曰鉞”之星；帝王遇到災禍，就會從井宿顯示出來；帝王有誅殺之事，就會從質星顯示出來。

［25］【今注】柳爲鳥喙：柳宿象徵朱鳥的嘴。

［26］【今注】七星：即星宿，其星座包含有七顆星，頸爲圓宮，主急事；七星爲朱鳥的脖子，是鳥的食道所經之處，所以主管危急之事。

［27］【今注】主觴客：張宿爲朱鳥的嗉囊，所以它主管厨房和招待客人之事。

［28］【今注】翼爲羽翮主遠客：翼宿爲朱鳥的羽根或鳥的翅膀，翅膀善飛，故象徵着遠客。

［29］【今注】軫爲車主風：軫爲車，其四星象徵車架之底座

或四輪。由於車子行動迅速，故産生風，所以，軫宿不但主管車，還主管風。

［30］【今注】案，“軫南衆星”至“亡處車馬”意爲在軫宿的南面有很多星名叫天庫，天庫中有五柱。柱星有芒角，顯示出車馬衆多，如果衆柱星不出現，則没有車馬。這是判斷南方有無戰事發生的重要標志。此處“庫有五車，車星角”，其中的“車”字當爲“柱”字之誤。在南方朱雀的範圍内没有五車星，五車更不靠近天庫星，所以知其“車”字必誤。在一些文獻中天庫稱爲庫樓，爲兵車的府庫。石氏曰：“庫樓十星，五柱十五星，衡四星，凡二十九星，左角南。”柱和衡均爲兵車的部件。柱者，兵車上的旗杆也。五柱，象徵兵車之多。

西宫咸池，[1]曰天五潢。五潢，五帝車舍。[2]火入，旱；金，兵；水，水。中有三柱；柱不具，兵起。[3]奎曰封豨，爲溝瀆。婁爲聚衆。胃爲天倉。其南衆星曰廥積。[4]昴曰旄頭，胡星也，爲白衣會。[5]畢曰罕車，[6]爲邊兵，主弋獵。其大星旁小星爲附耳。附耳摇動，有讒亂臣在側。昴、畢閒爲天街。其陰，陰國；陽，陽國。[7]參爲白虎。三星直者，是爲衡石。[8]下有三星，鋭，曰罰，[9]爲斬艾事。[10]其外四星，左右肩股也。[11]小三星隅置，曰觜觿，爲虎首，主葆旅事。[12]其南有四星，曰天厠。天厠下一星，曰天矢。矢黄則吉；青、白、黑，凶。[13]其西有句曲九星，三處羅列：一曰天旗，二曰天苑，三曰九斿。其東有大星曰狼，狼角變色，多盜賊。下有四星曰弧，直狼。[14]比地有大星，曰南極老人。[15]老人見，治安；不見，兵起。常以秋分時候之南郊。[16]

［1］【今注】西宫：黄道帶的四宫之一，與東宫、南宫、北宫合稱爲四宫。每宫對應於一個大的星座，稱爲東宫蒼龍、南宫朱鳥、西宫白虎、北宫玄武。此處“西宫”後缺漏“白虎”二字。因爲其他三宫均有東宫蒼龍、南宫朱鳥、北宫玄武之名。有人將西宫咸池與東方蒼龍等相對應，這是不相稱的，首先，蒼龍、朱鳥、玄武都是能代表四方中每一方的名稱，它們各涵蓋七宿，咸池衹能代表自身；其次，蒼龍、朱鳥、玄武都是動物，而咸池則是一個水池，與其他三方不相配合，它也不能代表包括西方七宿中的任何一宿，故曰“西宫”與“咸池”間缺漏“白虎”二字是可信的。或曰咸池即白虎。白色配金主殺，虎亦主殺，與古人任德遠刑的觀念不符，故以咸池代之。（參見馮時《咸池考》，載《王仲殊先生九十華誕紀念論文集》，科學出版社2015年版）

［2］【今注】咸池曰天五潢五潢五帝車舍：咸池，又名天五潢，或名天淵，五潢，是天子的池塘，是水和魚的囿府。在中國的星空世界中，有北極附近的北斗星即帝車星，有角宿西面的軫宿即車星和角宿東南的陣車星，在參宿的西北有畢宿即罕車星，參宿的正北有五車星。另外還有以馬車部件命名的星座，如柱星、轄星等，另外還有一些與車子有關的星座，如拉車之駟馬星，著名的馭手王良星、造父星，車子的發明人奚仲等。中國星座爲什麼會使用如此多與車有關的名稱作爲星名呢？原來中國星占的主要目的是爲鞏固帝王的統治，而戰争和軍隊是鞏固其統治的主要手段。在先秦時代，車戰是决定戰争勝負的主要手段，所以中國星占對軍車特别重視。車子按不同的功用，具有不同的分類，《孫子·作戰》曰：“凡用兵之法，馳車千駟，革車千乘。”梅堯臣注曰：“馳車，輕車也。革車，重車也。凡輕車一乘，甲士步卒二十五人，重車一乘，甲士步卒七十五人，舉二車各千乘，是帶甲者十萬人。”鄭玄注《周禮》五車曰：“此五者皆兵車，所謂五戎也。戎路，王在軍所乘也；廣車，横陳之車也；闕車，所用補闕之車也；苹猶屏也，所用對敵自蔽隱之車也；輕車，所用馳敵致師之車也。”而郗萌曰：“五

車，天子大澤也，主輕車。”所以，按《周禮》五車的分法，北斗的帝車當爲五車中的戎路車。至於五車星之含義，當有兩解，一解如《周禮》之五種兵車，另一種如郗萌的輕車。中國星空所示有南方、北方、西北三個主戰場，南方有軫宿和陣車，西北方有罕車和五車，故罕車和陣車爲重車，軫宿、五車爲輕車。在戰場上，重車和輕車各有不同分工。

［3］【今注】案，咸池又名五車，而五車又是天帝的車舍，故《開元占經》載石氏曰："五車五星，三柱九星，凡十四星，在畢東北。"故本文曰：火星入犯五車，則發生旱災，應着咸池爲水池的占語上。若金星入犯五車，則有兵，應着五車爲兵車、金星爲兵的占語上。若水星入犯五潢，則有水災，應在水星爲水、五潢也爲水的占語上。又五車中有三柱，爲兵車插軍旗的旗杆，當三柱不見之時，就象徵着兵起，有戰鬬發生。

［4］【顔注】如淳曰：芻稾積爲廥也。

［5］【今注】昴曰旄頭胡星也：昴爲中國古代的少數民族。據記載，周武王伐紂時，曾聯合西方的八百少數民族出兵，其中就有建國於巴地的髳國。周代的髳人，可能不斷向西南遷移，唐代時在髳人的居地設髳州，即今雲南牟定縣。古稱被髮先驅爲髦頭，源出於西南少數民族被髮作戰，是勇猛的象徵。由於昴爲西方白虎的一宿，白虎的主體在觜参二宿，大約星占家將髦與虎頭下披之長毛聯繫了起來，故有髦頭之稱。髳人爲古羌人的一支，北方和西北方的少數民族統稱爲胡人，故髳人也是胡人的一種。胡人以昴星作爲自己的族星，在古代文獻中多有記載，也得到現今少數民族調研的印證，所有這些事實都證明了《天官書》昴爲胡星是可信的。　白衣會：因戰事而導致死喪的凶兆，實指辦喪事的聚會。

［6］【今注】畢爲罕車：畢宿又爲軍旗飛揚的軍車，故又曰邊兵。罕，同“罕”。

［7］【顔注】孟康曰：陰，西南，象坤維，河山已北國也。

陽，河山已南國也。【今注】昴畢閒爲天街其陰陰國陽陽國：在昴宿和畢宿之間爲天街，故星圖上有天街一星，在天街的北面爲陰國，在街南爲陽國。案，天，大德本誤作“大”。

［8］【顔注】孟康曰：参三星者，白虎宿中，東西直，似稱衡也。【今注】三星直者是爲衡石：参宿共有七星，中間三星與赤道平行，故稱爲衡石，外面四星爲白虎的左右肩股。

［9］【顔注】孟康曰：在参間，上小下大，故曰鋭。晉灼曰：三星小，邪列，無鋭形也。

［10］【今注】下有三星鋭曰罰爲斬艾事：在衡石的下方有下垂尖鋭的三顆星，稱爲罰星（又寫作“伐”），執行殺伐的使命。

［11］【今注】其外四星左右肩股也：衡石三星和伐三星的外面四顆星，爲白虎的左右肩和左右大腿。

［12］【顔注】如淳曰：關中俗謂桑榆蘖生爲葆。晉灼曰：禾野生曰旅，今之飢民采旅也。宋均曰：葆，守也。旅，軍衆也。言佐参伐斬艾除凶也。【今注】案，“小三星”至“主葆旅事”意爲另有小三星成鼎足之形，位於参宿之上方，稱爲觜觽，是白虎的腦袋，主管軍隊中野生食物之事。

［13］【今注】案，“其南有四星”至“青白黑凶”意爲，在参宿南面的四顆星稱爲天厠，天厠的下面有一顆星叫作屎。屎的顔色是黄色時吉利，若是青、白、黑色時爲凶象。此處天厠下一星曰“天矢”之“矢”字，當爲“屎”之古字，後世星圖作“屎”。

［14］【今注】案，“其東有大星”至“直狼”意爲，在参宿的東南方有一顆大星爲天狼星，它若有芒角或者變色時，則社會多盜賊。其下方有四顆弧矢星，它的箭頭正對着天狼星。四星曰弧，在天狼星東南方的一組星稱爲弧矢星，後世的星圖上，這組星共計九顆，其中一至三的三顆星爲弓箭的箭頭，針對着天狼星，其餘六星成弦弓箭狀。大星，天狼星爲全天第一亮星，故稱爲大星。直狼，對着天狼星。

[15]【顔注】晉灼曰：比地，近地也。【今注】比地有大星：在南方地平綫以上有一顆大星叫老人星，爲全天第二亮星，故曰大星，由於其緯度偏南，僅能在黄河流域以南的春分時的黄昏和秋分時的黎明短暫時刻見到它，因此全年見到的機會很少，衹要出現時的這幾天有雨或陰天，就會失去見到它的機會。 曰南極老人：稱爲南極老人星。所謂南極，是指靠近南極，並非就在南極，故有時見不見之别。

[16]【今注】案，“比地有大星”至“候之南郊”意爲，在天狼、弧矢星的下方靠近地面的地方有大星名曰南極老人星。老人星見，天下安定；如果看不見，就有戰亂發生。常在秋分日的黎明前的南郊見到它。常以秋分時候之南郊，漢唐之時，古代帝王對觀看老人星很重視，還把它作爲一種儀式來舉行。每逢秋分日的早晨，皇帝就帶着大臣到國都南郊的老人廟觀看老人星。若看到老人星，則預示着國泰民安，大臣們便向帝王祝賀。觀看老人星也有提倡社會尊敬老人的作用。

北宫玄武，[1]虚、危。[2]危爲蓋屋；[3]虚爲哭泣之事。[4]其南有衆星，曰羽林天軍。[5]軍西爲壘，或曰戉。[6]旁一大星，北落。[7]北落若微亡，軍星動角益稀，及五星犯北落，入軍，軍起。火、金、水尤甚。火入，軍憂；水，水患；木、土，軍吉。[8]危東六星，兩兩而比，曰司寇。營室爲清廟，曰離宫、閣道。[9]漢中四星，曰天駟。旁一星，曰王梁。王梁策馬，車騎滿野。[10]旁有八星，絶漢，曰天横。[11]天横旁，江星。江星動，以人涉水。杵、臼四星，在危南。匏瓜，有青黑星守之，魚鹽貴。[12]南斗爲廟，[13]其北建星。建星者，旗也。牽牛爲犧牲，其北河鼓。河鼓大星，上將；左，左星；右，右將。婺女，其北織女。織女，天女孫也。[14]

［1］【今注】玄武：中國星座中黄道帶的四大動物星象之一。武古音作“冥”，玄武即玄冥，爲大禹之父鯀之號。夏人又以顓頊作爲遠祖。而該族系常以龜蛇作爲圖騰，故將北方玄武配以龜蛇。玄的含義爲黑色，與五行中的北方色相對應。

［2］【今注】虚危：虚宿和危宿。本書《地理志》述天文地理分野：北方玄武，濮陽“本顓頊之虚”。而四季對應的古帝中，北方正是顓頊，故此處“虚宿”，當是顓頊一名的借詞。《爾雅·釋天》也説：“玄枵，虚也。顓頊之虚，虚也。北陸，虚也。”玄枵包含有虚宿，其又是顓頊之虚，故“虚”當爲“頊”之借字。

［3］【顔注】宋均曰：危上一星高，旁兩星下，似蓋屋也。

［4］【顔注】宋均曰：蓋屋之下中無人，但空虚，似乎殯宫，故主哭泣也。

［5］【顔注】宋均曰：虚、危、營室，陰陽終始之處，際會之間，恒多姦邪，故設羽林爲軍衛。

［6］【今注】案，戉，殿本作“戌”。

［7］【今注】案，“其南有衆星”至“旁一大星北落”之意爲，虚危二宿的南面有許多星，稱爲羽林軍。羽林軍的西北爲壘壁陣星，或叫作戉星。戉星旁有一顆大星爲北落師門。後世的星圖上，虚危以南的衆星組成了一個南方戰場。作戰的對象是北夷和匈奴。在女宿旁有天壘城，爲北夷、匈奴的象徵。羽林軍則爲中國軍隊的主要作戰力量，其南的北落星又叫北落師門，其義爲北方的軍門。羽林軍旁還有供作戰用的兵器鈇鉞。再向南還有天綱星，爲天子親征駐扎的營帳。在北夷與羽林軍之間，有條長長的兩軍分界綫，稱爲壘壁陣。

［8］【顔注】孟康曰：木星、土星入北落，軍則吉也。【今

注】案，“北落若微亡”至“軍吉”之意爲，北落星如果微弱或者消失；羽林軍支援有芒角，或者更稀少；以及五星發生凌犯北落和羽林軍，就有軍隊興起，將有戰事發生。對於五星中的火、金、水三星來説，凌犯所造成的影響更大。火星進入有軍憂；水星進入有水患；木星、土星進入則吉利。

［9］【今注】營室爲清廟曰離宫閣道：營室是祭祖用的祠廟，又是帝王的離宫别室，是臨時休養的地方。這裏有一條輦道，通過銀河與紫宫相連接。

［10］【今注】案，“漢中四星”至“車騎滿野”之意爲，在營室以北的銀河之中有四顆星名叫天駟，在天駟四星的旁邊還有一顆星叫作王良。俗話説，王良策馬，車騎滿野。即當見到王良星鞭打馬時，就有戰事發生。此處的天駟爲四匹馬拉的軍車。“王梁”爲“王良”的異寫，即《史記》卷四三《趙世家》所載趙襄子的優秀馭手。策，原本是鞭打之意，後世因此又設立了一顆策星。《黄帝占》曰：“駟馬參差，不行列，天下安。若駟馬齊行，王良舉策，天子自臨兵，國不安。”車騎滿野，即到處是兵。

［11］【今注】天横：按《天官書》舊注引宋均之説，天横爲天牢星，此處爲八星，後世天津是九顆。在《天官書》中作“天潢”。

［12］【今注】案，“天横旁江星”至“魚鹽貴”之意爲，江星爲天江星，在尾宿以北，杵臼星在虚危以北，營室以西。是爲軍隊準備軍糧而設立。在河鼓的東面，有奇志瓠瓜和敗瓜星座，是爲軍隊準備的蔬菜和酹菜而設立。在北方玄武這個廣大天區，是爲皇家提供糧餉和後勤支援的大後方。牛宿和女宿象徵男耕女織的農業社會，是國家的基礎。其上方的一些星座離珠、瓠瓜、敗瓜及杵臼所使用的糧食均是其勞作的産品。其生産的基地則是分布在牛宿、女宿以南的天田星。

［13］【今注】南斗：即斗宿，六顆星，斗柄兩顆，指向西北，爲二十八宿中的第一宿。爲推算日月五星等天體行度的起點。

[14]【今注】案，“牽牛爲犧牲”至“天女孫也”，牽牛爲牛宿，婺女爲女宿，河鼓亦稱牽牛，織女又稱爲天帝的孫女。人們普遍認爲，牛宿與河鼓，女宿與織女，有着密切的關係，甚至牛宿、女宿之名，也可能出自河鼓和織女。大概是在天文學萌芽之時，尚無二十八宿的觀念，牛女二宿較爲暗淡，不爲人們所關注。而織女和河鼓均爲全天較亮的大星，爲人們所關注。正因爲如此，纔在這兩個星座的基礎上産生了牛郎織女的故事。而二十八宿産生之後，由於織女、河鼓均距黄道較遠，不宜充作二十八宿使用，纔選用牛宿和女宿這兩個暗星座來代替牽牛、織女之星名。但兩兩不能混用，故將女宿改名婺女，爲淺妾，以示與織女的貴族身份相區别，又將牽牛大星改名河鼓，河鼓之義爲銀河邊的軍鼓，故在其旁邊還有天桴即鼓槌。至於牛宿之星，則專作牽牛星名使用。

歲星[1]曰東方，春，木；於人五常，仁也；五事，貌也。[2]仁虧貌失，[3]逆春令，傷木氣，罰見歲星。[4]歲星所在，國不可伐，可以伐人。[5]超舍而前爲贏，退舍爲縮。[6]贏，其國有兵不復；[7]縮，其國有憂，其將死，[8]國傾敗。所去，失地；所之，得地。[9]一曰：當居不居，國亡；所之，國昌；已居之，又東西去之，國凶，不可舉事用兵。安静中度，吉。[10]出入不當其次，必有天祆見其舍也。[11]歲星贏而東南，[12]《石氏》：“見彗星”，《甘氏》“不出三月迺生彗，本類星，末類彗，長二丈”。贏東北，《石氏》：“見覺星”，《甘氏》“不出三月迺生天棓，本類星，末鋭，長四尺”。縮西南，[13]《石氏》：“見欃雲，如牛”，[14]《甘氏》“不出三月迺生天槍，左右鋭，長數丈”。縮西北，《石氏》：“見槍雲，如馬”，《甘氏》：“不出三月迺生天欃，本類星，末鋭，長數丈”。《石氏》：“槍、欃、棓、彗異狀，其殃一也，必有破國亂君，伏死其辜，餘殃不盡，爲旱、凶、飢、暴疾”。[15]至日行一尺，出二十餘日迺入，[16]《甘氏》：“其國凶，不可舉事用兵”。出而易，“所當之國，是受其殃”。又曰“袄星，不出三年，其下有軍，及失地，若國君喪”。

[1]【顔注】晉灼曰：大歲在四仲（大，蔡琪本、大德本作“太”，本注下同），則歲行三宿；大歲在四孟、四季，則歲行二宿。二八十六，三四十二，而行二十八宿。十二歲而周天。

[2]【今注】案，如本書《律曆志》所述，古人將五行與五季、五方、五星、五常、五事相配合。五行爲木、火、土、金、水，五季爲春、夏、季夏、秋、冬，五方爲東、南、西、北、中，五星爲歲星、熒惑星、鎮星、太白星、辰星，五常爲儒家的五種道德規範仁、義、禮、智、信，五事指古代統治者修身的五個方面貌、言、視、聽、思。

[3]【今注】仁虧貌失：如天子的行爲虧缺了仁，損失了貌。虧，欠缺、損害。失，過失、錯誤。

[4]【今注】逆春令傷木氣罰見歲星：如果人虧損了仁和貌，就違反了春令，損喪了木氣即木的德性，表現在罰見歲星上，即用歲星來警告他。

[5]【今注】歲星所在國不可伐可以伐人：歲星所在的星次所對應的國家和地域不可以去討伐，可以處罰個别人。

[6]【今注】超舍而前爲贏退舍爲縮：超過正常的天區一宿稱爲贏，退後正常天區一宿稱爲縮。一舍即一宿。一宿即一個二十八宿的範圍。

[7]【今注】不復：即國家得不到恢復。

[8]【今注】其將死：它的將軍將戰死。

[9]【今注】所去失地所之得地：木星離開當在的星宿，其對應的國家當失去土地；不當在而已經到達的星宿所對應的國家將得到土地。

[10]【今注】安静中度吉：木星安静，行度適中，則所對應的國家和地區吉利。

[11]【今注】不當其次：木星出入不在應該所在的星次。天祅見其舍：有天妖星出現在那個星宿。天祅，即天妖星。祅，即“妖”。

[12]【顔注】孟康曰：五星東行，天西轉。歲星晨見東方，行疾則不見，不見則變爲祅星。

[13]【顔注】孟康曰：歲星當伏西方，行遲早没，變爲祅星也。

[14]【顔注】韋昭曰：欃音參差之參。

[15]【今注】案，本節爲歲星贏縮東南、東北、西南、西北所見的各種不同的妖星，即彗星、天覺星、欃雲、槍雲。這些實際都是形態各異的彗星。

[16]【今注】至日行一尺出二十餘日迺入：出現後每天行一尺（即一度），出現二十餘天而隱没不見。

熒惑[1]曰南方，夏，火；禮也，視也。禮虧視失，逆夏令，傷火氣，罰見熒惑。[2]逆行一舍二舍爲不祥，[3]居之三月國有殃，[4]五月受兵，七月國半亡地，九月地大半亡。[5]因與俱出入，國絶祀。[6]熒惑爲亂爲賊，爲疾爲喪，爲飢爲兵，所居之宿國受殃。[7]殃還至者，雖大當小；[8]居之久殃乃至者，當小反大。[9]已去復還居之，若居之而角者，若動者，繞環之，及乍前乍後，乍左乍右，殃愈甚。[10]一曰：熒惑出則有大兵，入則兵散。周還止息，[11]迺爲其死喪。寇亂在其野者亡地，以戰不勝。[12]東行疾則兵聚于東方，西行疾則兵聚于西方；其南爲丈夫喪，北爲女子喪。熒惑，天子理也，故曰雖有明天子，必視熒惑所在。[13]

[1]【顔注】晉灼曰：常以十月入大微（大，蔡琪本、殿本作“太”），受制而出，行列宿，司無道，出入無常也。【今注】案，以下五星占語，直接摘録了較多《天官書》的占語，但也有很多不同之處。

[2]【今注】案，“禮虧視失”至“罰見熒惑”意爲天子的行爲規範有虧缺，辨别是非有失誤，就違反夏令，損喪了木的德性，表現在罰見熒惑上。

[3]【今注】逆行一舍二舍爲不祥：火星逆行一宿二宿，均爲不吉祥的徵兆。這是本書《律曆志》的占語，《天官書》不説逆行而用“反道”。《尚書緯》説：“政失於夏，則熒惑逆行。”《鉤命訣》曰：“天子失義不德，則白虎不出，熒惑逆行。”又《荆州占》曰：“熒惑逆行，環繞屈曲，成鉤巳，至三舍。名山崩……熒惑逆行至五舍，大臣謀反諸侯王也。熒惑逆行，必有破軍死將，國君若寄生，又曰夷將爲王，敢誅者昌，不敢誅者亡。”

[4]【今注】居之：停留。言停的時間越久殃越大。

[5]【今注】案，大，蔡琪本、大德本作“太”。

[6]【今注】國絶祀：假設辭，如果全年火星都停留在恒星間不動，則對應的國家就斷絶祭祀即滅亡了。

[7]【今注】案，“熒惑爲亂”至“宿國受殃”是説火星是災星，所對應的國家遇到它就要受殃。

[8]【今注】殃還至者雖大當小：災害隨即就到的，則災害雖大還是小的。

[9]【今注】居之久殃乃至者當小反大：如果停留之後，很久

纔出現災殃，那麼災害即使是小，但最終還是大的。

[10]【今注】案，“已去復還居之”至“殃愈甚”所談的是另一種運動狀態，説是經過此地之後，去了之後又回來，再停留在此地，或作乍前乍後、乍左乍右的移動，並且星出現芒角和跳動，那麼災害就更大。

[11]【今注】周還止息：作環繞運動或停或動。

[12]【今注】寇亂在其野者亡地以戰不勝：如果災殃發生在該分野之國，該國又發生了戰爭，那麼將不能戰勝，將有失地。

[13]【今注】案，“熒惑天子理也”至“必視熒惑所在”意爲熒惑是天子的法官，所以説國家雖然有英明的天子，還是要用觀看火星所在來決定是非。案，蔡琪本無“必”字。

太白[1]曰西方，秋，金；義也，言也。義虧言失，逆秋令，傷金氣，罰見太白。[2]日方南太白居其南，日方北太白居其北，爲羸，侯王不寧，用兵進吉退凶。日方南太白居其北，日方北太白居其南，爲縮，侯王有憂，用兵退吉進凶。[3]當出不出，當入不入，爲失舍，不有破軍，必有死王之墓，有亡國。一曰：天下匽兵，壄有兵者，所當之國大凶。當出不出，未當入而入，天下匽兵，兵在外，入。未當出而出，當入而不入，天下起兵，有至破國。未當出而出，未當入而入，天下舉兵，所當之國亡。[4]當期而出，其國昌。出東爲東方，入爲北方；出西爲西方，入爲南方。所居久，其國利；[5]易，其鄉凶。[6]入七日復出，將軍戰死。入十日復出，相死之。入又復出，人君惡之。已出三日而復微入，三日迺復盛出，是爲耎而伏，[7]其下國有軍，其衆敗將北。已入三日，又復微出，三日迺復盛入，其下國有憂，帥師雖衆，敵食其糧，用其兵，虜其帥。[8]出西方，失其行，夷狄敗；出東方，失其行，中國敗。[9]一曰：出蚤爲月食，晚爲天袄及彗星，將發于亡道之國。[10]

[1]【顔注】晉灼曰：常以正月甲寅與熒惑晨出東方，二百四十日而入。入四十日又出西方，二百四十日而入。入三十五日而復出東方。出以寅戌，入以丑未也。

[2]【今注】案，“義虧言失”至“罰見太白”之意爲，行動失宜、言語不當，爲違反秋令，傷害了金的德性，顯示在太白星的天象上。

[3]【今注】案，自“日方南”至“退吉進凶”，是星占術上關於贏縮的特殊用語，與天體運行之贏縮觀念有別。日方南，太陽向南方運行。日方北，太陽向北方運行。《開元占經·太白占》注曰：“日方南，謂夏至後也；日方北，謂冬至後也。”其含義也與此一致。

[4]【今注】案，“當出不出”至“所當之國亡”所述是金星當出不出、未當出而出的異常天象所出現的凶兆。由於金星是兵象，故這些異常天象出現時，均與戰鬭的形勢、勝負有關，也與國家的興亡，王、將的生死有關。

[5]【今注】案，“當期而出”至“其國利”之意爲，當金星的行度正常時，即爲當期而出，其國昌。久居即與長久停留星座對應之國有利。

[6]【顔注】蘇林曰：疾過也。一説，易鄉而出入也。晉灼曰：上言“易而出易”（易而出易，蔡琪本、大德本、殿本作“出而易”），言疾過是也。【今注】易其鄉凶：變動了位置，所對應的鄉土則凶。

[7]【顔注】晉灼曰：奥，退也。不進而伏，伏不見也。【今

注】微入：慢慢地隱没不見。　盛出：突然明亮地出現。　耎（ruǎn）而伏：軟弱而伏行。

[8]【今注】案，"易其鄉凶"至"虜其帥"均爲不按期出入所導致的金星異常狀態下，所顯示的凶象，不是將相死、人君惡，就是國有憂。衆敗將北，衆軍失敗將帥敗亡。帥師，帶領軍隊。

[9]【今注】案，"出西方"至"中國敗"是説金星如果出現在西方而失去其行度，出没反常，象徵夷狄失敗；若出現在東方失行，則中國失敗。中國，指中原地區的中央統一王朝。

[10]【今注】案，"一曰"至"亡道之國"之意爲，金星出現的早則有月食，晚有天妖星和彗星，將出現在無道之國所對應的星座。亡道之國，無道之國。

太白出而留桑榆間，疾其下國。[1]上而求，[2]未盡期日過參天，病其對國。[3]太白經天，天下革，民更王，[4]是爲亂紀，人民流亡。[5]晝見與日争明，[6]彊國弱，小國彊，女主昌。太白，兵象也。[7]出而高，用兵深吉淺凶；埤，淺吉深凶。行疾，用兵疾吉遲凶；行遲，用兵遲吉疾凶。角，敢戰吉，不敢戰凶；擊角所指吉，逆之凶。進退左右，用兵進退左右吉，静凶。圜以静，用兵静吉趮凶。出則兵出，入則兵入。象太白吉，反之凶。赤角，戰。[8]太白者，猶軍也，而熒惑，憂也。[9]故熒惑從太白，軍憂；[10]離之，軍舒。出太白之陰，有分軍；出其陽，有偏將之戰。當其行，太白還之，破軍殺將。[11]辰星，殺伐之氣，戰鬬之象也。[12]與太白俱出東方，皆赤而角，夷狄敗，中國勝；與太白俱出西方，皆赤而角，中國敗，夷狄勝。[13]五星分天之中，積于東方，中國大利；積于西方，夷狄用兵者利。[14]辰星不出，太白爲客；辰星出，太白爲主人。辰星與太白不相從，雖有軍不戰。辰星出東方，太白出西方。若辰星出西方，太白出東方，爲格，野雖有兵，不戰。[15]辰星入太白中，五日乃出，及入而上出，破軍殺將，客勝；下出，客亡地。辰星來抵，太白不去，將死。正其上出，破軍殺將，客勝；下出，客亡地。[16]視其所指，以名破軍。[17]辰星繞環太白，若鬬，大戰，客勝，主人吏死。辰星過太白，閒可椷劍，小戰，客勝；[18]居太白前旬三日，軍罷；出太白左，小戰；歷太白右，數萬人戰，主人吏死；出太白右，去三尺，軍急約戰。凡太白所出所直之辰，其國爲得位，得位者戰勝。[19]所直之辰順其色而角者勝，其色害者敗。[20]太白白比狼，赤比心，黄比參右肩，青比參左肩，黑比奎大星。[21]色勝位，[22]行勝色，[23]行得盡勝之。[24]

[1]【顔注】晉灼曰：行遲而下也。正出，舉目平正。出桑榆上，餘二千里也。【今注】桑榆間：桑樹、榆樹的枝葉之間，言其所在的位置低矮不高。　疾其下國：對其所對應的國家不利。下國，金星所在星座所對應的國家和地區。案，疾，蔡琪本、大德本、殿本作“病”。

[2]【今注】案，求，蔡琪本、大德本、殿本作“疾”。

[3]【顔注】晉灼曰：三分天過其一，此戌酉之間也。【今注】未盡期日過參天病其對國：金星往上快速運行，没有到應有的日期就過了三分之一的天空，那麽，與其所相對衝的國家不利。參天，三分之一的天空。對國，金星所在星座相對衝星座所對應的國

家。案，未，蔡琪本、大德本作“求”。

［4］【顔注】孟康曰：謂出東入西，出西入東也。太白，陰星，出東當伏東，出西當伏西，過午爲經天。晉灼曰：日，陽也；日出則星亡。晝見午上爲經天。

［5］【今注】案，“太白經天”至“人民流亡”是説太白如果運行到天頂，那麽，將發生天下變革，改朝换代，稱爲亂紀，人民將到處流亡。太白經天，金星爲内行星，距日最大不能超過48°。如果不管是傍晚從西方或早晨從東方出現在天頂這個位置，就是亂了法紀。

［6］【今注】晝見與日争明：白天見到金星，就是與太陽争奪照明。金星是全天最明亮的星星。太陽出現在天空時也能見到它，故曰與日争明。

［7］【今注】太白兵象：金星是兵象，爲有無戰事發生的象徵。故星占術上常用金星的出没動態來判斷戰争中的戰場形勢。

［8］【今注】案，“出而高”至“赤角戰”是説金星爲兵的象徵，所以指揮戰争要摹仿金星的行爲纔能取得勝利。反之則凶。如星出則兵出，星入則兵入，星向右則軍向右擊，左則左擊。

［9］【今注】太白者猶軍也而熒惑憂也：太白就如軍隊，熒惑就如災害或瘟神。

［10］【今注】故熒惑從太白軍憂：所以火星跟隨金星之時，這支軍隊就有憂患之事發生。

［11］【今注】案，“出太白之陰”至“破軍殺將”之意爲，火星出現在金星的北面，軍隊將分裂；出現在南面，將有偏將的戰鬬發生；火星阻擋其行道，而金星又回來之時，將有破軍殺將的事發生。

［12］【今注】辰星殺伐之氣戰鬬之象也：水星爲斷殺和討伐的星氣，是戰鬬的象徵。它與金星爲兵象是有區别的。但又有互相配合的作用。故在言及金星星占時提及它。

［13］【今注】案，“與太白俱出東方”至“夷狄勝”，東方象徵中國，西方象徵夷狄。與前占金星出東西方“失其行”不同，此是正行，故出東方，中國勝，出西方，夷狄勝。辰星爲戰鬭殺伐之象，與之俱出，可以加强它的作用。

［14］【今注】案，以上説及金水出東西方的占語，“五星”至“用兵者利”則順便交待五星出東西方，其結果與上一致。

［15］【今注】案，“辰星與太白不相從”至“不戰”，金星兵象與水星戰鬭之象“不相從”即不配合，在田野裏雖然有軍隊，但不會發生戰鬭。

［16］【今注】案，“辰星入”至“下出客亡地”，當水星進入金星的範圍之内時，就是兩星相配合了，其勝負還要看水星的動態，水從上出則中國破軍殺將，下出則客亡地。

［17］【今注】視其所指以名破軍：看水星所指示星座對應的地名，給破軍命名。

［18］【顔注】蘇林曰：椷音函。函，容也，其間可容一劍也。【今注】間可椷（hán）劍：辰星與金星之間的距離可以容納一把劍。椷，通“含”。容納之義。

［19］【今注】案，“凡太白”至“得位者戰勝”意爲，太白星出現時所在辰位所對應的國家稱爲得位。得位的國家將獲得勝利。

［20］【顔注】晉灼曰：鄭色黄，而赤倉（倉，殿本作“蒼”），小敗；宋色黄，而赤黑，小敗；楚色赤，黑小敗；燕色黑，黄小敗。皆大角勝也。【今注】案，“所直之辰”至“色害者敗”意爲金星所對應的辰與其相應的顔色相合的國家獲得勝利，不相合的顔色失敗。

［21］【今注】案，“太白白比狼”至“黑比奎大星”意爲太白星是白星，其顔色類似於天狼星；赤顔色類似於心大星，黄顔色就如參宿的右肩星（參宿五），青顔色則如參左肩星（參宿四），黑顔色就如奎宿大星（奎宿九）。

[22]【顔注】晉灼曰：有色勝得位也。

[23]【顔注】晉灼曰：太白行得度，勝有色也。

[24]【顔注】晉灼曰：行應天度，雖有色得位，行盡勝之，行重而色位輕。《星經傳》“得”字作“德”。【今注】色勝位行勝色行得盡勝之：星占上的作用大小、顔色勝於方位，行度又勝過顔色，得到了行度，全勝過其他狀態。

辰星[1]曰北方冬水，知也，聽也。知虧聽失，逆冬令，傷水氣，罰見辰星。[2]出蚤爲月食，晚爲彗星及天妖。[3]一時不出，其時不和；[4]四時不出，天下大飢。[5]失其時而出，[6]爲當寒反温，當温反寒。當出不出，是謂擊卒，兵大起。[7]與它星遇而鬬，天下大亂。[8]出於房、心閒，地動。

[1]【顔注】晉灼曰：常以二月春分見奎、婁，五月夏至見東井，八月秋分見角、亢，十一月冬至見牽牛。出以辰戌（戌，蔡琪本作“戊”），入以丑未，二旬而入。晨候之東方，夕候之西方也。

[2]【今注】知虧聽失逆冬令傷水氣罰見辰星：天子虧缺了智慧和處理事物的才能，又不聽從他人的意見，就是違反了冬令，損傷了水的德性，懲罰顯現在辰星上。

[3]【今注】案，妖，大德本、殿本作“祅”。

[4]【今注】一時不出其時不和：水星對應於四季有一個季節見不到水星，這個季節就不調和順暢。

[5]【今注】四時不出天下大飢：如果一歲中四季都見不到水星出現，那麽天下就要發生飢荒了。

[6]【今注】失其時而出：出現不是其當出的時節。

［7］【今注】是謂擊卒兵大起：表現爲斬殺士兵，社會上到處是兵。

［8］【顔注】晉灼曰：祆星彗孛之屬也，一曰五星。

填星[1]曰中央，季夏，土，[2]信也，思；心也。仁義禮智以信爲主，貌言視聽以心爲正，故四星皆失，填星迺爲之動。[3]填星所居，國吉。[4]未當居而居之，若已去而復還居之，國得土，不乃得女子。當居不居，既已居之，又東西去之，國失土，不乃失女，不，有土事若女之憂。[5]居宿久，國福厚；易，福薄。[6]當居不居，爲失填，其下國可伐；得者，不可伐。[7]其嬴，爲王不寧；縮，有軍不復。一曰：既已居之又東西去之，其國凶，不可舉事用兵。失次而上一舍三舍，[8]有王命不成，不乃大水；失次而下二舍，有后慼，[9]其歲不復，[10]不乃天裂若地動。

［1］【顔注】晉灼曰：常以甲辰元始建斗之歲填行一宿，二十八歲而周天也。

［2］【今注】填星曰中央季夏土：填星對應於中央、土行、爲季夏。此處采用了傳統的説法，與劉歆土王四季的説法不同。

［3］【今注】案，“仁義禮智”至“填星迺爲之動”意爲仁、義、禮、智，以言行一致的誠信爲主；貌、言、視、聽，以思想和觀察問題的方法爲主。所以，以信和思爲對應的填星，在星占上的作用是大的，衹有當其餘四星都表現出喪失之時，填星纔會爲之聯動。

［4］【今注】填星所居國吉：凡是填星所處的星宿所對應的國家吉利。所以，填星是福星，吉利之星。

[5]【今注】有土事：有動土之事。

[6]【今注】居宿久國福厚易福薄：填星所居留之宿停留長久，所對應的國家福氣深厚；居留的時間短，又很快變動，所對應的國家福薄。

[7]【今注】失填其下國可伐得者不可伐：失去填星所對應星宿的國家可以討伐，得到填星所在的國家不可以討伐。

[8]【今注】失次：爲失去對應的星次。　上：即贏，前進。下文"下"，即縮，後退。　舍：宿，一個星次含二宿半，故失次可以是越一舍、二舍和三舍。

[9]【今注】有后慼：有皇后憂愁悲戚。

[10]【今注】其歲不復：有兩處不復，前"縮有軍不復"，爲有軍不能復還。後"其歲不復"爲該歲陰陽不調和。

凡五星，歲與填合則爲内亂，[1]與辰合則爲變謀而更事，[2]與熒惑合則爲飢，爲旱，與太白合則爲白衣之會，爲水。太白在南，歲在北，名曰牝牡，[3]年穀大孰。[4]太白在北，歲在南，年或有或亡。[5]熒惑與太白合則爲喪，不可舉事用兵；與填合則爲憂，主孽卿；[6]與辰合則爲北軍，[7]用兵舉事大敗。填與辰合則將有覆軍下師；[8]與太白合則爲疾，爲内兵。辰與太白合則爲變謀，爲兵憂。凡歲、熒惑、填、太白四星與辰鬭，皆爲戰，兵不在外，皆爲内亂。一曰：火與水合爲焠，[9]與金合爲鑠，[10]不可舉事用兵。土與金合國亡地，與木合則國饑，與水合爲雍沮，[11]不可舉事用兵。木與金合鬭，國有内亂。同舍爲合，相陵爲鬭。[12]二星相近者其殃大，二星相遠者殃無傷也，從七寸以内必之。[13]凡月食五星，其國皆亡：[14]歲以飢，熒惑以亂，填以殺，太白彊國以戰，辰以女亂。[15]月食大角，王者惡之。[16]凡五星所聚宿，其國王天下：從歲以義，從熒惑以禮，從填以重，[17]從太白以兵，從辰以法。以法者，以法致天下也。三星若合，是謂驚立絶行，[18]其國外内有兵與喪，民人乏飢，改立王公。四星若合，是謂大湯，[19]其國兵喪並起，君子憂，小人流。五星若合，是謂易行：[20]有德受慶，改立王者，掩有四方，子孫蕃昌；亡德受罰，離其國家，滅其宗廟，[21]百姓離去，被滿四方。[22]五星皆大，其事亦大；皆小，其事亦小也。

[1]【今注】歲與填合：歲星與填星相會合。兩星相處於一個星次内稱爲合。

[2]【今注】更事：更換服務的對象。 案，而，蔡琪本誤作“天”。

[3]【顔注】晉灼曰：歲，陽也，太白，陰也，故曰牝牡。【今注】太白在南歲在北名曰牝牡：木星象徵陽性，金星象徵陰性。牝，雌性。牡，雄性。

[4]【今注】年穀大孰：該年穀物大豐收。孰，同“熟”。案，孰，蔡琪本作“熟”。

[5]【今注】年或有或亡：年成或好或壞。

[6]【今注】孽卿：忤逆、罪惡的大臣。

[7]【今注】北軍：戰敗的軍隊。

[8]【今注】將有覆軍下師：將有覆没的軍隊、失敗的軍隊。《天官書》僅載“有覆軍”三字，故王先謙《漢書補注》認爲“下師”二字衍。

[9]【顔注】晉灼曰：火入水，故曰淬也。

[10]【今注】火與水合爲淬與金合爲鑠：火星與水星合稱爲淬，與金星合稱爲鑠。淬，鑄造刀劍時，將刀劍燒紅，浸入水中，使之堅剛的過程。鑠，熔化。金屬在火的高温下能够熔化。

[11]【顔注】晉灼曰：沮音沮溼之沮（溼，蔡琪本誤作“徑”）。水性雍而潛上（上，蔡琪本、大德本作“土”），故曰雍沮。一曰，雍，填也。

[12]【今注】相陵爲鬭：即相凌爲鬭。相凌，即欺凌之義，兩星相距一尺之内爲凌。

[13]【顔注】韋昭曰：必有禍也。

[14]【顔注】李奇曰：謂其分野之國。

[15]【今注】辰以女亂：辰爲内行星，内行星屬陰性，故曰“辰以女亂”。

[16]【今注】月食大角王者惡之：月亮掩食大角星，對帝王不利。石氏曰：“大角，貴人象也，主帝座。”《海中占》曰：“大角貫月，天子惡之。”説法與此相似。

[17]【顔注】韋昭曰：謂以威重得。

[18]【顔注】晉灼曰：有兵喪，故驚。改王，故曰絶也。【今注】驚立絶行：震驚大位，斷絶命運。立，同“位”。

[19]【顔注】晉灼曰：湯猶盪滌也。【今注】是謂大湯：稱爲大動蕩。湯，通“蕩”。

[20]【今注】易行：改變正常的運行。

[21]【顔注】晉灼曰：宗祖廟也。

[22]【今注】被滿四方：及於四方。

凡五星色：皆圜，[1]白爲喪爲旱，赤中不平爲兵，青爲憂爲水，黑爲疾爲多死，黄吉；皆角，[2]赤犯我城，黄地之争，白哭泣之聲，青有兵憂，黑水。五星同色，天下偃兵，[3]百姓安寧，歌舞以行，不見災疾，[4]五穀蕃昌。凡五星，歲，緩則不行，急則過分，逆則占。[5]熒惑，緩則不出，急則不入，違道則占。[6]填，緩則不建，[7]急則過舍，逆則占。大白，[8]緩則不出，急則不入，逆則占。辰，緩則不出，急則不入，非時則占。[9]五星不失行，則年穀豐昌。凡以宿星通下變者，[10]維星散，句星信，則地動。[11]有星守三淵，[12]天下大水，地動，海魚出。紀星散者山崩，不即有喪。[13]䶂、鼃星不居漢中，川有易者。辰星入五車，大水。熒惑入積水，水，兵起；入積薪，旱，兵起；守之，亦然。極後有四星，名曰句星。[14]斗杓後有三星，名曰維星。散者，不相從也。[15]三淵，蓋五車之三柱也。[16]天紀屬貫索。積薪在北戍西北。[17]積水在北戍東北。[18]

［1］【今注】皆圜：都爲圓環狀。

［2］【今注】皆角：都有芒角。

［3］【今注】五星同色天下匽兵：五星都是同一種顔色，天下没有兵馬行動，没有戰事。

［4］【今注】不見灾疾：看不到災害和疾病。

［5］【今注】案，“凡五星”至“逆則占”其意是，對歲星而言，帝王行政緩，即施政寬厚，則歲星的運行没有達到應有的星次；行政急躁，歲星的行度則越過了應有的度分。歲星發生了逆行，則就應進行占卜。對其他四星而言，以下的緩、急、占等用語意思相同。

［6］【今注】違道：違背了通常的軌道。

［7］【今注】緩則不建：按王先謙《漢書補注》的解釋，建當作“還”。即帝王政緩，則填星不還回。也可作“達”字之誤。不

達，没有到達當在的星宿。

[8]【今注】案，大，蔡琪本、大德本、殿本作“太”。

[9]【今注】非時：不按時。

[10]【今注】宿星：二十八宿和宿外星官。 通下變者：聯繫地方和人類社會的變故。

[11]【顔注】孟康曰：散在尾北。韋昭曰：信音申。【今注】維星散：維星分散，不追隨。其後曰：“斗杓後有三星，名曰維星”。後世星圖上無維星。王先謙以爲維星就是三公星。 句星信：句星直。信，通“伸”。伸者，伸直。巫咸曰：“鉤九星，如鉤狀，在造父北。”《荆州占》曰：“鉤星非其故，地動。”言鉤星本呈鉤狀，直了就是出現變動。

[12]【今注】三淵：即後文所述之三淵。後文曰：“三淵，蓋五車之三柱也。”五車又名五潢，或曰天潢，爲天子大澤。有星守衞大澤，故占曰：“天下大水，地動，海魚出。”

[13]【今注】紀星散者山崩不即有喪：紀星分散，應在山崩，或者有喪事。《開元占經》載石氏曰：“天紀九星，在貫索東。”《黄帝》曰：“天紀星敗絶，山崩易政，有饑民，君不安。”

[14]【今注】極後有四星名曰句星：北極的後面有四顆星名叫句星。《開元占經》載巫咸曰：“鉤九星，如鉤狀，在造父北。”即後世的鉤星爲九星，與本《志》所載不同。

[15]【顔注】孟康曰：謂，不復行列而聚也。

[16]【顔注】晉灼曰：柱音注解之注。

[17]【今注】案，戍，蔡琪本誤作“戉”。

[18]【今注】北戍：即北河戍星。在井宿東北。案，戍，蔡琪本誤作“戉”。

角、亢、氐，沇州。[1]房、心，豫州。尾、箕，幽州。斗，江、湖。牽牛、婺女，楊州。[2]虚、危，青州。營室、東壁，并州。奎、婁、胃，徐州。昴、畢，冀州。觜觿、參，益州。東井、輿鬼，雍州。柳、七星、張，三河。翼、軫，荆州。甲乙，海外，日月不占。[3]丙丁，江、淮、海、岱。戊己，中州河、濟。庚辛，華山以西。壬癸，常山以北。[4]一曰：甲齊，乙東夷，丙楚，丁南夷，戊魏，己韓，庚秦，辛西夷，壬燕、趙，癸北夷。[5]子周，丑翟，寅趙，卯鄭，辰邯鄲，巳衛，午秦，未中山，申齊，酉魯，戌吴、越，亥燕、代。[6]秦之疆，候太白，占狼、弧。[7]吴、楚之疆，候熒惑，占鳥衡。[8]燕、齊之疆，候辰星，占虚、危。[9]宋、鄭之疆，候歲星，占房、心。[10]晉之疆，亦候辰星，占參、罰。[11]及秦并吞三晉、燕、代，自河、山以南者中國。中國於四海内則在東南，爲陽，陽則日、歲星、熒惑、填星，占於街南，畢主之。[12]其西北則胡、貉、月氏，旃裘引弓之民，[13]爲陰，陰則月、太白、辰星，占於街北，昴主之。故中國山川東北流，其維，首在隴、蜀，尾没於勃海碣石。[14]是以秦、晉好用兵，[15]復占太白。[16]太白主中國，而胡、貉數侵掠，獨占辰星。辰星出入趮疾，常主夷狄，其大經也。[17]

[1]【今注】角亢氐沇州：角、亢、氐三宿對應於沇州。沇又寫作“兖”。自此以下論述恒星地理分野。關於這種對應關係，在星占上十分重要，是星占理論賴以建立的基礎，在上古的各種天文著作中都有記載。關於這部分的内容，《淮南子·天文訓》稱爲“星部地名”，本書《地理志》稱爲“恒星分野”，《晉書·天文志》

稱爲“州郡躔次”，《開元占經》和《乙巳占》都簡稱爲“分野”。分野有三種分法，一是恒星與國家，二是恒星與州郡，三是方位與州郡。後者實用價值不大。這三種分法本《志》都有引述，衹是没有記載名稱。此處將州郡和國名分開記述，在《晉書·天文志》中則合在一起。其實，恒星國名分野，大致反映了戰國時人的觀念，恒星州郡分野，反映了漢人的分野觀，秦漢統一以後，衹有州名，雖有分封的諸侯國，但所占地域不大，也不齊全，不能代表廣大地域，故改用州郡名。漢代將全國分爲十二州，故每方對應三個州。

［2］【今注】案，楊，蔡琪本、大德本、殿本作“揚”。

［3］【顔注】晉灼曰：海外遠，甲乙日時，不以占之。

［4］【今注】案，“甲乙海外”至“常山以北”所述是典型的方位占，甲乙木東方，丙丁火南方，對應於江淮海岱，海曰南海，岱曰魯。戊己土中方，對應於中州河濟。庚辛金西方，對應於華山以西。壬癸水北方，對應於常山以北，常山即北嶽恒山。有人説此處的丙丁、戊己等指天象變異的日期，實是誤導。案，戍，蔡琪本、大德本、殿本作“戊”。

［5］【今注】案，“一曰”至“癸北夷”中的甲乙等十天干仍然是指方位，但各自分開表述，甲爲齊，乙爲東夷，丙爲楚，丁爲南夷，戊爲魏，己爲韓，庚爲秦，辛爲西夷，壬爲燕趙，癸爲北夷。此處的東南西北夷各代表東南西北方的少數民族，並與十日的十個方位相對應。

［6］【今注】案，十二地支也代表十二方位，亥子丑爲北方，寅卯辰爲東方，巳午未爲南方，申酉戌爲西方，它們與國家的方位也大致對應。

［7］【今注】秦之疆候太白占狼弧：秦國的疆域，用太白星占卜，也用天狼星和弧矢星占卜。太白對應於西方，秦國位於西方，故星占家將二者對應起來。天狼星和弧矢星在井宿的南面，故後世星占家將秦對應於井宿。此處秦不占井宿而占狼弧，與後世占法有異，這是古老的占法。下同此義。案，疆，蔡琪本誤作“彊”。

［8］【今注】吴楚之疆候熒惑占鳥衡：吴、楚的疆域，用熒惑星占候，也用鳥星、衡星占卜。鳥指朱鳥，衡指太微垣，均爲南方七宿星座。熒惑屬南方火，故與鳥衡相對應。吴、楚爲南方之國，故用南方星座爲占。

［9］【今注】燕齊之疆候辰星占虚危：燕、齊的疆域，用辰星和虚危爲占卜。辰星爲北方水，虚危爲北方七宿的主星，燕、齊爲北方大國，故有此對應的占法。

［10］【今注】宋鄭之疆候歲星占房心：宋、鄭的疆域，以歲星和房宿、心宿來占卜。宋、鄭位於中國的中部和東部，歲星爲東方木，房宿、心宿爲東方蒼龍七宿的主星，所以宋、鄭之地用歲星和房宿、心宿來占卜。

［11］【今注】晉之疆亦候辰星占參罰：晉國的疆域，以辰星和參宿、罰星進行占卜。晉占參星，與後世之分野一致，但占辰星之説，實際是將晉國分配爲北方之國，與後世有異。實際上，晉國在戰國時分裂爲趙、魏、韓三國，各有不同的分野。

［12］【今注】案，“及秦”至“畢主之”，中國在四海的東南，所以陽，與日、歲星、填星、熒惑相對應，以天街星的南面畢宿爲占。西北則是胡人、貉人和月氏等少數民族，爲陰，與月、太白和辰相對應，以天街星的北面昴宿爲占。

［13］【今注】旃（zhān）裘：氈裘，用獸皮毛製成的衣服。引弓：拉弓射箭，指以狩獵爲生的游牧民族。

［14］【今注】其維首在隴蜀尾没於勃海碣石：山河自西向東流，起源於甘肅、四川，尾在渤海的碣石山。

［15］【顔注】孟康曰：秦、晉西南維之北爲（蔡琪本、大德本、殿本“爲”後有“陰”字），與胡、貉引弓之民同，故好用兵。

［16］【今注】晉好用兵復占太白：太白主兵，秦晉好用兵，故以太白爲占。

［17］【今注】其大經也：這是大概的經過。

凡五星，早出爲贏，贏爲客；晚出爲縮，縮爲主人。五星贏縮，必有天應見杓。太歲在寅曰攝提格。[1]歲星正月晨出東方，《石氏》曰名監悳，[2]在斗、牽牛。失次，杓，早水，晚旱。《甘氏》在建星、婺女。《太初歷》在營室、東壁。[3]在卯曰單閼。[4]二月出，《石氏》曰名降入，在婺女、虛、危。《甘氏》在虛、危。失次，杓，有水灾。《太初》在奎、婁。在辰曰執徐。三月出，《石氏》曰名青章，在營室、東壁。失次，杓，早旱，晚水。《甘氏》同。《太初》在胃、昴。在巳曰大荒落。四月出，《石氏》曰名路踵，在奎、婁。《甘氏》同。《太初》在參、罰。在午曰敦牂。五月出，《石氏》曰名啓明，在胃、昴、畢。失次，杓，早旱，晚水。《甘氏》同。《太初》在東井、輿鬼。在未曰協洽。六月出，《石氏》曰名長烈，在觜觿、參。《甘氏》在參、罰。《太初》在注、張、七星。在申曰涒灘。七月出。《石氏》曰名天晉，在東井、輿鬼。《甘氏》在弧。《太初》在翼、軫。在酉曰作詻。《爾雅》作作噩。八月出，《石氏》曰名長壬，在柳、七星、張。失次，杓，有女喪、民疾。《甘氏》在注、張。失次，杓，有火。《大初》角、亢。在戌曰掩茂。九月出，《石氏》曰名天睢，在翼、軫。失次，杓，水。《甘氏》在七星、翼。《太初》在氐、房、心。在亥曰大淵獻。十月出，《石氏》曰名天皇，在角、亢始。《甘氏》在軫、角、亢。《太初》在尾、箕。在子曰困敦。十一月出，《石氏》曰名天宗，在氐、房始。[5]《甘氏》同。《太初》在建星、牽牛。在丑曰赤奮若。十二月出，《石氏》曰名天昊，在尾、箕。《甘氏》在心、尾。《太初》在婺女、虚、危。《甘氏》《太初歷》所以不同者，以星贏縮在前，各録後所見也。[6]其四星亦略如此。[7]

[1]【今注】太歲在寅曰攝提格：太歲在寅位名叫攝提起始之歲。攝提爲斗柄前指示時節的星，故有此叫法。太歲紀年的第一年就叫攝提格之歲。太歲，爲創立太歲紀年法而設立的一個假想天體，其運行的速度與木星相等，方向相反。它每歲移動的方向，正好與十二地支的方向相對應，於是便可以十二地支紀年。

[2]【今注】石氏曰名監悳：這是歲星正月晨出東方之年的異名。歲星每年都有一個異名，二年爲降入，三年爲青章，四年爲路踵，五年爲啓明，六年爲長烈，七年爲天晉，八年爲長壬，九年爲天睢，十年爲天皇，十一年爲天宗，十二年爲天昊。案，悳，蔡琪本、殿本作“德”，同。

[3]【今注】案，“在斗牽牛”至“營室東壁”，有多種不同的太歲紀年法，對應於在寅位的攝提格之歲，正月歲星所對應的方位各不相同，石氏法在斗、牽牛，即用周正，《甘氏》在建星、婺女，也用周正，但對應星宿不同，《太初曆》在營室、東壁，即用夏正。

[4]【今注】案，太歲紀年的一年歲名爲寅攝提格，二年卯單閼，三年辰執徐，四年巳大荒落，五年午敦牂，六年未協洽，七年申涒灘，八年酉作詻，九年戌掩茂，十年亥大海爲獻，十一年子困敦，十二年丑赤奮若。這些歲命的含義較爲怪異，有人作爲解釋，但難以確信，似是而非。大荒落又作“大荒駱”，路踵又作“跰踵”。長烈又作“長列”，注爲柳宿的別名。天晉又作“大音”。作

諮又作"作噩"或"作鄂"。長壬又作"長王"。掩茂又作"閹茂"。天皇又作"大章"。天宗又作"天泉"。

[5]【今注】在氐房始:"始"字無解，考下一年歲星在尾箕，《天官書》作"氐房心"，知"始"字爲"心"字之誤。十月條的"始"字爲衍字。

[6]【今注】案，"甘氏太初歷"至"各録後所見也"之意爲，《甘氏》和《太初曆》太歲紀年法所以不同，指各月對應的歲星所在星宿不同，是由於歲星有快慢運動的原因，這些紀年法祇是根據當時觀測的實際記録。

[7]【今注】其四星亦略如此:其他四星亦當如此。這個四星當爲五星中的其餘四星，但其他四星並不用作紀年，説得含糊不清。

古歷五星之推，亡逆行者，至甘氏、石氏《經》，以熒惑、太白爲有逆行。[1]夫歷者，正行也。古人有言曰:"天下太平，五星循度，亡有逆行。日不食朔，月不食望。"夏氏《日月傳》曰:[2]"日月食盡，主位也;不盡，臣位也。"《星傳》曰:[3]"日者德也，月者刑也，故曰日食修德，月食修刑。"[4]然而歷紀推月食，與二星之逆亡異。熒惑主内亂，太白主兵，月主刑。自周室衰，亂臣賊子師旅數起，刑罰失中，雖其亡亂臣賊子師旅之變，内臣猶不治，四夷猶不服，兵革猶不寢，刑罰猶不錯，故二星與月爲之失度，三變常見;及有亂臣賊子伏尸流血之兵，大變乃出。甘、石氏見其常然，因以爲紀，皆非正行也。《詩》云:"彼月而食，則惟其常;此日而食，于何不臧?"[5]《詩傳》曰:"月食非常也，比之日食猶常也，日食則不臧矣。”謂之小變，可也；謂之正行，非也。故熒惑必行十六舍，去日遠而顓恣。[6]太白出西方，進在日前，氣盛乃逆行。[7]及月必食於望，亦誅盛也。[8]

[1]【今注】案，“古歷五星”至“太白爲有逆行”之意爲，古代曆法推算五星的行度，没有作逆行運動的，衹是到了甘氏和石氏的星經，纔有了熒惑和太白的逆行推算。意思是説，甘氏、石氏的星經，還没有木星、土星和辰星逆行的推算，比起《三統曆》來説均要粗略。案，星，蔡琪本作“者”。

[2]【今注】夏氏日月傳：古書名，失傳。

[3]【今注】星傳：後人輯録甘德、石申、巫咸各派天文學家的記載的書，早已失傳。

[4]【今注】日食修德月食修刑：發生日食則施行德政，發生月食則審慎刑罰。

[5]【今注】于何不臧（zāng）：多麽不好。不臧，不好。語見今本《毛詩·小雅·十月之交》。

[6]【今注】熒惑必行十六舍去日遠而顓恣：火星能够運行到距太陽十六舍以上，即不受與太陽相對位置大小的限制，這是由於熒惑去日遠了之後，就可放縱地活動了。顓，通“專”。恣，任意。

[7]【今注】進在日前氣盛乃逆行：太白星在太陽前面運動，發現氣太盛了所以又讓它逆行。

[8]【今注】月必食於望亦誅盛也：月亮一定要到滿月之時纔發生月食，這是太陽誅殺月亮氣勢太盛的措施。

國皇星，大而赤，狀類南極。[1]所出，其下起兵。[2]兵彊，[3]其衝不利。[4]昭明星，大而白，無角，乍上乍下。所出國，起兵多變。[5]五殘星，出正東，東方之星。其狀類辰，去地可六丈，大而黄。[6]六賊星，出正南，南方之星。去地可六丈，大而赤，數動，有光。[7]司詭星，出正西，西方之星。去地可六丈，大而白，類太白。[8]咸漢星，出正北，北方之星。去地可六丈，大而赤，數動，察之中青。[9]此四星所出非其方，其下有兵，衝不利。四填星，出四隅，去地可四丈。地維臧光，[10]亦出四隅，去地可二丈，若月始出。所見下，有亂者亡，有德者昌。燭星，狀如太白，其出也不行，見則滅。所燭，城邑亂。[11]如星非星，如雲非雲，名曰歸邪。[12]歸邪出，必有歸國者。星者，金之散氣，其本曰人。[13]星衆，國吉，少則凶。漢者，亦金散氣，其本曰水。[14]星多，多水，少則旱，[15]其大經也。天鼓，有音如雷非雷，音在地而下及地。[16]其所住者，[17]兵發其下。天狗，狀如大流星，[18]有聲，其下止地，類狗。所墜及，望之如火光炎炎中天。其下圜如數頃田處，上鋭見則有黄色，千里破軍殺將。格澤者，如炎火之狀，黄白，起地而上，下大上鋭。其見也，不種而穫。不有土功，必有大客。[19]蚩尤之旗，類彗而後曲，象旗。[20]見則王者征伐四方。旬始，出於北斗旁，狀如雄雞。其怒，青黑色，象伏鼈。[21]枉矢，狀類大流星，蛇行而倉黑，望如有毛目然。[22]長庚，廣如一匹布著天。此星見，起兵。星磍至地，則石也。[23]天晊而見景星。[24]景星者，德星也，其狀無常，常出於有道之國。

［1］【今注】狀類南極：它的形狀類似南極老人星。

［2］【今注】所出其下起兵：它所出現的星座，所對應的國家有兵起。

［3］【今注】案，蔡琪本無“兵”字。

［4］【顏注】孟康曰：“歲星之精散所爲也。五星之精散爲六十四變，志記不盡也。【今注】其衝不利：對應星座的對衝國家不利。

［5］【顏注】孟康曰：形如三足几，几上有九彗上向，熒惑之精也。【今注】無角：無芒角爲星的正常狀態，通常不必描寫，據王先謙《漢書補注》的意見爲有角。昭明星的形狀，按《釋名》一書的描述，又爲筆星，其氣有一枝，末鋭似筆。

［6］【顏注】孟康曰：星表有青氣如暈，有毛，填星之精。【今注】五殘星：據《史記·天官書》司馬貞《索隱》引孟康曰：“星表有青氣如暈有毛。”張守節《正義》曰又名五鋒星。

［7］【顏注】孟康曰：形如彗，芒九角，太白之精。【今注】六賊星：《天官書》作“大賊星”。

［8］【顏注】孟康曰：星大而有尾，兩角，熒惑之精也。【今注】司詭星：《天官書》作“司危星”。張守節《正義》：“司危者，出正西西方分野也。大如太白，去地可六丈，見則天子以不義失國而豪傑起。”

［9］【顏注】孟康曰：一名獄漢星，青中赤表，下有三彗從横，亦填星之精也。【今注】咸漢星：《天官書》作“獄漢星”。

［10］【今注】臧光：隱藏着光輝。

［11］【顏注】孟康曰：星上有三彗上出，亦填星之精也。

［12］【顏注】李奇曰：邪音虵。孟康曰：星有兩赤彗上向，上有蓋狀氣，下連星。

［13］【顏注】孟康曰：星，石也，金石相生，人與星氣相應也。【今注】星者金之散氣其本曰人：《天官書》作“其本爲火”，

“曰人”不通，當作“爲火”。“人”當爲“火”字之誤寫。

［14］【今注】漢者亦金散氣其本曰水：銀河，它的本質也是金屬的散氣，由火組成。這符合古代人的想法，認爲銀河與地上的大海相連。

［15］【顔注】孟康曰：漢，河漢也。水生於金。多少，謂漢中星也。

［16］【今注】音在地而下及地：清代張文虎《校勘史記集解索隱正義札記》卷三認爲當作“音在天而下及地”。

［17］【今注】所住者：《天官書》作“所往者”，以“往”爲是。

［18］【顔注】孟康曰：星有尾，旁有彗，下有如狗形者，亦太白之精。

［19］【今注】案，在以上各類異常天象中，大多爲凶星，僅格澤星爲吉星，見者不種而有收穫，不然就有得土。

［20］【顔注】孟康曰：熒惑之精也。晉灼曰：《吕氏春秋》云其色黄上白下也（殿本無“也”字）。

［21］【顔注】李奇曰：怒當言帑。晉灼曰：帑，雌也。或曰怒則色青。宋均曰：怒謂芒角刺出。【今注】其怒：形狀如發怒，光芒四射。

［22］【今注】虵行而倉黑望如有毛目然：言枉矢星如大流星，飛行過程中如蛇似的曲屈移動，爲蒼黑色，看上去象有羽毛。毛目，《天官書》作“毛羽”。“毛羽”爲是。

［23］【顔注】如淳曰：磫亦墜也。

［24］【顔注】孟康曰：暒，精明也。有赤方氣與青方氣相連，赤方中有兩黄星，青方中有一黄星，凡三星合爲景星也。【今注】天暒：天晴，好天氣。

日有中道，月有九行。[1] 中道者，黄道，一曰光道。[2]光道北至東井，去北極近；南至牽牛，去北極遠；東至角，西至婁，去極中。[3]夏至至於東井，北近極，故晷短，立八尺之表，而晷景長尺五寸八分。冬至至於牽牛，遠極，故晷長，立八尺之表，而晷景長丈三尺一寸四分。春秋分日至婁、角，去極中，而晷中，立八尺之表，而晷景長七尺三寸六分。[4]此日去極遠近之差，晷景長短之制。去極遠近難知，要以晷景。晷景者，所以知日之南北也。[5]

[1]【今注】日有中道月有九行：太陽沿着中間的軌道運行，而月亮則有九種行度。

[2]【今注】中道者黄道一曰光道：中道就是黄道，另一名稱爲光道。

[3]【今注】案，"光道"至"去極中"意爲，黄道與赤道斜交，最北點在東井，離北極近，最南點在牽牛，離北極遠，東方到角宿，西方到婁宿，距離北極中等遠近，也就是與赤道的交點。

[4]【今注】案，"夏至"至"三寸六分"所述是太陽距北極最近就是夏至，中午日影最短，太陽距北極最遠，也就是太陽運行到最南方，中午日影最長。春秋分則影長適中。晷景，日晷影長。實際是圭表的影長。圭表，一根直立在地面高八尺的杆。用中午日影的長度來定季節。

[5]【今注】案，"去極遠近"至"知日之南北也"意爲，太陽距離北極的遠近難以知道，在發明渾儀之前，主要依靠圭表測影的方法來解決。以後一直保持沿用了這種傳統方法。圭表測影的目的，就是要知道太陽距離南北的位置，並用以確定季節。

日，陽也。陽用事則日進而北，[1]晝進而長，陽勝，故爲温暑；陰用事則日退而南，晝退而短，陰勝，故爲涼寒也。故日進爲暑，退爲寒。若日之南北失節，晷過而長爲常寒，退而短爲常燠。[2]此寒燠之表也。[3]故曰爲寒暑。一曰：晷長爲潦，短爲旱，奢爲扶。[4]扶者，邪臣進而正臣疏，君子不足，姦人有餘。

[1]【今注】用事：當節令。陽用事則陽氣正當節令。陰則相反。

[2]【今注】燠：熱。

[3]【今注】此寒燠之表：晷影長短，就是天氣寒熱的標志。

[4]【顔注】鄭氏曰：扶當爲幡（幡，蔡琪本、大德本、殿本作"蟠"），齊魯之間聲如酺。酺、扶聲近。蟠，止不行也。蘇林曰：景形奢大也。晉灼曰：扶，附也，小臣佞媚附近君子之側也。【今注】晷長爲潦短爲旱奢爲扶：晷影長了有水潦，短時爲旱，晷影過分了就水旱並行。這些都是星占上的用語。

月有九行者：黑道二，出黄道北；赤道二，出黄道南；白道二，出黄道西；青道二，出黄道東。[1]立春、春分，月東從青道；立秋，秋分，西從白道；[2]立冬、冬至，北從黑道；立夏、夏至，南從赤道。[3]然用之，一決房中道。[4]青赤出陽道，白黑出陰道。若月失節度而妄行，出陽道則旱風，出陰道則陰雨。

[1]【今注】案，黑道二出黄道北，赤道二出黄道南，白道二出黄道西，青道二出黄道東。青赤白黑各有二道，計爲八道，與九道尚缺一道。劉向《五紀論》論述如本《志》所載，衹有八條行道，但《河圖帝覽嬉》則有如下記載："黄道一，青道二出黄道東，

赤道二出黄道南，白道二出黄道西，黑道二出黄道北。”由此可見，第九條行道即爲黄道。從排列順序來看，本《志》的排列也不正確，正確的順序當如上引黄道一、青道二、赤道二、白道二、黑道二。

［2］【今注】案，白，殿本作“目”。

［3］【今注】案，“立春春分”至“南從赤道”一段記述九道運動方向。立春、春分之時，東從青道，立夏夏至之時，南從赤道，立秋秋分之時，西從白道，立冬冬至之時，北從黑道。本《志》先述立春春分，立秋秋分，繼述立冬冬至，立夏夏至，可知没有按順序描述，而《五紀論》則説：“立春春分，東從青道，立夏夏至，南從赤道，秋白冬黑，各隨其方。”這個順序的記載就正確了。

［4］【今注】然用之一決房中道：具體使用，從房中道開始。房中道，房宿中間的道。角宿房宿，是二十八宿中的開頭二宿，故計算從房中道開始。案，九道術是一種什麽性質的方法，後世對此已經不大明白，漢代對此争論激烈。《後漢書·律曆志》記載了東漢安帝延光二年（123）的曆法辯論中，張衡等人都主張用九道法。賈逵也説：“率一月移故所疾處三度，九歲九道一復。”河南尹祉則指出：“用九道爲朔，月有比三大二小。”從河南尹祉和賈逵的論述中可以得知，九道述是推算月行遲疾的新方法。後世人們常用近點月來推算月亮運動的準確位置，賈逵所述“一月移故所疾處三度”正合於月亮近地點位置移動的速度，以每月三度計，月亮近地點移動一周爲 9. 18 年，此正合於“九歲九道一復”的規律。如果將月行九道按月近地點每年移動一道來解釋，其近地點的運動周期正好爲：第一年在立春，第二在春分，第三年在立夏，第四年在夏至，第五年在立秋，第六年在秋分，第七年在立冬，第八年在冬至。其餘分落在第九年。第十年又回到立春。

凡君行急則日行疾，君行緩則日行遲。[1]日行不可指而知也，故以二至二分之星爲候。日東行，星西轉。冬至昏，奎八度中；夏至，氐十三度中；春分，柳一度中；秋分，牽牛三度七分中：此其正行也。日行疾，則星西轉疾，事埶然也。故過中則疾，君行急之感也；不及中則遲，君行緩之象也。至月行，則以晦朔決之。日冬則南，夏則北；冬至於牽牛，夏至於東井。[2]日之所行爲中道，月、五星皆隨之也。[3]箕星爲風，東北之星也。東北地事，天位也，[4]故《易》曰："東北喪朋"。及《巽》在東南，爲風；風，陽中之陰，大臣之象也，其星，軫也。月去中道，移而東北入箕，若東南入軫，則多風。[5]西方爲雨；雨，少陰之位也。月失中道，移而西入畢，則多雨。故《詩》云："月離于畢，俾滂沱矣"，[6]言多雨也。《星傳》曰："月入畢則將相有以家犯罪者"，言陰盛也。《書》曰："星有好風，星有好雨，月之從星，則以風雨"，[7]言失中道而東西也。故《星傳》曰："月南入牽牛南戒，[8]民間疾疫；月北入太微，出坐北，[9]若犯坐，則下人謀上。"一曰月爲風雨，日爲寒温。[10]冬至日南極，晷長，南不極則温爲害；夏至日北極，晷短，北不極則寒爲害。故《書》曰："日月之行，則有冬有夏"也。政治變於下，日月運於上矣。[11]月出房北，爲雨爲陰，爲亂爲兵；出房南，爲旱爲夭喪。水旱至衝而應，[12]及五星之變，必然之效也。

［1］【今注】君行急則日行疾君行緩則日行遲：這句述説天子執政所采取的行動與日行的對應關係。行政急，則日行疾；行政平緩，則日行遲。這是星占用語。

［2］【今注】自“日行不可指而知也”至“夏至於東井”：這一段是專門講述四季中太陽所在位置的。由於不能直接測量太陽在恒星間的位置，所以衹能用二分二至的恒星位置來表示：冬至的黄昏，奎宿八度中天；夏至氐十三度昏中，春分柳一度昏中，秋分牛三度昏中。冬季太陽的位置偏南方，夏至偏北方，冬至在牽牛，夏至在東井。

［3］【今注】日之所行爲中道月五星皆隨之：太陽運行的軌道爲中道，也稱爲黄道。中道者，中間之道，月和五星都追隨其周圍運動，或與其同道，或偏北，或偏南。

［4］【顔注】孟康曰：東北陽，日、月、五星起於牽牛，故爲天位。坤在西南，紐於陽，爲地統，故爲地事也。

［5］【今注】案，“箕星爲風”至“則多風”一段講月亮與風雨關係，其性質也爲星占上的用語。認爲東方的星宿爲風，西方的星宿爲雨。月行遇到東北星箕就有風，東南方的星軫也爲風，遇到西方之星畢宿則爲雨。其實，中國星占家的觀念，箕宿爲風，是因爲用簸箕簸揚穀糠時會産生風；軫宿爲風，是因爲車子飛速行進時也産生風。

［6］【今注】案，見今本《毛詩·小雅·漸漸之石》。是説月亮運行到畢宿，就將遇到滂沱大雨。

［7］【今注】案，見今本《尚書·洪範》。是説有的星喜歡風，有的星則喜歡雨，月亮跟隨着星之時，也就出現了風雨。

［8］【今注】牽牛南戒：牽牛星的南面。王先謙《漢書補注》以爲“戒”當爲“戌”字之誤。

［9］【今注】月北入太微出坐北：月亮在北面進入太微垣，出現在五帝座的北面。正因爲月亮侵犯了五帝座，象徵月犯帝位，所

以纔有下文説“下人謀上”。上，帝王。

[10]【今注】月爲風雨日爲寒温：月導致風雨、日導致寒温的觀念，上兩節已做了説明和描述。由於太陽不斷輻射光和熱，能爲寒温是顯而易見的。月爲風雨，則是古人的主觀想象。下文南不極則温爲害，北不極則寒爲害，是説太陽冬至如果不能運行到極南方，就有熱的危害；夏至太陽如果不能運行到極北方，就有寒的危害。

[11]【今注】政治變於下日月運於上：言政治的變化與日月運動的變化是相對應的。

[12]【今注】案，“月出房北”至“至衡而應”意爲，月亮出現在房宿北面，則有風雨爲陰天，出現在房宿之南，則有乾旱和妖災。水旱的出現，是與星象的對衡爲感應的。房宿與畢宿相距十二宿，爲對衡之宿，故畢有風雨之時，房宿也有風雨。其北爲陰，陰爲陰性，故對應着陰天和雨天；其南爲陽，陽爲陽性，故對應着熱、乾旱和妖災。

兩軍相當，[1]日暈：[2]等，力均；[3]厚長大，有勝；薄短小，亡勝。[4]重抱，大破亡。[5]抱爲和，背爲不和，爲分離相去。[6]直爲自立，立兵破軍，若曰殺將。[7]抱且戴，有喜。[8]圍在中，中勝；在外，外勝。[9]青外赤中，以和相去；赤外青中，以惡相去。氣暈先至而後去，[10]居軍勝。[11]先至先去，前有利，後有病；後至後去，前病後利；後至先去，前後皆病，居軍不勝。見而去，其後發疾，[12]雖勝亡功。見半日以上，功大。[13]白虹屈短，上下鋭，[14]有者下大流血。日暈制勝，[15]近期三十日，遠期六十日。其食，[16]食所不利；復生，生所利；[17]不然，食盡爲主位。[18]以其直及日所躔加日時，用名其國。[19]

［1］【今注】兩軍相當：作戰雙方兩國相對立。

［2］【今注】日暈：以下至“以惡相去”，均是述説日暈與兩軍勝負關係，即用日暈來判斷戰場的形勢。《開元占經》載石氏曰：“日傍有氣，圓而周匝，内赤外青，名爲暈。”蔡邕曰：“氣見於日傍四周爲暈。”郭璞曰：“即暈氣五色，覆日者。”那麼，日暈即陽光通過地球上雲層大氣的水氣而形成的光學現象，形成彩色光環。

［3］【今注】等力均：日暈光環四周相等，則兩軍勢均力敵。

［4］【今注】厚長大有勝薄短小亡勝：日暈寬厚、長大，軍隊有勝利，日暈薄弱短小，軍隊無勝利。

［5］【今注】重抱大破亡：日暈出現重覆相抱的現象，軍隊就有大的破亡。

［6］【今注】抱爲和背爲不和爲分離相去：抱，雲氣環繞太陽。背，雲氣的光芒背向太陽。言如果日暈出現相抱，雙方的軍隊就會和解；日暈如果相背，兩軍就不和解，但雙方不戰分離而去。

［7］【今注】直爲自立立兵破軍若曰殺將：日暈出現光帶筆直的雲氣，就表示軍中出現自立，自立的軍隊破敗，有被殺的將軍。

［8］【今注】抱且戴有喜：日暈成抱狀，並在太陽的上方如戴帽，則軍隊有喜事。

［9］【今注】圍在中中勝在外外勝：光氣圍在中間就中間的軍隊勝利，在外就外面的軍隊勝利。

［10］【今注】氣暈：指發生日暈時，出現的光環、光帶。

［11］【今注】居軍：駐守的軍隊。

［12］【今注】案，疾，蔡琪本、殿本作“病”。

［13］【今注】案，大，蔡琪本、大德本作“太”。

［14］【顏注】李奇曰：屈或爲尾。韋昭曰：短而直者也（殿本無“也”字）。或曰短屈之虹。

[15]【今注】日暈制勝：觀看日暈判斷取得勝利的時間。

[16]【今注】其食：用日食來判斷兩軍的態勢。

[17]【今注】食所不利復生生所利：日食虧損方位所在星宿所對應的方位不利，日食復生時對應星宿所對應的方位有利。

[18]【今注】不然食盡爲主位：不然，就對應在全食發生時所在星宿對應的國君身上。

[19]【今注】以其直及日所躔加日時用名其國：用日食發生時所對應的星宿，以及太陽所在的日期和時間，來判斷所在的國家。

凡望雲氣，[1]仰而望之，三四百里；平望，在桑榆上，千餘里，二千里；登高而望之，下屬地者居三千里。[2]雲氣有獸居上者，勝。自華以南，[3]氣下黑上赤。嵩高、三河之郊，[4]氣正赤。常山以北，[5]氣下黑上青。勃、碣、海、岱之間，[6]氣皆黑。淮、江之間，[7]氣皆白。徒氣白。土功氣黄。[8]車氣乍高乍下，往往而聚。騎氣卑而布。卒氣摶。[9]前卑而後高者，疾；前方而後高者，鋭；後鋭而卑者，卻。其氣平者其行徐。前高後卑者，不止而反。[10]氣相遇者，卑勝高，鋭勝方。氣來卑而循車道者，不過三四日，去之五六里見。氣來高七八尺者，不過五六日，去之十餘二十里見。氣來高丈餘二丈者，不過三四十日，去之五六十里見。捎雲精白者，其將悍，[11]其士怯。其大根而前絶遠者，[12]戰。精白，其芒低者，戰勝；其前赤而卬者，[13]戰不勝。陳雲如立垣。[14]杼雲類杼。[15]柚雲摶而耑鋭。[16]杓雲如繩者，居前竟天，其半半天。[17]蜺雲者，類鬭旗故。[18]鋭鉤雲句曲。[19]諸此雲見，以五色占。而澤摶密，其見動人，迺有占；[20]兵必起。占鬭其直。[21]王朔所候，決於日旁。日旁雲氣，人主象。皆如其形以占。故北夷之氣如群畜穹閭，[22]南夷之氣類舟船幡旗。[23]大水處，敗軍場，破國之虚，下有積泉金寶，[24]上皆有氣，不可不察。海旁蜃氣象樓臺，[25]廣壄氣成宫闕然。雲氣各象其山川人民所聚積。故候息耗者，[26]入國邑，[27]視封畺田疇之整治，[28]城郭室屋門户之潤澤，次至車服畜産精華。實息者吉，虚耗者凶。[29]若煙非煙，若雲非雲，郁郁紛紛，蕭索輪囷，是謂慶雲。[30]慶雲見，喜氣也。若霧非霧，衣冠不濡，[31]見則其城被甲而趨。[32]夫雷電、赮虹、辟歷、夜明者，[33]陽氣之動者也，春夏則發，秋冬則臧，故候書者亡不司。[34]天開縣物，[35]地動坼絶。[36]山崩及陁，[37]川塞谿垘；[38]水澹地長，[39]澤竭見象。城郭門閭，潤息槀枯；[40]宫廟廊弟，人民所次。[41]謡俗車服，[42]觀民飲食。五穀草木，觀其所屬。倉府廄車，[43]四通之路。六畜禽獸，所産去就；魚鼈鳥鼠，觀其所處。鬼哭若謼，與人逢遌。[44]訛言，誠然。[45]

[1]【今注】望雲氣：觀察雲和氣。利用觀察雲和氣的方法，來附會人事，預報吉凶，這是星占迷信的占卜方法。

[2]【今注】案，“仰而望之”至“三千里”一段述説觀察雲氣的三種方法和結果。在地面上仰望，可看到三四百里的雲，爬到樹上觀看，可以看到千里之遠的雲，登上高山上觀看，可以看到三千里遠的雲。下屬地，向下注視地面上的雲。屬，同“矚”。

［3］【今注】自華以南：自華山以南，這是南方雲氣。

［4］【今注】嵩高三河之郊：嵩山、三河之地。即今河南登封市的嵩山，山西南部和河南西部、中部的三河地區，在分野上也屬南方。

［5］【今注】常山以北：恒山以北，即古時稱爲北方之地。

［6］【今注】勃碣海岱之間：勃爲渤海，碣指碣石，海指黄海、東海，岱指泰山。爲中國的東部和北部。

［7］【今注】淮江之間：淮河、長江的中間地帶。

［8］【今注】徒氣白土功氣黄：步兵之氣爲白色，土建之氣爲黄色。土建即土的建築有關的工事。其中作戰使用的防禦工事，也爲其中的主要一項。

［9］【顔注】如淳曰：摶，專也。專音徒端反（專，蔡琪本、大德本作“摶”，殿本無此字）。【今注】案，“車氣乍高”至“卒氣摶”之意爲，戰車的氣有時高有時低，往往聚集在一起，騎兵的氣低下而且展開，士卒的氣團聚在一起。

［10］【今注】案，“前卑”至“不止而反”之意爲，戰場形勢的雲氣，前面低後面高的雲氣，軍隊行動迅速；前面呈方形後面高的雲氣，軍隊精鋭；後面尖鋭而且低的雲氣，士氣膽怯；平行展開的雲氣，軍隊行動遲緩；前面高而後面低的雲氣，軍隊不再停留而是返回。

［11］【顔注】晉灼曰：捎音霄。韋昭曰：音䏬。【今注】捎雲：飄拂着的雲。　精白：潔白色的雲。

［12］【今注】大根而前絶遠：其基部大而前面又延伸很遠的雲氣。

［13］【今注】卬（yǎng）者：向上仰起的卬雲。卬，同“仰”。

［14］【今注】陳雲：形狀似戰陣的雲，陳，同“陣”。

［15］【今注】杼（zhù）：織布的梭子。

［16］【今注】柚（zhóu）雲摶而耑（duān）鋭：形狀像滚筒的雲呈團狀，經的端點尖鋭。柚，通“軸”。耑，通“端”。

［17］【今注】杓雲如繩者居前竟天其半半天：似杓狀的雲像一條繩子，向前面伸去達到整個天空，它的一半也有半個天空。

［18］【今注】蜺雲者類鬬旗故：蜺狀的雲，就像戰鬬的旗幟。故，緣故。

［19］【今注】鉤雲句曲：似鉤狀的雲，呈鉤曲的形狀。

［20］【今注】澤摶密其見動人迺有占：光澤聚集緊密而且打動人心的雲氣，纔能進行占卜。

［21］【今注】兵必起占鬬其直：見到這種雲氣，軍事行動一定發生，戰鬬就在它所當的地方。占鬬，會合交戰。其直，所當的地方。

［22］【今注】群畜穹閭：像畜群和帳篷。

［23］【今注】案，船，蔡琪本作“舩”，同。　幡旗：直着掛的長方形旗幟。

［24］【今注】下有積泉金寶：在大水埋没之地，敗兵留下的戰場，國家破敗的廢墟，它們的下面，都埋藏有金錢和財寶。

［25］【今注】海旁蜃氣：在海邊的晨蜃氣，即海市蜃樓的幻景。

［26］【今注】候息秏：觀察好壞，息爲積餘。秏，消秏。

［27］【今注】入國邑：來到封國的居民區。

［28］【顔注】如淳曰：蔡邕云麻田曰疇。【今注】視封疆田疇之整治：觀看疆界田地的耕作狀況。

［29］【今注】實息者吉虚秏者凶：充實的國邑吉利，空虚的國邑凶險。

［30］【今注】蕭索輪囷（qūn）是謂慶雲：雲氣疏散、彎彎曲曲的形狀，叫作慶雲。慶雲即喜氣之雲。輪囷，彎曲。

［31］【今注】衣冠不濡：衣帽不沾濕。

［32］【今注】被甲而趨：披着鎧甲奔走，兵荒馬亂之狀。

［33］【今注】赮（xiá）蝱：即霞虹，彩霞和霓虹。赮，同“霞”。　辟歷：即霹靂，爲驚雷。　夜明：夜間高層大氣發光現象。夜明即夜間高層大氣被太陽照亮而發出的微弱光輝。

［34］【今注】候書者亡不司：觀察記録的人没有不觀察的。

［35］【顔注】孟康曰：謂天裂而見物象也。天開示縣象。【今注】天開縣物：夜空呈現天空開裂的景象，可以看到似有物體懸掛。

［36］【今注】地動坼絶：大地震動斷絶。

［37］【今注】山崩及陁（zhì）：山體崩塌。陁，傾塌。

［38］【顔注】孟康曰：垘音羅菔，謂谿垘崩也（殿本無“孟康曰垘音羅菔謂谿垘崩也”十二字）。蘇林曰：“垘”音“伏”。流也（流也，底本“流也”，蔡琪本作“流”前有“垘”字，大德本、殿本“流”前有“伏”字）。如淳曰：垘，填塞不通也。【今注】谿垘：溪流堵塞。

［39］【今注】水澹地長：流水回還，土地上升。

［40］【今注】案，槀枯，殿本作“枯槀”。

［41］【今注】所次：人民止息居住的地方。

［42］【今注】謡俗：民間歌謡和風俗。

［43］【今注】案，車，蔡琪本、大德本、殿本作“庫”。

［44］【今注】逢遌：遇到。

［45］【今注】訛言：謡言。　誠然：實話。

凡候歲美惡，[1]謹候歲始。歲始或冬至日，産氣始萌。[2]臘明日，[3]人衆卒歲，壹會飲食，發陽氣，故曰初歲。[4]正月旦，王者歲首；立春，四時之始也。四始者，候之日。[5]而漢魏鮮集臘明、正月旦決八風。[6]風從南，大旱；西南，小旱；西方，有兵；西北，戎叔爲，[7]小雨，趣兵；[8]北方，爲中歲；東北，爲上歲；[9]東方，大水；東南，民有疾疫，歲惡。故八風各與其衝對，課多者爲勝。[10]多勝少，久勝亟，疾勝徐。旦至食，爲麥；食至日昳，爲稷；昳至晡，爲黍；晡至下晡，爲叔；下晡至日入，[11]爲麻。欲終日有雲，有風，有日，當其時，深而多實；亡雲，有風日，當其時，淺而少實；有雲風，亡日，當其時，深而少實；有日，亡雲，不風，當其時者稼有敗。如食頃，[12]小敗；孰五斗米頃，[13]大敗。風復起，有雲，其稼復起。各以其時用雲色占種所宜。[14]雨雪，[15]寒，歲惡。是日光明，聽都邑人民之聲。聲宫，則歲美，吉；商，有兵；徵，旱；羽，水；角，歲惡。或從正月旦比數雨。[16]率日食一升，至七升而極；[17]過之，不占。[18]數至十二日，直其月，占水旱。[19]爲其環域千里内占，即爲天下候，竟正月。[20]月所離列宿，日、風、雲，占其國。[21]然必察大歲所在。金，穰；水，毁；木，飢；火，旱。[22]此其大經也。正月上甲，[23]風從東方來，宜蠶；從西方來，若旦有黄雲，惡。冬至短極，縣土炭，[24]炭動，麋鹿解角，蘭根出，泉水踊，略以知日至，[25]要決晷景。[26]

[1]【今注】案，候歲美惡之辭，均引自《天官書》。

[2]【今注】産氣：即生長氣。卒歲，一歲之終結，即除夕。

[3]【今注】臘明日：臘日的第二天。即以臘日之後的一天爲歲首。晉博士張亮議曰："臘者，接也，祭宜在新故交接也，俗謂臘之明日爲初歲，秦漢以來有賀此者，古之遺俗也。"王元啓認爲：臘明日即立春日。此説不妥。許慎《説文解字》曰："冬至後三戌

臘祭百神。”即冬至後三十六天以内爲臘日，而非四十六天後的立春日，故臘非立春也。據前引張亮所述，臘即先秦新年之遺俗，好比今用陽曆而民間過春節也。

［4］【今注】初歲：即一歲之初日。

［5］【今注】案，以上介紹人們使用的四種歲始：一是冬至日，二爲臘明日，三曰正月旦，四曰立春日，用哪種歲始，各地習慣不同。

［6］【顔注】孟康曰：魏鮮，人姓名，作占候者也（殿本無“也”字）。【今注】臘明：即臘明日，它與正月旦是對待的歲始，用這一天來判斷八風。

［7］【顔注】孟康曰：戎叔，胡豆（蔡琪本、大德本、殿本“豆”後有“也”字）。爲，成也。【今注】戎叔爲：戎菽豐收。叔，通“菽”。戎菽，山戎所種植大豆，即蠶豆或豌豆。爲，有爲，成熟。

［8］【今注】小雨趣兵：如果風從西北起，又有小雨，那麽，將迅速發生戰争。

［9］【顔注】韋昭曰：上歲，大穰（殿本無此注）。

［10］【今注】八風各與其衝對課多者爲勝：用八風來決定歲之美惡，不但要看風向，同時也要觀看與風相對的方向，以應對多的應驗爲准。

［11］【今注】案，旦、食、日跌、晡、下晡、日入，均爲漢以前的時間段稱呼，爲一日十六時中的一個時段。食時又稱早食。跌，即“昳”。日偏西。晡，又作“餔”。

［12］【今注】食頃：一頓飯的時間。

［13］【今注】孰五斗米頃：煮熟五斗米所需時間。形容時間比食頃長。孰，同“熟”。

［14］【今注】占種所宜：占卜當年宜種的莊稼品種哪種適宜。

［15］【今注】雨雪：下雪。

［16］【今注】比數雨：排比下雨之日的收成。

［17］【顔注】孟康曰：正月一日雨而民有一升之食，二日雨民有二升之食，如此至七日已來驗也。

［18］【今注】率日食一升至七升而極過之不占：以下雨的日期，占卜年成的好壞。正月初一下雨，民食一升，初二下雨，民食二升，初七下雨，民食七升。七日以後就不再占卜了。

［19］【顔注】孟康曰：一日雨，正月水也。【今注】數至十二日直其月占水旱：或者自正月一日至十二日占卜十二月的水旱狀況，一日雨則正月有雨，二日無雨則二月乾旱。

［20］【顔注】孟康曰：月三十日周天歷二十八宿，然後可占天下。【今注】其環域千里内占即爲天下候竟正月：以上僅爲周圍千里以内的地域進行的占卜，如果要作普天之下的占卜，就要考慮整個正月。

［21］【今注】月所離列宿日風雲占其國：對各地占卜時，看正月每天月亮所經過星宿，是晴天、雲天、風天、雨天，來占卜其所對應的國家。

［22］【今注】然必察大歲所在金穰水毁木飢火旱：還必須觀察太歲的所在以定豐欠年歲，太歲在西方爲豐收年，在北方爲災年，在東方爲飢年，在南方爲旱年。案，大，蔡琪本、大德本、殿本作“太”。

［23］【今注】正月上甲：一個月三十天，甲即天干之甲，天干有十個，一個月有三個天干周，上甲爲正月前十天的甲日。

［24］【顔注】孟康曰：先冬至三日，縣土炭於衡兩端，輕重適均，冬至而陽氣至則炭重，夏至陰氣至則土重。晉灼曰：蔡邕《律曆記》“候鍾律權土炭，冬至陽氣應黄鍾通，土炭輕而衡仰，夏至陰氣應蕤賓通，土炭重而衡低。進退先後，五日之中”。【今注】冬至短極：冬至白天時間最短。

［25］【今注】案，“縣土炭”至“略以知日至”所述，是冬至

前後，在稱衡兩端放置土和炭。當見到稱衡置炭的一端下沉時，就可以知道冬至日到了。這是因爲冬至日後，陽氣上升，空氣中濕度加大，炭能吸收水氣，使重量增加，故衡器置炭的一端加重下沉。夏至的情況則相反。

［26］【今注】要決晷景：更重要的方法，則是以土圭測影來決定。

夫天運三十歲一小變，[1]百年中變，五百年大變，三大變一紀，三紀而大備，[2]此其大數也。春秋二百四十二年間，[3]日食三十六，彗星三見，夜常星不見，[4]夜中星隕如雨者各一。當是時，禍亂輒應，[5]周室微弱，上下交怨，殺君三十六，亡國五十二，諸侯奔走不得保其社稷者不可勝數。自是之後，衆暴寡，大并小。秦、楚、吴、粤，夷狄也，爲彊伯。田氏篡齊，[6]三家分晉，[7]並爲戰國，争於攻取，兵革遞起，城邑數屠，因以飢饉疾疫愁苦，臣主共憂患，其察禨祥候星氣尤急。[8]近世十二諸侯七國相王，言從横者繼踵，[9]而占天文者因時務論書傳，故其占驗鱗雜米鹽，亡可録者。[10]周卒爲秦所滅。始皇之時，十五年間彗星四見，久者八十日，長或竟天。後秦遂以兵内兼六國，外攘四夷，死人如亂麻。又熒惑守心，及天市芒角，[11]色赤如雞血。始皇既死，適庶相殺，[12]二世即位，殘骨肉，戮將相，太白再經天。因以張楚並興，[13]兵相跆籍，[14]秦遂以亡。項羽救鉅鹿，[15]枉矢西流，[16]枉矢所觸，天下之所伐射，滅亡象也。物莫直於矢，[17]今蛇行不能直而枉者，執矢者亦不正，以象項羽執政亂也。羽遂合從，[18]阬秦人，屠咸陽。凡枉矢之流，以亂伐亂也。[19]

［1］【今注】天運：自然界的運動變化與人類社會的變化。

［2］【今注】案，三，蔡琪本作“二”。

［3］【今注】春秋二百四十二年間：據《春秋》，自魯隱公元年（前722）至魯哀公十四年（前481），共二百四十二年，稱爲春秋時代。

［4］【今注】夜常星不見：夜間發生恒星不見。

［5］【今注】禍亂輒應：禍亂總是應驗。

［6］【今注】田氏篡兦：齊太公田和遷齊康公貸，被周安王與諸侯立爲齊侯。詳見《史記》卷四六《田敬仲完世家》。案，兦，蔡琪本、殿本作“齊”，同。

［7］【今注】三家分晉：韓、趙、魏三家分晉。詳見《史記》卷三九《晉世家》。

［8］【顔注】如淳曰：《吕氏春秋》“荆人鬼、越人禨”，今之巫祝禱祠淫祀之比也。晉灼曰：禨音珠璣之璣（殿本無“晉灼曰禨音珠璣之璣”九字）。【今注】察禨祥候星氣尤急：觀察吉凶、看星象雲氣的人更多，更爲重視。

［9］【今注】言從横者繼踵：勸説縱横的人接踵而致。縱横，指合縱連横的外交鬭争。

［10］【今注】案，“因時務”至“亡可録者”意爲針對當時的各種事務評論社會形勢的書傳很多，其占驗的論述微小瑣碎，没有可以取用的東西。鱗雜米鹽，所述凌亂錯雜。米鹽，比喻瑣碎小事。

［11］【今注】熒惑守心及天市芒角：熒惑守衛心宿和在天市垣中出現芒角的異常天象。

［12］【今注】適庶相殺：嫡庶殘殺，指秦始皇少子胡亥殺害

長兄扶蘇及其他兄姐之事。適，通“嫡”。正妻所生。

[13]【今注】張楚：陳涉號爲“張楚”，一作國號，或即大楚。其含義即張大楚國，重建楚國。長沙馬王堆三號漢墓所出帛書《五星占》，上亦有“張楚”，與秦始皇、漢孝惠、高皇后等並列（參見田餘慶《説張楚——關於“亡秦必楚”問題的探討》，《歷史研究》1989 年第 2 期）。

[14]【顔注】蘇林曰：跆音臺，登躡也，或作蹈（殿本無“登躡也或作蹈”六字）。【今注】跆籍：踐踏。

[15]【今注】鉅鹿：邑名。治所在今河北平鄉縣南。

[16]【今注】枉矢西流：如前所述，枉矢類大流星。西流者，如伐西方之秦也。

[17]【今注】物莫直於矢：一切事物，都没有矢直。

[18]【今注】羽遂合從：項羽聯合許多反抗秦國的勢力。

[19]【今注】凡枉矢之流以亂伐亂也：如枉矢西流曲屈蛇行之狀，以亂伐亂，項羽在亂執政。

漢元年十月，五星聚于東井，以歷推之，從歲星也。[1]此高皇帝受命之符也。[2]故客謂張耳曰：[3]“東井秦地，漢王入秦，五星從歲星聚，當以義取天下。”秦王子嬰降於枳道，[4]漢王以屬吏，[5]寶器婦女亡所取，閉宫封門，還軍次于霸上，[6]以候諸侯。與秦民約法三章，民亡不歸心者，可謂能行義矣，天之所予也。五年遂定天下，即帝位。此明歲星之崇義，東井爲秦之地明效也。三年秋，太白出西方，有光幾中，[7]乍北乍南，過期迺入。辰星出四孟。[8]是時，項羽爲楚王，而漢已定三秦，與相距滎陽。[9]太白出西方，有光幾中，是秦地戰將勝，而漢國將興也。辰星出四孟，易王之表也。[10]後二年，漢滅楚。七年，月暈，圍參、畢士重。[11]占曰："畢、昴間，天街也；街北，胡也；街南，中國也。昴爲匈奴，參爲趙，畢爲邊兵。"是歲高皇帝自將兵擊匈奴，至平城，[12]爲冒頓單于所圍，七日迺解。十二年春，熒惑守心。[13]四月，宮車晏駕。[14]

［1］【顔注】李奇曰：歲星得其正度，其四星隨比常正行，故曰從也。孟康曰：歲星先至，先至爲主也。

［2］【今注】案，五星聚于東井，應在改朝换代。東井爲三秦之地，應在舊主將亡，新主當興。五星相從歲星聚於東井，按星占説，漢高祖劉邦當爲以義取得天下，得到受天命的符應。

［3］【今注】張耳：傳見本書卷三二。

［4］【今注】秦王子嬰：秦始皇孫，秦始皇長子扶蘇之子。一説始皇弟成蟜之子，名嬰。生於秦王政七年（前240）（參見李開元《秦王"子嬰"爲始皇弟成蟜子説——補〈史記〉秦王嬰列傳》，《秦文化論叢》2007年第14輯）。　枳道：軹道，亭名。在今陝西西安市東北。

［5］【今注】漢王以屬吏：漢王劉邦囑咐官吏。

［6］【今注】次：駐扎。　霸上：在今陝西西安市東。

［7］【顔注】晋灼曰：幾中，近踰身（殿本"身"後有"也"字）。【今注】有光幾中：太白有光芒，幾乎到達中天。

［8］【顔注】韋昭曰：法當出四仲，出四孟，爲易主之象也。【今注】辰星出四孟：辰星都在四季中的第一個月出現。

［9］【今注】滎陽：縣名。治所在今河南滎陽市東北。

［10］【今注】案，王，殿本作"主"；也，殿本作"也也"。

［11］【今注】案，士，蔡琪本、大德本、殿本作"七"，是。月暈，圍參、畢七重，應在漢高祖劉邦在平城被冒頓圍七日也。

[12]【今注】平城：縣名。治所在今山西大同市東北。

[13]【顔注】李奇曰：心爲天王也。【今注】熒惑守心：爲宫車晏駕的徵兆。《春秋演孔圖》曰："熒惑在心，則縞素麻衣。"宋均曰："海内亡主，故素縞麻衣。"石氏曰：熒惑守心，"主命惡之"。

[14]【顔注】應劭曰：天子當晨起早作，而方崩殞，故稱晏駕云。韋昭曰：凡初崩爲晏駕者，臣子之心，猶謂宫車當駕而出耳。【今注】晏駕：皇帝死的委婉説法。

孝惠二年，天開東北，[1]廣十餘丈，長二十餘丈。地動，陰有餘；天裂，陽不足：皆下盛彊將害上之變也。其後有吕氏之亂。孝文後二年正月壬寅，天欃夕出西南。[2]占曰："爲兵喪亂。"其六年十一月，匈奴入上郡、雲中，[3]漢起三軍以衛京師。其四月乙巳，水、木、火三合於東井。占曰："外内有兵與喪，改立王公。東井，秦也。"八月，天狗下梁壄，是歲誅反者周殷長安市。其七年六月，文帝崩。其十一月戊戌，[4]土、水合於危。占曰："爲雍沮，[5]所當之國不可舉事用兵，必受其殃。一曰將覆軍。危，齊也。"其七月，火東行，行畢陽，[6]環畢東北，出而西，逆行至昴，即南迺東行。占曰："爲喪死寇亂。畢、昴，趙也。"

[1]【今注】天開：天開眼或天開裂的省稱。爲夜間地平以上出現的光亮，大都爲北極光所致。

[2]【顔注】孟康曰：歲星之精。

[3]【今注】上郡：治膚施（今陝西榆林市東南）。　雲中：郡名。治雲中縣（今内蒙古托克托縣古城村）。

[4]【今注】案，戊，殿本誤作“成”。

[5]【今注】雍沮：雍塞。

[6]【今注】火東行行畢陽：火星向東行，到達畢宿的南面，又環繞畢宿行至東北，又回到畢宿的西邊，逆行到昴宿，然後再向東南順行。陽爲南，畢陽，爲畢宿之南。

孝景元年正月癸酉，金、水合於婺女。占曰：“爲變謀，爲兵憂。婺女，粤也，又爲齊。”[1]其七月乙丑，金、木、水三合於張。占曰：“外内有兵與喪，改立王公。張，周地，今之河南也，又爲楚。”[2]其二年七月丙子，火與水晨出東方，因守斗。占曰：“其國絶祀。”至其十二月，水、火合於斗。占曰：“爲淬，不可舉事用兵，必受其殃。”一曰：“爲北軍，用兵舉事大敗。斗，吴也，又爲粤。”是歲彗星出西南。其三月，立六皇子爲王，王淮陽、汝南、河間、臨江、長沙、廣川。其三年，吴、楚、膠西、膠東、淄川、濟南、趙七國反。吴、楚兵先至攻梁，膠西、膠東、淄川三國攻圍齊。漢遣大將軍周亞夫等戍止河南，[3]以候吴楚之敝，[4]遂敗之。吴王亡走粤，粤攻而殺之。平陽侯敗三國之師于齊，咸伏其辜，齊王自殺。漢兵以水攻趙城，城壞，王自殺。六月，立皇子二人、楚元王子一人爲王，王膠西、中山、楚。徙濟北爲淄川王，淮陽爲魯王，汝南爲江都王。七月，兵罷。天狗下，占爲：“破軍殺將。狗又守禦類也，天狗所降，[5]以戒守禦。”吴、楚攻梁，[6]梁堅城守，遂伏尸流血其下。三年，填星在婁，幾入，還居奎。奎，魯也。占曰：

"其國得地爲得填。"是歲魯爲國。[7]四年七月癸未，火入東井，行陰，又以九月己未入輿鬼，戊寅出。占曰："爲誅罰，又爲火灾。"後二年，有栗氏事。其後未央東闕灾。[8]

[1]【今注】婺女粵也又爲齊：婺女分野屬揚州；虛危分野屬青州，爲齊。婺女、虛危同屬北方七宿，且女虛相連，故占語有此說。粵，即"越"。

[2]【今注】張周地：張宿的分野爲周地。周地，對應於東周時的洛陽附近地域，後爲楚國所有。

[3]【今注】案，戍，蔡琪本誤作"戊"。　河南：郡名。治雒陽（今河南洛陽市東北）。

[4]【今注】以候吴楚之敝：以便等候吴王、楚王的困敗。

[5]【今注】案，這裏所述之天狗下，天狗降，均爲天狗星降落之義。文中之狗，也是指天狗星。天狗星是指大損星。

[6]【今注】吴楚攻梁：吴楚聯軍攻軍梁國。

[7]【今注】案，"三年"至"魯爲國"是述説景帝三年（前154）的吴楚七國之亂以後，淮陽王劉餘徙封魯國之事。填星守奎，奎爲魯，象徵魯國得地封王，故有此説。

[8]【今注】案，"火入東井"至"未央東闕灾"是火星入東井引起的星占占語爲火災，以後發現未央宫果然發生了火災。按郗萌占曰："熒惑入東井，國失火。"故有以上占語。

中元三年，填星當在觜觿、參，去居東井。占曰："亡地，不迺有女憂。"其三年正月丁亥，金、木合於觜觿，爲白衣之會。三月丁酉，彗星夜見西北，色白，長丈，在觜觿，且去益小，[1]十五日不見。占曰："必有破國亂君，伏死其辜。觜觿，梁也。”其五月甲午，金、木俱在東井。戊，[2]金去木留，守之二十日。占曰：“傷成於戊。[3]木爲諸侯，誅將行於諸侯也。”其六月壬戌，蓬星見西南，[4]在房南，去房可二丈，大如二斗器，色白；癸亥，在心東北，可長丈所；甲子，在尾北，可六丈；丁卯，在箕北，近漢，稍小，且去時，人如桃。壬申去，凡十日。占曰：“蓬星出，必有亂臣。房、心間，天子宫也。”是時梁王欲爲漢嗣，使人殺漢争臣袁盎。[5]漢桉誅梁大臣，斧戉用。梁王恐懼，布車入關，伏斧戉謝罪，然後得免。中三年十一月庚午夕，金、火合於虚，相去一寸。占曰：“爲鑠，爲喪。虚，齊也。”四年四月丙申，金、木合於東井。占曰：“爲白衣之會。井，秦也。”其五年四月乙巳，水、火合於參。占曰：“國不吉。參，梁也。”其六年四月，梁孝王死。五月，城陽王、濟陰王死。[6]六月，成陽公主死。出入三月，天子四衣白，臨邸第。[7]後元年五月壬午，火、金合於輿鬼之東北，不至柳，出輿鬼北可五寸。占曰：“爲鑠，有喪。輿鬼，秦也。”丙戌，地大動，鈴鈴然，民大疫死，棺貴，至秋止。

[1]【今注】案，且，殿本作“旦”，本段下同不注。

[2]【今注】案，戊，蔡琪本作“戊戌”，大德本作“戌”，殿本作“戊戌”。

[3]【今注】案，戊，大德本作“戌”，殿本作“戊”。

[4]【今注】蓬星：蓬星是一種在星空中能够移動且有一定大小的異常天象，類似彗星而無尾。《荆州占》曰：“蓬星，一名王

星，狀如夜火之光，多即至四五，少即一二。一曰：蓬星在西南，脩數丈左右，鋭出而易處。"《聖洽符》曰："有星，其色黄白，方不過三尺，名曰蓬星。"

［5］【今注】梁王欲爲漢嗣使人殺漢争臣袁盎：梁王爲漢景帝胞弟梁孝王劉武，他想要繼承帝位，遭到敢於直言規勸的大臣袁盎的反對，於是派人殺了袁盎，景帝用斧鉞殺了輔佐梁王的臣子，梁王恐懼了，坐了布車，伏在斧鉞上向皇帝謝罪，得到赦免。袁盎，傳見本書卷四九。

［6］【今注】案，城，殿本作"成"。

［7］【今注】案，景帝中元三年（前147）出現了金火合於虚的天象，四年出現金火合於參宿的天象，按星占説，金火相合爲喪，虚宿爲齊地，參宿爲梁地。六年四月至六月，梁孝王、城陽王、濟陰王和成陽公主相繼去世。天子四衣白，四次穿白色吊喪的衣服。臨邸第，到各郡國駐京辦事處吊喪。據以上記載，這些占詞和異常天象的出現方位都是十分準確應驗的。

孝武建元三年三月，[1]有星孛于注、張，[2]歷太微，干紫宫，[3]至于天漢。春秋"星孛于北斗，齊、魯、晉之君皆將死亂"。今星孛歷五宿，其後濟東、膠西、江都王皆坐法削黜自殺，淮陽、衡山謀反而誅。[4]三年四月，有星孛於天紀，至織女。占曰："織女有女變，天紀爲地震。"至四年十月而地動，其後陳皇后廢。六年，熒惑守輿鬼。占曰："爲火變，有喪。"是歲高園有火灾，[5]竇太后崩。元光元年六月，客星見于房。占曰："爲兵起。"其二年十一月，單于將十萬騎入武州，漢遣兵三十餘萬以待之。元光中，天星盡摇，上以問候星者。對曰："星摇者，民勞也。"後伐四夷，百姓勞于兵革。元鼎五年，[6]太白入于天苑。[7]占曰："將以馬起兵也。"一曰："馬將以軍而死耗。"其後以天馬故誅大宛，馬大死於軍。元鼎中，熒惑守南斗。占曰："熒惑所守，爲亂賊喪兵；守之久，其國絶祀。南斗，越分也。"其後越相吕嘉殺其王及太后，漢兵誅之，滅其國。元封中，星孛于河戍。[8]占曰："南戍爲越門，北戍爲胡門。"其後漢兵擊拔朝鮮，以爲樂浪、玄菟郡。朝鮮在海中，越之象也；居北方，胡之域也。太初中，星孛于招摇。《星傳》曰："客星守招摇，蠻夷有亂，民死君。"其後漢兵擊大宛，斬其王。招摇，遠夷之分也。

[1]【今注】建元：漢武帝年號（前140—前135）。

[2]【今注】有星孛于注張：有彗星見於柳宿和張宿。柳宿又稱注，或稱咮。孛星，無尾之彗星。彗星的出現也稱孛。

[3]【今注】干紫宫：冒犯紫宫。由於紫宫爲帝宫，故稱干犯。

[4]【今注】淮陽：當爲淮南之誤。　衡山：今湖北、安徽、河南三省交界處的衡山國。

[5]【今注】高園：漢高祖的陵園。

[6]【今注】元鼎：漢武帝劉徹年號（前116—前111）。

[7]【今注】案，天，蔡琪本作"大"。

[8]【今注】星孛于河戍：有彗星見於河戍星。河戍星分北河戍、南河戍兩個星座。其下占曰"南戍爲越門，北戍爲胡門"，其中南戍即南河戍，北戍即北河戍。案，戍，蔡琪本作"戉"。

孝昭元始中，[1]漢宦者梁成恢及燕王候星者吴莫如見蓬星出西方天市東門，行過河鼓，入營室中。恢曰："蓬星出六十日，不出三年，下有亂臣戮死於市。"後太白出西方，下行一舍，復上行二舍而下去。[2]太白主兵，上復下，將有戮死者。後太白出東方，入咸池，東下入東井。[3]人臣不忠，有謀上者。後太白入太微西藩第一星，北出東藩第一星，北東下去。太微者，天廷也，[4]太白行其中，宫門當閉，大將被甲兵，邪臣伏誅。熒惑在婁，逆行至奎，法曰"當有兵"。[5]後太白入昴。莫如曰："蓬星出西方，當有大臣戮死者。太白星入東井、太微廷，出東門，漢有死將。"後熒惑出東方，守太白。兵當起，主人不勝。後流星下燕萬載宫極，[6]東去，[7]法曰"國恐，有誅"。其後左將軍桀、票騎將軍安與長公主、燕剌王謀作亂，[8]咸伏其辜。兵誅烏桓。[9]元鳳四年九月，[10]客星在紫宫中斗樞極閒。[11]占曰："爲兵。"其五年六月，發三輔郡國少年詣北軍。[12]五年四月，燭星見奎、婁閒。[13]占曰"有土功，胡人死，邊城和。"其六年正月，築遼東、玄菟城。[14]二月，度遼將軍范明友擊烏桓還。元平元年正月庚子，[15]日出時有黑雲，狀如焱風亂鬊，[16]轉出西北，東南行，轉而西，有頃亡。占曰："有雲如衆風，是謂風師，法有大兵。"其後兵起烏孫，五將征匈奴。二月甲申，晨有大星如月，有衆星隨而西行。乙酉，牂雲如狗，[17]赤色，長尾三枚，夾漢西行。[18]大星如月，大臣之象，衆星隨之，衆皆隨從也。天文以東行爲順，西行爲逆，此大臣欲行權以安社稷。占曰："太白散爲天狗，爲卒起。卒起見，禍無時，臣運柄。牂雲爲亂君。”到其四月，昌邑王賀行淫辟，[19]立二十七日，大將軍霍光白皇太后廢賀。三月丙戌，流星出翼、軫東北，干太微，入紫宫。始出小，且入大，有光。入有頃，聲如雷，三鳴止。占曰：“流星入紫宫，天下大凶。”其四月癸未，宫車晏駕。

[1]【今注】案，元始，大德本、殿本作“始元”，是。始元，漢昭帝年號（前86—前80）。

[2]【今注】太白出西方下行一舍復上行二舍：太白出西方，爲黄昏之時，下行一舍，爲向西逆行，上行二宿，爲向東順行。

[3]【今注】太白出東方入咸池東下入東井：太白出東方，爲黎明時，咸池在東井西面，自咸池入下東井，爲順行。

[4]【今注】案，廷，殿本作“庭”，下同不注。

[5]【今注】法曰：即占曰，“占卜方法曰”的省稱。下同此義。

[6]【今注】流星下燕萬載宫極：流星下落在燕王的萬載宫屋脊。極，屋脊、正梁。

[7]【顔注】李奇曰：極，屋梁也，三輔間名爲極。或曰，極，棟也，三輔間名棟爲極，尋棟東去也（棟，蔡琪本誤作“極”）。延篤謂之堂前闌楯也。

[8]【今注】左將軍桀：上官桀，隴西郡上邽縣（今甘肅天水市麥積區）人。武帝時，初爲羽林期門郎，後任未央厩令，侍中、騎都尉，遷太僕。武帝病篤，任爲左將軍，與霍光同受遺詔輔少主，封安陽侯。昭帝即位，其孫女被立爲皇后。後與大將軍霍光争權，遂與御史大夫桑弘羊、帝姊鄂邑長公主及燕王劉旦合謀除光，並另立帝。後謀泄被誅。　票騎將軍安：票騎將軍，即驃騎將軍。漢武帝時置爲重號將軍，僅次於大將軍，秩萬石。安，上官安，上

官桀之子。其女爲昭帝皇后，被封爲安樂侯。案，票，殿本作“驃”。　長公主：鄂邑蓋長公主，武帝之女，與昭帝同爲趙倢伃所生。初封鄂邑公主，食邑於鄂縣（今湖北鄂州市）。昭帝時尊爲鄂邑長公主，儀比諸侯王。嫁蓋侯（侯國治所在今山東沂源縣東南），故又稱鄂邑蓋長公主，省稱爲蓋主。　燕剌王：劉旦。傳見本書卷六三。

［9］【今注】烏桓：古族名。西漢時活動於今内蒙古東部、河北北部、遼寧西部部分地區。

［10］【今注】元鳳：漢昭帝年號（前80—前75）。

［11］【今注】客星在紫宫中斗樞極閒：客星出現在紫宫中的北斗、樞星和北極之間。客星，偶然出現星象的統稱，主要是指彗星、新星等。

［12］【今注】三輔：京師長安周邊的三個郡級行政區，即京兆尹、左馮翊、右扶風。在十三州之外，由司隸校尉部負責監察。　北軍：西漢初設置在長安城内的禁衛軍。南軍屬衛尉統領，負責保衛皇宫；北軍屬中尉統領，負責保衛京城。

［13］【今注】燭星：據前言，狀如太白，其出不行，見則滅。類似於新星。

［14］【今注】遼東：郡名。治襄平（今遼寧遼陽市）。　玄菟：郡名。初治沃沮縣（今朝鮮咸鏡南道咸興市），後徙治高句麗縣（今遼寧新賓滿族自治縣西）。

［15］【今注】元平：漢昭帝年號（前74）。

［16］【顔注】師古曰：音舜。【今注】猋風：或當作“飆風”，旋風、暴風。案，猋，殿本作“炎”。　鬊（shùn）：亂髮。

［17］【今注】牂（zāng）雲如狗：牂雲像狗。牂，母羊。

［18］【今注】長尾三枚夾漢西行：有三條長尾，夾着銀河，向西面行動。爲彗星之狀。

［19］【今注】昌邑王賀：劉賀。傳見本書卷六三。　行淫辟：行爲放縱邪惡。

孝宣本始元年四月壬戌甲夜，[1]辰星與參出西方。其二年七月辛亥夕，辰星與翼出，皆爲蚤。占曰："大臣誅。"其後熒惑守房之鉤鈐。鉤鈐，天子之御也。[2]占曰："不太僕，[3]則奉車，[4]不黜即死也。房、心，天子宮也。房爲將相，心爲子屬也。其地宋，今楚彭城也。"[5]四年七月甲辰，辰星在翼，月犯之。占曰："兵起，上卿死，將相也。"是日，熒惑入輿鬼天質。[6]占曰："大臣有誅者，名曰天賊在大人之側。"地節元年正月戊午乙夜，[7]月食熒惑，[8]熒惑在角、亢。占曰："憂在宮中，非賊而盜也。有内亂，讒臣在旁。"其辛酉，熒惑入氐中。氐，天子之宮，熒惑入之，有賊臣。其六月戊戌申夜，客星又居左右角間，東南指，長可二尺，色白。占曰："有姦人在宮廷間。"其丙寅，又有客星見貫索東北，南行，至七月癸酉夜入天市，芒炎東南指，[9]其色白。占曰："有戮卿。"一曰："有戮王。期皆一年，遠二年。"是時，楚王延壽謀逆自殺。四年，故大將軍霍光夫人顯、將軍霍禹、范明友、奉車霍山及諸昆弟賓婚爲侍中、諸曹、九卿、郡守皆謀反，咸伏其辜。黄龍元年三月，[10]客星居王梁東北可九尺，[11]長丈餘，西指，出閣道間，至紫宮。其十二月，宮車晏駕。

[1]【今注】本始：漢宣帝年號（前73—前70）。

[2]【顔注】晉灼曰：上言房爲天駟，其陰右驂，旁有二星曰鈐，故曰天子御也。【今注】鉤鈐天子之御：鉤鈐，天子的御用車馬。石氏曰："房四星，鉤鈐二星。"故鉤鈐也可看作是馬或車的

象徵。熒惑凌犯了鉤鈐，就可看作侵犯了帝車、帝馬及與其有關的事情。

[3]【今注】不太僕：熒惑犯了鉤鈐，占語説太僕死。太僕，春秋始置，秦漢沿襲。爲九卿之一。掌皇帝的輿馬和馬政。

[4]【今注】則奉車：不是太僕死，就是奉車死。奉車，即奉車都尉，漢武帝置，掌皇帝車輿，入侍左右，多由皇帝親信充任。秩比二千石。

[5]【今注】彭城：縣名。治所在今江蘇徐州市。

[6]【今注】熒惑入輿鬼天質：熒惑進入了輿鬼中的天質星。天質，即輿鬼四星中的積尸氣，名爲天質星，又名鑕星。

[7]【今注】地節：漢宣帝年號（前69—前66）。

[8]【顔注】孟康曰：凡星入月，見月中，爲星食月；月奄星，星滅，爲月食星。

[9]【今注】芒炎東南指：客星的光芒指向東南。

[10]【今注】黄龍：漢宣帝劉詢年號（前49）。

[11]【今注】王梁：即王良星。

元帝初元元年四月，[1]客星大如瓜，色青白，在南斗第二星東可四尺。占曰："爲水飢。"[2]其五月，勃海水大溢。六月，關東大飢，[3]民多餓死，琅邪郡人相食。[4]二年五月，客星見昴分，居卷舌東可五尺，青白色，炎長三寸。[5]占曰："天下有妄言者。"其十二月，鉅鹿都尉謝君男詐爲神人，論死，父免官。[6]五年四月，彗星出西北，赤黄色，長八尺所，後數日長丈餘，東北指，在參分。後二歲餘，西羌反。[7]孝成建始元年九月戊子，[8]有流星出文昌，色白，光燭地，[9]長可四丈，大一圍，[10]動摇如龍蛇形。[11]有頃，長可五六丈，大四圍所，詘折委曲，[12]貫紫宮西，在斗西北子亥間。[13]後詘如環，北方不合，留二刻所。[14]占曰："文昌爲上將貴相。"是時帝舅王鳳爲大將軍，[15]其後宣帝舅子王商爲丞相，[16]皆貴重任政。鳳妬商，譖而罷之。商自殺，親屬皆廢黜。四年七月，熒惑隃歲星，[17]居其東北半寸所如連李。[18]時歲星在關星西四尺所，[19]熒惑初從畢口大星東東北往，[20]數日至，往疾去遲。占曰："熒惑與歲星鬬，有病君飢歲。"至河平元年三月，[21]旱，傷麥，民食榆皮。[22]二年十二月壬申，太皇太后避時昆明東觀。[23]十一月乙卯，[24]月食填星，星不見，時在輿鬼西北八九尺所。占曰："月食填星，流民千里。"河平元年三月，流民入函谷關。河平二年十月下旬，填星在東井軒轅南耑大星尺餘，[25]歲星在其西北尺所，熒惑在其西北二尺所，皆從西方來。填星貫輿鬼，先到歲星次，熒惑亦貫輿鬼。十一月上旬，歲星、熒惑西去填星，皆西北逆行。占曰："三星若合，是謂驚位，是謂絶行，外内有兵與喪，改立王公。"其十一月丁巳，夜郎王歆大逆不道，牂柯太守立捕殺歆。[26]三年九月甲戌，東郡莊平男子侯母辟兄弟五人群黨爲盜，攻燔官寺，[27]縛縣長吏，盜取印綬，[28]自稱將軍。三月辛卯，左將軍千秋卒，[29]右將軍史丹爲左將軍。[30]四年四月戊申，梁王賀薨。陽朔元年七月壬子，月犯心星。占曰："其國有憂，若有大喪。房、心爲宋，今楚地。"十一月辛未，楚王友薨。四年閏月庚午，飛星大如缶，出西南，入斗下。占曰：

“漢使匈奴。”明年，鴻嘉元年正月，[31]匈奴單于雕陶莫皋死。五月甲午，遣中郎將楊興使弔。[32]永始二年二月癸未夜，[33]東方有赤色，大三四圍，長二三丈，索索如樹，南方有大四五圍，下行十餘丈，皆不至地滅。占曰：“東方客之變氣，狀如樹木，以此知四方欲動者。”明年十二月己卯，尉氏男子樊並等謀反，[34]賊殺陳留太守嚴普及吏民，出囚徒，取庫兵，劫略令丞，自稱將軍，皆誅死。庚子，山陽鐵官亡徒蘇令等殺傷吏民，[35]篡出囚徒，取庫兵，聚黨數百人爲大賊，踰年經歷郡國四十餘。一日有兩氣同時起，並見，而並、令等同月俱發也。元延元年四月丁酉日餔時，[36]天暒晏，[37]殷殷如雷聲，有流星頭大如缶，長十餘丈，皎然赤白色，從日下東南去。四面或大如盂，或如雞子，燿燿如雨下，至昏止。郡國皆言星隕。春秋星隕如雨爲王者失執諸侯起伯之異也。其後王莽遂顓國柄。王氏之興萌於成帝時，是以有星隕之變。後莽遂篡國。綏和元年正月辛未，[38]有流星從東南入北斗，長數十丈，二刻所息。占曰：“大臣有繫者。”[39]其年十一月庚子，定陵侯淳于長坐執左道下獄死。[40]二年春，熒惑守心。二月乙丑，丞相翟方進欲塞灾異，[41]自殺。三月丙戌，宫車晏駕。

[1]【今注】初元：漢元帝劉奭年號（前48—前44）。

[2]【今注】占曰爲水飢：水星犯南斗，爲有水災和飢荒。

[3]【今注】關東：秦漢時指崤山、函谷關以東地區。

[4]【今注】琅邪郡：治東武縣（今山東諸城市）。一説治琅

邪縣（今山東青島市黄島區西南）。

［5］【今注】見昴分：在昴宿的範圍。　居卷舌東可五尺：具體位於卷舌正東方相距五尺的地方。此星象似新星。　炎長三寸：光芒長三寸。

［6］【顔注】孟康曰：姓謝，名君。男者兒也，不記其名，直言男耳。【今注】鉅鹿都尉謝君男詐爲神人論死父免官：鉅鹿都尉名叫謝君的男子詐稱自己爲神人，被論死罪，父親也因此而罷官。

［7］【今注】西羌：古代對羌族的稱謂。古代羌族主要活動在西北地方，故稱西羌。《史記·六國年表》記載："故禹興於西羌。"《後漢書》卷八七《西羌傳》："西羌之本，出自三苗，姜姓之别也。"羌、姜在甲骨文中經常互用。又清代顧祖禹《讀史方輿紀要》卷六五："西羌舊在陝西、四川塞外。《四裔傳》：西羌本自三苗，舜徙之三危，今河關西南羌地是也。濱於賜支，至於河首，綿地千里……及武帝西逐諸羌，乃渡河湟，築令居塞，始置護羌校尉。"

［8］【今注】建始：漢成帝年號（前32—前28）。

［9］【今注】光燭地：流星的光芒照亮了地面。

［10］【今注】大一圍：兩手合抱稱爲一圍。

［11］【今注】案，形，殿本作"行"。

［12］【今注】詘折：屈折。

［13］【今注】子亥間：正北爲子位，北偏西爲亥位。每一辰爲30度。子亥間爲子位與亥位之間。

［14］【今注】留二刻所：停留一刻左右。古以一晝夜爲一百刻，比現今的九十六刻略小。案，二，大德本、殿本作"一"，是。

［15］【今注】王鳳：字孝卿，西漢東平陵（今山東濟南市東）人。元帝皇后王政君兄。初爲衛尉，襲父爵陽平侯（侯國治所在今山東莘縣）。成帝即位，拜大司馬大將軍，領尚書事。專斷朝政十

一年。事迹詳本書卷九八《元后傳》。

［16］【今注】王商：傳見本書卷八二。

［17］【今注】熒惑隃歲星：熒惑與歲星都爲順行，但由於熒惑運動快，故超越了歲星。

［18］【今注】如連李：如連理的草木。李，同“理”。

［19］【今注】關星：天關星，在參宿北。

［20］【今注】畢口大星：畢宿大星，即畢宿五。

［21］【今注】河平：漢成帝年號（前28—前25）。

［22］【今注】民食榆皮：人民没有糧吃吃榆樹皮。

［23］【顔注】如淳曰：《食貨志》武帝修昆明池，列觀環之。或曰，即病謝君男，故避其時。【今注】太皇太后避時昆明東觀：皇帝的祖母避災禍於昆明池邊的東觀。東觀，池東的樓臺。

［24］【今注】案，蔡琪本、殿本“十一月”前有“四年”二字。

［25］【今注】南端大星：即南端大星。

［26］【今注】牂柯：郡名。治故且蘭縣（今貴州福泉市一帶）。

［27］【今注】攻燔官寺：攻打燒毁官署。

［28］【今注】印綬：官印。

［29］【今注】左將軍千秋卒：左將軍名叫千秋的死了。

［30］【今注】史丹：傳見本書卷八二。

［31］【今注】鴻嘉：漢成帝年號（前20—前17）。

［32］【今注】中郎將：漢九卿之一郎中令（光禄勳）屬官。分五官、左、右三署。掌侍衛皇帝，統帥中郎。秩中二千石。

［33］【今注】永始：漢成帝年號（前16—前13）。

［34］【今注】尉氏：縣名。治所在今河南尉氏縣北。

［35］【今注】山陽：郡名。治昌邑縣（今山東巨野縣南）。鐵官亡徒：管理冶煉鐵的官下逃亡的勞役犯。

［36］【今注】元延：漢成帝劉驁年號（前12—前9）。

［37］【今注】天曜晏：天空晴朗。

［38］【今注】綏和：漢成帝劉驁年號（前8—前7）。

［39］【今注】繫者：拘捕。

［40］【今注】淳于長：傳見本書卷九三。　坐執左道：被判歪門邪道。

［41］【今注】翟方進：傳見本書卷八四。　欲塞灾異：要抵擋彌補災異。

哀帝建平元年正月丁未日出時，[1]有著天白氣，[2]廣如一匹布，長十餘丈，西南行，[3]讙如雷，[4]西南行一刻而止，名曰天狗。《傳》曰："言之不從，則有大禍詩妖。"[5]到其四年正月、二月、三月，民相驚動，讙譁奔走，傳行詔籌祠西王母，[6]又曰"從目人當來"。[7]建平元年十二月，[8]白氣出西南，從地上至天，出參下，貫天厠，[9]廣如一匹布，長十餘丈，十餘日去。占曰："天子有陰病。"[10]其三年十一月壬子，太皇太后詔曰："皇帝寬仁孝順，奉承聖緒，靡有解怠，而久病未瘳。夙夜惟思，殆繼體之君不宜改作。[11]《春秋》大復古，[12]其復甘泉泰畤、汾陰后土如故。"[13]二年二月，彗星出牽牛七十餘日。《傳》曰："彗所以除舊布新也。牽牛，日、月、五星所從起，歷數之元，三正之始。彗而出之，改更之象也。其出久者，爲其事大也。"其六月甲子，夏賀良等建言當改元易號，增漏刻。詔書改建平二年爲太初元年，[14]號曰陳聖劉太平皇帝，刻漏以百二十爲度。八月丁巳，悉復蠲除之，賀良及黨與皆伏誅流放。其後卒有王莽篡國之禍。元壽元年十一月，[15]歲星入太微，逆行干右執法。占曰："大臣有憂，執法者誅，若有罪。"二年十月戊寅，高安侯董賢免大司馬位，[16]歸弟自殺。

[1]【今注】建平：漢哀帝年號（前6—前3）。

[2]【今注】著天白氣：布滿天空的白氣。

[3]【今注】西南行：與下文之"西南行"重複，當删。

[4]【今注】讙如雷：喧嘩如雷。

[5]【今注】案，大，蔡琪本、大德本、殿本作"犬"。

[6]【今注】詔籌：傳達詔令憑證的籌子。

[7]【今注】從目人當來：豎眼人會來。從，即"縱"。

[8]【今注】案，大德本、殿本無"建平元年"四字。

[9]【今注】白氣出西南從地上至天出參下貫天厠：白氣從西南方的地面上升到天，出現在參宿的下方，並且横着通過厠星。

[10]【今注】陰病：隱病，暗疾。指漢哀帝患痿痹病，肢體萎縮，行動困難。

[11]【今注】繼體之君不宜改作：繼承大統的天子不宜改變傳統的制度。

[12]【今注】大復古：推崇復古。

[13]【今注】其復甘泉泰畤汾陰后土如故：已經修復的甘泉山祭祀天神的祭壇泰疇和汾陰地區祭祀地神的后土廟仍然保留。

[14]【今注】案，元年，大德本作"元將元年"。

[15]【今注】元壽：漢哀帝年號（前2—前1）。

[16]【今注】董賢：傳見本書卷九三。

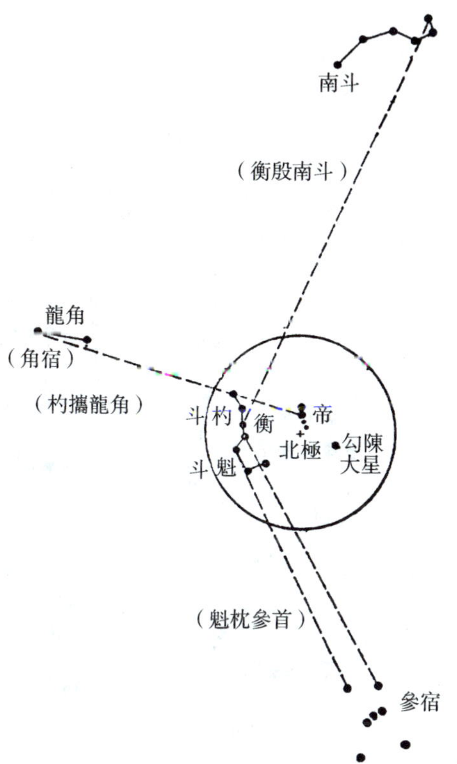

圖 1　潘鼐重畫朱文鑫《天官書》恒星圖考中杓衡魁建示意圖

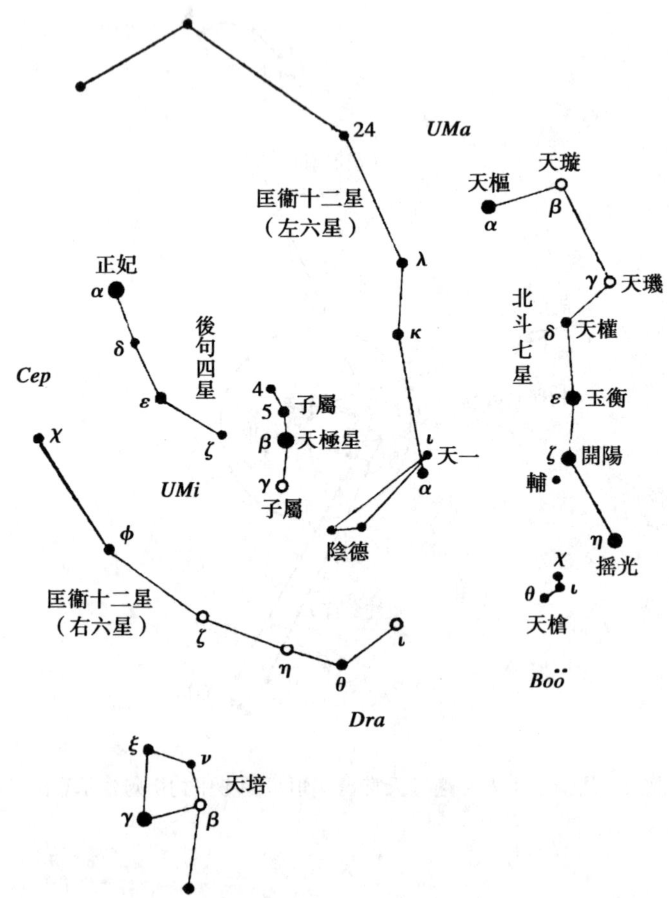

圖 2　潘鼐《中國恒星觀測史》中所繪《天官書》中宮星圖

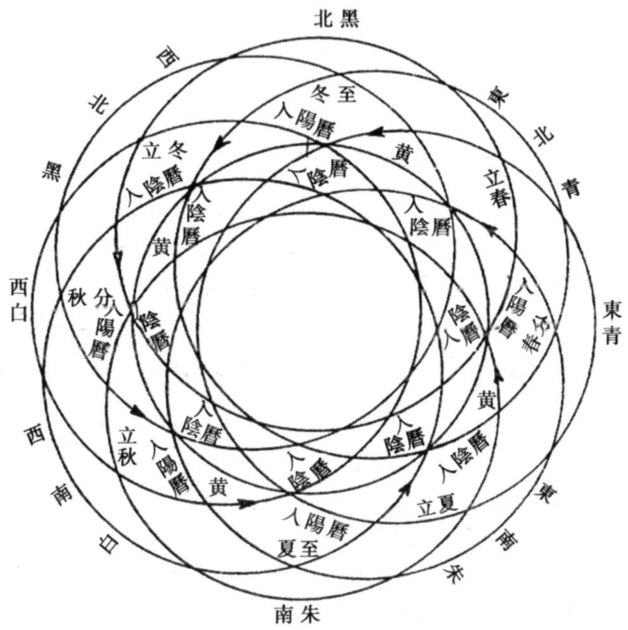

圖 3　月行九道圖